这是我的第一本书，
献给勇于创新的同道。

特别感谢在人生道路上
永远爱护我的家人，
和支持我不断尝试的伙伴们。

AI 管理学

人工智能重塑企业管理

董本洪 ◎ 著

电子工业出版社
Publishing House of Electronics Industry
北京·BEIJING

内 容 简 介

本书立足于企业管理与 AI 技术发展,从智能化时代的企业现状出发,分析了 AI 带来的机遇与挑战,强调企业需要构建全面且有效的方法论来实现智能化转型。作者开创性地提出了 AI 管理学方法论,通过基础三要素——OI(组织智能)、DI(数据智能)和 AI(人工智能)的相互作用,构成企业管理的"智能升维体",助力企业战略制定、业务流程重组和执行力提升。书中还探讨了 AI 管理学在不同战略领域的应用,如客户牵引、产品创新及出海竞争等,也展望了未来 AI 原生公司的形态。这是一本为迈向 AGI 时代的管理实践者提供理论与实践指导的前沿读物,旨在帮助企业在智能化浪潮中把握先机,重塑竞争优势。

未经许可,不得以任何方式复制或抄袭本书之部分或全部内容。
版权所有,侵权必究。

图书在版编目(CIP)数据

AI 管理学:人工智能重塑企业管理 / 董本洪著.
北京:电子工业出版社,2025. 6. -- ISBN 978-7-121-50356-6
Ⅰ. F272-39
中国国家版本馆 CIP 数据核字第 20251DL563 号

责任编辑:刘志红(lzhmails@163.com)　　特约编辑:魏　悦
印　　刷:河北迅捷佳彩印刷有限公司
装　　订:河北迅捷佳彩印刷有限公司
出版发行:电子工业出版社
　　　　　北京市海淀区万寿路 173 信箱　邮编　100036
开　　本:720×1 000　1/16　印张:15.25　字数:256.2 千字
版　　次:2025 年 6 月第 1 版
印　　次:2025 年 6 月第 1 次印刷
定　　价:98.00 元

凡所购买电子工业出版社图书有缺损问题,请向购买书店调换。若书店售缺,请与本社发行部联系,联系及邮购电话:(010)88254888,88258888。
质量投诉请发邮件至 zlts@phei.com.cn,盗版侵权举报请发邮件至 dbqq@phei.com.cn。
本书咨询联系方式:18614084788,lzhmails@163.com。

致所有迈向 AGI 时代的管理探险家

作为一个对新事物和创新充满偏好的人，我感到非常幸运，从信息化到数字化再到当下由 AI 所引发的智能化，我亲身体验到了一轮又一轮商业领域的新变革。尤其是这一次，AI 不仅仅是浪潮，更是一股无法阻挡甚至改变一切的力量。

当下，我们喜闻乐见各种先进技术的飞速进展，也感知着 AI 给我们生活和工作所带来的、称得上惊奇的改变。基于这种现实，才有了这本书，也有了这本书的底色和本质。有三个关键词可以很好地形容它：浪漫主义、方法论和行动指南。

关于浪漫主义。

乐观、激动、畅想，我将以上对 AI 的感受和态度称为"浪漫主义"，相信并期待它能为商业世界带来深远影响。AI 不仅仅是一项技术进步，它代表了一种全新的思维方式和可能性。

想象一下，在不远的将来，通用人工智能（AGI）将成为现实，那时的世界会是怎样的一番景象？我们将如何利用这项技术来解决人类面临的诸多挑战？正是这种对未来的憧憬，驱使我写下这本书，希望能够激发更多人对未来商业世界的无限遐想。

关于方法论。

浪漫与理性总能碰撞出火花，这本书实质上是一本方法论书籍。这来源于我对现实中企业管理的观察。我接触到非常多的企业领导人，他们都和其他人一样，对 AI 的每日新进展感到兴奋，很多人根据直觉想到 AI 可以取代部分人力、裁减人力，但之后如何将 AI 融入我们的管理之中，如何用它来优化我们的组织结构，这些都没有现成的答案。

这时，各类经典的管理学理论能给我们带来直接的思路和启示吗？很抱歉，AI 时代来得太迅猛，恐怕还没有现成的管理学方法可以直接适用。这揭示了一个残酷事实：当 AI 以光速重塑生产力时，我们的管理智慧仍困在旧时代，我们正在经历管理学的真空状态。

我很希望能够把我对企业管理的经验和对 AI 的理解，形成一个 AI 时代管理学的方法论架构——OI（组织智能）、DI（数据智能）、AI（人工智能）三者相互作用的智能升维体，以此抛砖引玉。我希望读者能够从中找到适合自己的管理模式，并在实践中不断完善。

关于行动指南。

在写方法论的同时，我还希望这本书也是一个给企业管理者的行动指南。这是我一贯的坚持，在阿里巴巴推进全域营销（Uni Marketing）时，它就不仅仅是以一个创新方法论出现的，而是形成了一个足以改变平台运营和商家运营的行动体系。

因此，方法论之下，这本书还提供了一套帮助企业逐层建设 OI（组织智能）、DI（数据智能）、AI（人工智能），搭建智能升维体的方法，以及在企业策略、规划、执行的各阶段应用智能升维体的行动指南。

从框架构建、案例采集到落笔成文，这些都是在技术迅速发展的过程中同步开展的，也特别感谢周麟、玄恭、浅杉、苏炼等阿里巴巴的老同事，帮我整理与他们专业相关的文字稿和案例，使我能集思广益，不至于被技术发展抛得太远。

在这期间，关于这本书的"三个必须"在我心里变得越来越强烈。

1. 必须写。我认为，关于如何用 AI 管理公司的书籍是迫切需要的，许多企业管理者开始行动，急需一个起点来开始这场讨论，而这本书旨在提供这样一个起点。我期待这本书能引发广泛的讨论和深入的探索。

2. 必须快。AI 技术的发展日新月异，每天都有新的可能性展现。而尽快让企业管理者手里有可参照的方法论和行动指南，能让企业尽早地有所部署，体验到 AI 的魔力。这就跟 AI 的发展一样，探讨 AI 也是慢不下来的，所以必须写得快。

3. 必须畅想。AGI（通用人工智能）一定会到来，而且很可能会比我们预想得还快，它所带来的变化比我们想象得更剧烈。这本书，就是向着那个黎明而写的航海日志，是从现在到 AGI 到来之间的一个讨论。未来实在有太多可能性，我们需要大胆地设想和预测，通过对未来的开放性思考，启发现在的管理者和布局者。

我们可能很快需要《AI 管理学 2.0》了，当 AGI 快出来或已经出来的时候。但在那之前，我希望《AI 管理学：人工智能重塑企业管理》能成为我们共同探索这一激动人心旅程的伙伴，一起揭开 AI 管理的新篇章。

董本洪
于现实与 AGI 未来的交界处
2025 年 4 月 10 日

目录 CONTENTS

第 1 部分 智能化登场

第 1 章 智能化来袭，企业准备好了吗 ……003
- 第 1 节 AI 高歌猛进，带来智能化机会 …… 003
- 第 2 节 AI 不等于企业智能化，全面且有效的方法论成为必需 …… 011
- 第 3 节 回望数字化的价值 …… 018
- 第 4 节 商业进化也有规律 …… 028

第 2 部分 AI 管理学：智能升维体与企业管理重塑

第 2 章 AI 管理学的基础三要素：OI、DI、AI …… 041
- 第 1 节 关于智能时代企业管理的两个假设 …… 041
- 第 2 节 引领智能化的三个关键驱动因素 …… 051
- 第 3 节 三大要素构成的企业管理"智能升维体" …… 062
- 第 4 节 DI×AI：导弹与卫星定位的协作 …… 069
- 第 5 节 OI×AI：一个组织管理的全新视角 …… 079
- 第 6 节 建设组织的 OI …… 088
- 第 7 节 建设企业的 DI …… 097
- 第 8 节 以 AI 布局企业战略 …… 112

第 3 章 策略、规划、执行，企业如何应用智能升维体 121
第 1 节 策略：如何制定企业智能化策略 121
第 2 节 规划：业务流程重组的智能化升级 132
第 3 节 执行：让流程中最强的能力因 AI 而更强 138

第 4 章 在智能升维体视角下的企业管理新原则 149
第 1 节 打破原有的组织概念 149
第 2 节 重新定义 CXO 的职责 156
第 3 节 AI 时代的"学习型组织"理论 166

第 3 部分　AI 管理学的应用与未来

第 5 章 AI 管理学的三大应用场景 181
第 1 节 应用场景一：客户牵引，运筹帷幄 181
第 2 节 应用场景二：产品创新，出奇制胜 198
第 3 节 应用场景三：出海竞争，兵贵神速 209

第 6 章 一个更智能的世界 219
第 1 节 AI 驱动下的商业演变 219
第 2 节 未来 AI 原生的公司会是什么样 227

参考文献 235

第①部分

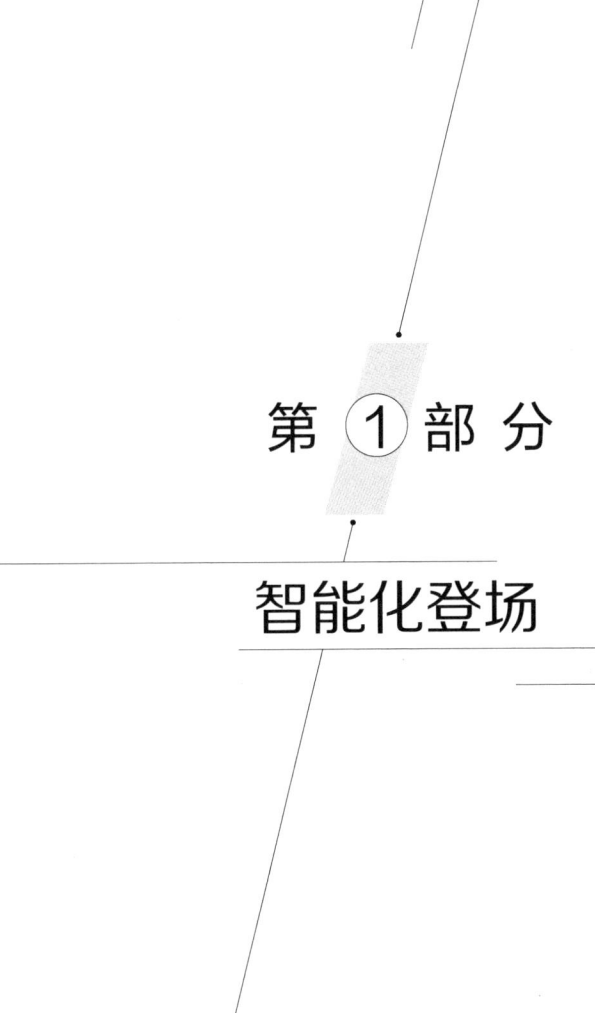

智能化登场

第 1 章

智能化来袭，企业准备好了吗

第 1 节　AI 高歌猛进，带来智能化机会

● 第 37 手与第 78 手：关于人机共存的初启示

2016 年 3 月，谷歌 DeepMind 用 AlphaGo 向围棋世界冠军、韩国棋手李世石发起了五番棋挑战，全球 8 000 万人在关注这场跨越人类与机器界限的比赛，人工智能（Artificial Intelligence，AI）与人类有了一次举世瞩目的交锋。

在此之前，围棋因其复杂性，被称为人类智力游戏最后的一块高地，不像其他棋类已被 AI 成功挑战——早在 1997 年，IBM 旗下的人工智能 DeepBlue（深蓝）就打败了象棋世界冠军加里·卡斯帕罗夫——围棋的复杂程度是国际象棋的 10~100 倍，其决策树之庞大曾被认为是人类直觉与创造力的专属领域。

在比赛开始前，人们普遍认为李世石获胜是易如反掌的事，DeepMind 团队也捏了一把汗，自认让 AlphaGo 对弈世界顶级棋手的风险很大，很可能"会以很愚蠢的方式输掉"。

开局的结果虽然出乎所有人的意料，但实话讲，AlphaGo 赢下第一局时还不算引起什么波澜，直到第二局，当 AlphaGo 在 37 手走了一步棋，看似昏招，实则是让对手李世石陷入长思、布局棋面的关键一子。

纪录片《AlphaGo》对此有着精准的点评："人类棋手下出第 37 步的概率仅有万分之一。"AlphaGo 的原理是 AI 领域的深度学习，模仿人类玩家，自我游戏、强化学习，用 AI 预测人类在任意给定的棋局中会走哪些棋步并预判应对。绝妙的是，它还超越了人类的经验和指导，下出了不少新棋路，连李世石也感叹："这一

步很创新,也很漂亮。"

连输三盘后,在随后的第四盘,李世石下出了 78 步的"神之一手",扳回一局。*AlphaGo* 对此也有观点:"第 37 步催生了第 78 步,让李世石有了全新的态度,用全新的方式看待比赛,他借由这部机器精进了棋艺。"在 *AlphaGo* 的片尾,一行字幕意味深长地表达了人与机器之间的关系:"在比赛结束后的两个月内,李世石赢下了他参与的每一场围棋锦标赛。"AI 为人类带来新的启发和目标,这也映射了未来组织中人类与 AI 的共生关系——不是替代,而是认知升级的催化剂。

随后的 2017 年 5 月,在中国嘉兴乌镇,AlphaGo 在三番棋比赛中以 3 : 0 战胜了当时世界排名第一的柯洁。我有幸在现场观战,那种刺激感以更强烈的方式扑面而来。比赛期间,柯洁与 AlphaGo 的每一步棋都牵动着在场每一个人的心,同时 AlphaGo 凭借其强大的计算能力和创新的棋路,再次展现了 AI 在围棋领域的巨大潜力。

在比赛结束后,柯洁同样表达了对 AI 的深刻理解:"AI 战胜人类棋手也是人类科技的进步。人类的新智慧以某种形式战胜了古老智慧,这其实是人类的又一次自我超越。"

赢下这一局后,2017 年 5 月 27 日,DeepMind 宣布 AlphaGo 退役,其证明 AI 可以在围棋这一复杂的智力游戏中战胜顶尖人类棋手的使命已完成。不仅如此,DeepMind 还推出了比 AlphaGo 更强大的版本——AlphaGo Zero,它完全不依赖人类棋谱,仅仅通过 40 天的自我对弈学习,就达到了超越 AlphaGo 的水平。

更重要的是,DeepMind 希望将 AlphaGo 的相关算法和技术应用到医疗、安保、能源等其他领域,以推动 AI 在更多实际应用中的发展,也通过 AI 实现更广泛的社会价值。

正如 DeepMind 联合创始人兼 CEO(Chief Executive Officer)德米斯·哈萨比斯(Demis Hassabis)所表达的:"我们团队都希望 DeepMind 能够成为 AI 界重要的前进力量,好比阿波罗登月计划那样。我们最大的愿景,就是通过人力去探索、去塑造智能。"

● ChatGPT 带来了全社会的 AI 热潮

AlphaGo 的胜利揭示了如何让机器具备"类直觉"的决策能力——它不再依

赖穷举，而是借助深度神经网络与强化学习的结合，通过自我对弈形成策略网络与价值网络的协同进化。如果说这是 AlphaGo 引发的人们对 AI 的惊鸿一瞥，那么，ChatGPT（Chat Generative Pre-trained Transformer）的横空出世则更猛烈地把科技未来推进现实，影响并扩散至更大规模的社会群体。

时间的脉络可以回溯到更早之前。《晚点》在一篇文章里复现了 OpenAI 的成立——2015 年 5 月 25 日，山姆·阿尔特曼在写给埃隆·马斯克的邮件中提到，建议"启动一个类似曼哈顿计划的 AI 项目"，这就是日后的 OpenAI。7 年后，2022 年 11 月 30 日，OpenAI 宣布正式推出 ChatGPT——一款基于大规模语言模型的对话系统。仅三天后，ChatGPT 的用户数便突破了 100 万；2023 年 1 月，ChatGPT 用户突破 1 亿，成为互联网史上最快获得 1 亿用户的产品。

ChatGPT 展示出了强大的自然语言理解和生成能力，机器可以更好地理解和回应用户的意图，可以根据用户的提问灵活地进行多模态回复，是自然语言处理（Natural Language Processing，NLP）技术的巨大突破，AI 不仅能精妙地分析已经存在的事物，还可以生成、创造新的东西。和围棋比赛一样，被称为人类智力的另一块高地——创意与写作，也开始被 AI 所挑战。

这正是 ChatGPT 的成功之处，不仅在于其强大的自然语言处理能力，还在于其广泛的适用性。与 AlphaGo 局限于专业领域不同，ChatGPT 以自然语言为媒介，渗透到电子邮件、法律文书、编程代码、营销方案等场景中，从教育、医疗到娱乐、商业等多个领域都有显著的应用效果。

ChatGPT 火爆现象的本质是两重突破的叠加：一方面，将语言转化为直接生产力，传统软件需要用户学习操作逻辑，而大模型实现了"需求即界面"，人类用本能的语言表达即可驱动复杂能力，如数据分析、跨语言翻译、知识图谱构建等；另一方面，从 AlphaGo 的封闭式决策进化到基于自然语言的开放式对话，AI 从"专家工具"进化为"全民助手"，从专用型 AI 走向通用型 AI，不仅企业可以通过 API（Application Programming Interface）调用快速构建新的应用，个人用户也可以把 AI 当作自己生活和工作的辅助工具。

2022 年 9 月，全球知名风险投资机构红杉资本发布了关于生成式 AI 的报告《生成式 AI：一个创意新世界》（*Generative AI: A Creative New World*），预测随着模型的获取趋于免费和开源，应用层的创造力逐渐成熟，"我们预计生成式 AI 的杀手级应用程序也会出现，比赛开始了"。

2023年是大家公认的生成式AI元年。OpenAI发布ChatGPT的真正意图是推广其背后的模型，2023年3月15日，随着GPT-4发布，生成式AI也开始大爆发。

ChatGPT也迅速引起了全球范围内的关注与跟随。在国外，除了ChatGPT，还有Bard、Character、Perplexity、Claude等竞争者。在国内，2023年更是上演了一出各平台大模型连番登场、接踵而至的戏码：3月，百度旗下文心一言发布；4月，阿里巴巴发布通义千问；5月，科大讯飞发布星火大模型，腾讯、字节跳动也紧随其后。另外还跑出了零一万物、MimiMax、百川智能、智谱、阶跃星辰、月之暗面"大模型六小虎"，国内外互联网大厂和创业公司纷纷入局。

更具意义的是，2022年全球经济尚处于不景气的光景中，ChatGPT引发了全球科技公司对自然语言模型的研发热潮，同时，基于大规模语言模型的技术路线得到了广泛认可，促使更多企业和研究机构投入资源开发和应用大模型，推动AI产业化布局的大幅加速，直接带动了人工智能行业的竞争和发展。

这也契合了阿尔特曼创办OpenAI时所想达到的公司使命。同样是在当初的邮件里，他提及的描述是"创造用于增强个人的能力的第一个通用人工智能（Artifical General Intelligence，AGI）"，不仅关于人与机器的关系在此明确被定义，同时，智能化的机会到处显现。超级智能时代超越了我们大多数人的想象，也可能更快地到来。

• DeepSeek来了，"技术爆炸"照进现实

在科幻作家刘慈欣的小说《三体》中，"技术爆炸"是一个关键概念，它指的是在短时间内、以爆炸形式迅速实现科技飞速进步的现象。

2024年年底，当全球仍在ChatGPT引发的狂欢中惯性前行时，中国科技公司深度求索（DeepSeek）发布了同名大模型DeepSeek-R1，再次引发热议。特别是其背后的AI技术在短时间内取得了显著进展，技术发展的非线性跃迁超出了传统技术发展的预期，这一现象，恰似《三体》中所描述的"技术爆炸"在现实中呈现，GPT-4到DeepSeek-R1的跃升仅仅用时1年。

DeepSeek在技术上实现了多项创新，尤其是在模型架构和训练效率方面，它采用了独特的混合专家架构（Mixture of Experts，MoE）和多头潜在注意力（Multi-Head Latent Attention，MLA）技术，这一架构不仅大幅减少了显存占用和计算资源消耗，还支持更大规模的参数。

直观的对比是，DeepSeek-V3 仅用 1/11 的算力和 2 000 个 GPU 芯片便实现了超越 GPT-4o 的性能表现。体现在成本上，DeepSeek-V3 的训练成本据称仅为 557 万美元，远低于 GPT-4o 等模型的 1 亿美元，另外其推理成本也极具竞争力，每百万 tokens 的推理成本仅为传统模型的几分之一。同时，DeepSeek 突破了对英伟达 CUDA 生态的硬件依赖，也能够在华为昇腾、AMD 等其他芯片上高效运行，为全球开发者和企业提供了更多选择。

DeepSeek 的先进性还体现在推理能力的性能上。它摒弃传统 AI 的监督学习，采用强化学习框架，使模型具备真正的推理能力，能够更好地适应复杂多变的现实场景。这一点不仅仅是技术逻辑，也体现在跟用户的交互上，DeepSeek 的独到之处是面向用户展示了推理逻辑，用户可以看到模型是如何逐步推导出结论的，从而更好地理解模型的决策过程。这种透明性对于需要准确性和可靠性的应用场景尤为重要，能够增强用户对其输出结果的理解和信任。

同时，DeepSeek 不同于传统的封闭开发模式，它选择了全栈开源的道路，不仅将模型权重、训练框架及数据管道全部开源，还允许用户自由使用、修改、分发和商业化，降低了中小企业和个人开发者的使用成本，吸引了大量开发者参与生态建设，形成了技术迭代的正向循环。

在《华尔街日报》等媒体的描述中，DeepSeek 的出现被称为"AI 领域的斯普特尼克时刻"——"斯普特尼克时刻"（Sputnik Moment）一词源自于冷战时期。1957 年，苏联成功发射了世界上第一颗人造卫星"斯普特尼克 1 号"，给苏联彼时的对手美国带来了巨大的震撼，当时被视为苏联在技术和科学领域超越美国的象征。这也因此引发了美国后来一系列的反应，包括成立 NASA（National Aeronautics and Space Administration，美国国家航空航天局），启动阿波罗计划，以及在全国范围内推广数学和科学教育等措施。这些努力最终帮助美国在 1969 年实现了首次人类登月，赢得了与苏联的太空竞赛。

DeepSeek 在当下也会不知不觉起到这样的催化作用，这个作用是面向多维度的。无论是其作为行业里的新兴公司代表，还是作为中国技术实力的新生力量，它都可能会激发其他公司或国家加速发展自己的相应技术，影响整个行业的走向。

OpenAI 对于从闭源到开源的态度转变就是一个很好的例子。过去，OpenAI 一直以闭源策略为主，强调对核心技术的控制和保护。然而，随着 DeepSeek 等开源模型的崛起，"算法创新+开源生态"的模式不仅证明可以大幅降低研发成本，同时还能快速吸引开发者和用户，OpenAI 的策略开始发生转变。2025 年 2 月，OpenAI 首席执行官山姆·阿尔特曼在多个场合承认，OpenAI 在开源 AI 软件方面"一直站在历史的错误一边"，并透露公司内部正在讨论公开 AI 模型权重等关键技术的可能性。

从这个角度来说，不断出现的技术突破会形成良性竞争，AI 行业的发展也会越来越快，能够为企业和个人带来的机会更加充满想象。就中国的企业而言，可以说 ChatGPT 在 2022 年年底带动了企业对使用 AI 的兴趣和思考；时隔两年后，DeepSeek 好用的 C 端用户界面（特别是回答问题时所展现的思维链推理过程）和容易协同开发的 API，带动的不只是企业管理者快速养成使用的习惯，而是具体从"知"到"行"的企业管理智能化布局。

● 从经济周期看企业智能化机会

AI 的高速发展使人们在享受便利和效率的同时，也增添了人要被机器取代的担忧，尤其是近年来包括亚马逊、微软、Meta、Salesforce 以及阿里巴巴等在内的多家科技巨头都进行了不同规模的裁员。当下被很多人看作是经济下行周期，任何一家企业裁员都不是新鲜事，AI 似乎在加剧这种趋势。

AI 技术的快速发展正在加速渗透各行各业，其对就业市场的影响已从理论走向现实。从客服到法务，从基础编程到文案撰写，越来越多的传统岗位正面临被 AI 替代的风险。基础代码的编写、标准合同的审核、常规数据的分析等规则型脑力劳动，模板化海报的设计、公式化营销文案的创作等低阶创意工作，传统客服、简单 IT 支持等机械性交互岗位都成了有可能被机器替代的"重灾区"。

以客服行业为例，分期购物公司 Klarna 在 2023 年与 OpenAI 合作，利用 ChatGPT 创建了智能客服系统。这一合作迅速显现成效，截至 2024 年年初，Klarna 已有 2/3 的客户服务由机器人接管，相当于 700 名全职员工的工作量。这一转变不仅显著降低了人力成本，还提升了客户服务的效率和质量。因此，该公司计划在未来几年继续扩大这一模式，进一步减少对人力的依赖，优化成本结构。

再来看一部分科技巨头的裁员潮。一方面是规模不小的员工及部门裁撤，另一方面往往也伴随着跟 AI 相关特定工种的积极招募，实际上可以看作 AI 转型的前奏。

比如，Meta 宣布在 2025 年 2 月启动新一轮全公司裁员，裁减约 5%的员工，与此同时，它还宣布加速招募机器学习（Machine Learning）工程师及其他关键技术职位的人才。对此，Meta 首席执行官马克·扎克伯格明确表示，公司将在 2025 年致力于构建人工智能和 AI 眼镜等下一代计算平台，为此需要优化团队结构，淘汰表现不佳的员工。

Salesforce 也被媒体披露其有着同样的节奏：一方面，计划裁员超过 1 000 人；另一方面，同时专注于招募销售人员，助力其新推出的人工智能产品扩大市场规模。

在下行的经济周期下，多数企业的本能反应是裁员、砍预算、收缩业务，但这些维度的缩减成本只能短期应对全球经济复苏的不确定性，放在长远视角下，不是基于企业长期战略布局而做出的举动甚至可能制造更深的战略危机，企业管理者不能只有缩减成本这一项举措。

实际上，无论是处于经济上行还是下行的周期，AI 都会帮助你的企业发展，只不过侧重点不同。经济周期如同自然界的潮汐，企业管理者需要深谙"涨潮时造船，退潮时炼金"的生存哲学。

上行周期：用 AI 助力规模扩大与增长。

在经济上行周期，市场需求旺盛，企业面临广阔的发展空间。此时，企业需要通过扩大规模来提升市场份额和竞争力。规模扩张不仅能够带来成本优势，还能增强企业在市场中的影响力和话语权。这种规模优势在经济下行周期尤为重要。

当市场萎缩时，拥有较大规模的企业往往能够凭借成本优势和市场地位，更好地抵御外部冲击。规模经济使得企业在采购、生产、销售等环节都能实现更高的效率，从而在价格竞争中占据优势，保持市场份额。

下行周期：用 AI 优化获利能力。

经济下行周期的到来要求企业调整战略。此时，市场需求减少，竞争加剧，企业需要更加注重获利能力的提升，以确保在市场低迷时期能够保持生存和发展的能力。获利能力的提升不仅依赖于成本控制，还依赖于企业的战略投资，特别是在新产品和关键技术研发方面的投入。

智能化升级成为企业提升获利能力的重要手段。AI 技术的快速发展为企业提供了前所未有的机遇，通过引入 AI 工具和系统，借助 AI 优化资源配置，从而在激烈的市场竞争中保持领先优势，为未来的战略布局奠定坚实基础，也为下一个上行周期的到来做好准备。

这个时刻可能很快到来。投资女王凯茜·伍德在《Big Ideas 2025》中展示了一个分析：人类发展史上不同时间段的经济增速呈现出阶梯跳跃的现象，每一个跳跃都是重大的科技变革带来的。而这一次的阶梯跳跃，将由当下发展越来越快速的 AI 所带来。

延伸阅读

凯茜·伍德在《Big Ideas 2025》中描绘的未来技术世界

凯茜·伍德在《Big Ideas 2025》中提出了对未来技术发展的深刻见解。报告中的核心观点包括：

技术聚合推动经济增长。该报告指出，AI Agent（人工智能体）、机器人技术、能源存储、公共区块链以及多组学测序五大技术平台正加速融合，这将推动全球经济进入指数级增长的轨道。这一观点强调了技术聚合对经济变革的重要作用。

AI Agent 的革命性影响。AI Agent 体正逐步接管人类生活，从智能客服至虚拟助手，AI Agent 将全方位革新人机交互逻辑。预计到 2030 年，由 AI 驱动产生的广告收入将占据数字广告市场 54% 的份额。

AI 驱动的软件开发。AI 将全面融入需求分析、代码生成、测试部署等软件开发的全流程，软件开发成本或有望降低至当前的 1/10。

医疗保健领域的变革。该报告特别强调了医疗保健是 AI 最被低估的应用领域，多组学测序和 AI 药物研发正成为改变医疗行业的重要创新。

自动驾驶的关键一年。凯茜·伍德在报告中对自动驾驶领域表达了乐观预期，认为 2025 年将成为自动驾驶技术大规模商业化的"关键一年"。

AI 算力的显著提升。该报告预测，到 2030 年，受益于 AI 的急速发展，预计每美元的 AI 计算性能将提升超过 1 000 倍。

凯茜·伍德在《Big Ideas 2025》中强调了上述领域的创新对于未来社会和经济发展的深远影响。她认为，这些颠覆性技术不仅能够改变现有的商业模式，还将创造全新的产业生态，为企业和个人提供前所未有的机遇。

这对于企业管理者的认知和意识都提出了更高的要求，你的核心业务战略是否已经做了 AI 能力的部署？你的核心业务流程中，有多少环节尚未植入 AI 增强节点？你的管理团队是否具备"AI 领导力"？你的组织是"AI 原生"还是"AI

智能化来袭，企业准备好了吗 第❶章

寄生"？……

众多关于在智能化时代中企业管理的问题，本书将逐步和各位一起解答。

第 2 节　AI 不等于企业智能化，全面且有效的方法论成为必需

● AIGC 不等于 AI

我们必须认识到，AI 各种话题及技术突破的火热本身并不等于企业智能化。企业智能化是一个全面而复杂的过程，涉及战略规划、组织结构、流程优化、文化建设等多个方面，AI 只是实现这一目标的工具之一。

作为文生文类型的 AIGC（AI Generated Content，人工智能生成内容）工具，ChatGPT 凭借其出色的内容快速生成能力，鲜明地展示了 AIGC 的优势。大语言模型能够"听得懂人话"，并以文字形式表达，这种自然语言交互的方式极大地增强了人机交互的便利性。除了生成文字内容，AIGC 的范畴还涵盖了文生图、文生音乐、文生视频等多种形式。

然而，ChatGPT 的火热也带来了一些认知偏差。人们惊叹于它能在 10 秒内写出莎士比亚风格的十四行诗，或是将晦涩的学术论文转化为通俗易懂的科普文案，甚至将它奉为神明，尽管它的名字并不容易记住。这种现象导致许多人将 AIGC 等同于 AI 的全部，但实际上，ChatGPT 虽然能解决许多问题的相关性，但它本质上是一个语言处理工具，专注于提供文本生成的能力。它的成功并不意味着它可以替代整个 AI 领域，AIGC 只是 AI 众多应用领域中的一个分支。

AI 的整体研究和发展涉及的技术与应用远比 AIGC 更为广泛和复杂，研究领域涵盖了机器人、语音识别、图像识别、自然语言处理、专家系统、机器学习、计算机视觉等多个方面，每个领域都有其独特的应用场景和技术挑战。AI 相关技术及应用领域如表 1-1 所示。

表 1-1 AI 相关技术及应用领域

序号	AI 技术名称	定义	应用领域
1	机器学习（Machine Learning，ML）	使计算机系统能够通过数据进行学习并改进其性能，而无须明确编程	推荐系统、金融分析、医疗诊断、市场营销等
2	深度学习（Deep Learning，DL）	使用多层神经网络来模拟人脑处理信息的方式，特别擅长处理复杂的数据结构	图像识别、语音识别、自然语言处理、游戏 AI 等
3	自然语言处理（Natural Language Processing，NLP）	使计算机能够理解和生成人类语言的能力，包括文本分析、语义理解、情感分析等	智能客服、自动摘要、机器翻译、情感分析等
4	计算机视觉（Computer Vision，CV）	让计算机能够"看"和理解图像或视频内容，包括图像识别、目标检测、运动分析等	安防监控、医学影像分析、自动驾驶、工业自动化等
5	强化学习（Reinforcement Learning，RL）	通过试错机制学习最佳行动策略的方法，代理通过与环境互动获得奖励或惩罚以优化行为策略	游戏 AI、机器人控制、资源管理等
6	专家系统（Expert System）	模拟人类专家决策能力的计算机程序，基于规则库和推理引擎解决特定领域的复杂问题	医疗诊断、故障诊断、法律咨询等
7	语音识别与合成（Speech Recognition and Synthesis）	将人类语音转换为文本的技术（语音识别），以及将文本转换为语音的技术（语音合成）	智能语音助手、电话客服、无障碍技术等
8	机器人技术（Robotic）	涉及设计、制造和操作能够执行各种任务的自动化设备，配备传感器、控制器和执行器	制造业、医疗手术、家庭服务等
9	知识图谱（Knowledge Graph）	一种表示实体及其关系的知识表示形式，通常以图形结构存储，帮助计算机理解和推理复杂的关系和概念	搜索引擎、推荐系统、企业知识管理等
10	自主智能体（AI Agent）	能够独立运作并在没有人类干预的情况下做出决策的智能系统，通常结合了多种 AI 技术	智能家居、无人驾驶汽车、虚拟助手等
11	可解释人工智能（Explainable AI，XAI）	使 AI 系统的决策过程透明且易于理解，确保系统的可信赖性和安全性	金融风控、医疗诊断、法律判决等需要高透明度和可信度的场景

续表

序号	AI 技术名称	定义	应用领域
12	神经形态计算（Neuromorphic Computing）	受人脑启发的计算方法，通常由能够处理和传递信息的互联神经元组成，旨在开发比传统计算机更节能、更强大的计算系统	高效能计算、边缘计算等
13	量子人工智能（Quantum AI）	将量子力学原理应用于人工智能，有望解决传统计算机无法解决的复杂问题	复杂优化问题、大规模数据分析等
14	人工智能伦理（AI Ethics）	关注人工智能系统开发和使用的道德影响，确保 AI 被用于有益的目的，并不会给人类造成伤害	制定 AI 开发和使用的伦理准则、隐私保护、公平性评估等
15	多模态学习（Multimodal Learning）	处理和整合来自多种输入模式（如文本、图像、声音）的数据，以提高模型的表现和鲁棒性	多媒体内容分析、跨模态检索等

同时，AI 带来的变革远超内容生成的范围，它正在深刻改变各行各业的运作方式，从制造业、零售业到医疗保健，从金融分析到教育科技等，涉及各行各业的核心业务流程。

例如，Meta 与雷朋合作推出了智能眼镜——Meta 雷朋，是 AI 技术在可穿戴设备领域的一个亮点尝试。这款智能眼镜不仅延续了雷朋的经典设计风格，还集成了多种先进的 AI 功能。用户可以通过简单的语音指令控制拍照、录像和接听电话，内置的高清摄像头可以捕捉并同步照片和视频到手机或其他设备。此外，眼镜还能通过蓝牙或 Wi-Fi 直接上传内容至 Facebook、Instagram 等社交平台，方便、快捷地分享生活点滴。其自然语言处理技术使得用户能够进行免提操作，极大提高了便捷性。

另一波值得关注的 AI 技术浪潮是 AI Agent。OpenAI 首席执行官山姆·阿尔特曼看好人类带宽的限制可能会被 Agent 打破，因为 Agent 能够像一个聪明的同事一样，与用户一起合作完成项目。上一节提到的凯茜·伍德在《Big Ideas 2025》中也预测 AI Agent 正逐步接管人类生活。

以 LLM（Large Language Model，大语言模型）为核心控制器，Agent 将带来记忆、工具、规划、行动等四类能力，与各行各业需要解决的问题结合，催生了一大批 AI Agent。阿里巴巴的云栖大会的 AI 创业竞赛上就已经出现了教育、游戏、信息与知识获取、内容创作、芯片开发、营销销售等领域的 AI Agent 项目。

所有创业者都卯足了劲，抢占 AI Agent 市场。

美国市场研究机构 MarketsandMarkets 曾发布，2023 年全球自主人工智能和自主智能体（Autonomous Agent）市场的收入规模超过 48 亿美元，预计到 2028 年有望达到 285 亿美元左右，2023—2028 年的年复合增长率为 43%。

随着技术的不断进步，AI 的领域范围、应用范围也会随之扩大，能为企业提供丰富的应用场景。作为企业管理者，视角也应该放宽并与时俱进，需要全面认识 AI 技术的多样性，将 AI 技术视为一种长期的战略资源，并根据自身业务需求选择合适的技术类型部署与落地。

• AI 也不等于企业智能化

人工智能的跨越式发展带来了耳目一新的冲击，但同时，AI 所释放的巨大能量也让很多人产生了一个错误观念，以为运用 AI 工具就等于企业智能化，仿佛 AI 就是灵丹妙药，就是企业数字化转型的全部解药。

答案很明显，购买 GPT-4 企业版≠企业智能化，就像给原始人 iPhone≠创造数字文明。

我常常跟身边的人提一个例子，可以帮助大家更好地理解上述这段话放到企业场景里的意思。我们做营销工作时，往往会根据目标受众的不同，有针对性地生产 2~3 个信息侧重点不同的广告片，分发给不同的 2~3 群人，跟正确的人讲正确的故事。因为生成式 AI 的出现，现在我们只要花一点点钱就可以生产出 1 000 个片子了，但可怕的结果出现了，如果没有更细致的洞察分析，1 000 个广告可能不知道该分发给谁看了——AI 的激进式生产，可能让营销投放更不精准了。

这种误区实际上是在潜意识里用 AI 取代了我们以前一直讲的大数据能力，虽然数字化为 AI 提供了一定的基础，但是两者之间并非是 1.0 到 2.0 的完全进化关系。数据是 AI 的基础，没有高质量的数据策略，再先进的 AI 工具也无法发挥其应有的作用。

再进一步究其本质，这种误区是将技术工具的使用与企业整体智能化战略混为一谈。尽管 AI 工具如 GPT-4 企业版能够显著提升某些具体任务的效率和效果，但它们仅仅是实现企业智能化的工具，而不是企业管理和战略规划。

目前来看，只有很少的企业拿到了 AI 的显性价值，这本来应该是唾手可得的价值。一种普遍存在的现象是，企业上上下下都显得非常重视 AI，都在用 AI，但实际上企业往往只做到了把AI接入企业中，员工有AI工具可用，接下来就无为而治了。这只称得上是把AI当成魔术秀，算不上管理和部署AI。

原因何在？当下很多AI工具上手的使用门槛很低，但同时能用得好的上限却很高，这相当于企业只给员工发工具，但缺失了培训，工具的好用程度取决于员工个人的摸索与领悟。即使有优秀员工发现了某个工具在企业某个业务场景的使用优势，这往往也是员工个人的使用范畴，难以在企业内部形成规模化的推广效应。而更具难度的是，企业业务流程是自上而下设计的，如果管理者没有根据企业特性和AI优势梳理形成新的工作流，AI其实就形同摆设。

这是小到工作流的改变。更深入一些，企业管理者需要意识到，单点工作使用AI的方式，和从管理上使用AI规划系统、升级系统、重构系统的方式有着根本的不同。前者能够在短期内带来局部的效率提升，但其影响力有限且难以持久；后者意味着将AI技术融入企业的整体战略规划、系统升级和业务流程重构中，旨在通过全面的应用实现企业整体的智能化转型。后者注重全局性和系统性，追求全面提升企业的运营效率和竞争力。

上一节我们从下棋开始谈起人工智能的想象空间，让我们再次回到棋局的语境中，把企业管理代入进来。在棋局中，"Smart Move"通常指的是一种明智的、战略性的棋步，一个"Smart Move"即能够控制棋盘中心。在智能化的框架下重新思考如何管理一家公司，并且与技术同行，重新定义组织、流程、文化等方面的管理方法，就是当前企业管理上的"Smart Move"。

通过智能化的全局优化，各个业务环节之间的协同作用更加明显，信息流通更加顺畅，决策更加科学。在这个过程中，新的商业模式和服务模式也会被探索出来。

以供应链管理为例，企业管理者可以利用AI优化整个供应链的各个环节，包括需求预测、库存管理、物流调度等，实现端到端的智能化；体现在客户关系管理（Customer Relationship Management，CRM）方面，企业管理者需要设计的是一个AI驱动的CRM系统，整合多渠道的客户数据，提供个性化的服务和精准的营销策略，提升客户满意度和忠诚度。

以上无不说明，AI时代来了，但并不意味着企业的智能化也会自动到来，更考验企业管理者的能力，需要企业管理者的选择、部署和行动。

● 企业最牛的经验需要留住且传承

如何选择、部署和行动？

核心在于把握企业的优势，在发展中越变越强，同时，这也是 AI 智能化所擅长的部分，可以帮助企业管理者做到以往达不到的管理精度。

很可惜，这一朴实的道理在现实中往往获得相反的结果。企业面临着各种确定、不确定的变化，随着业务的变化、人员的流动，很多需要积淀和传承的优势在这个过程中被削弱甚至一遍遍归零重建。

智能化有望打破这个僵局，将把企业最牛的经验留住、传承一事作为核心竞争力并逐步加强。

进一步来说，这样的变化主要在于企业不再依赖于员工个人的专业能力，而是把多个这样的专业能力转化为"知识"来进行管理，成为企业的独有能力。

这里有一个很具代表性的例子。律师是一个知识密度非常高的行业，想要入行就要积累大量的法律知识。律师入行后，要积累与业务相关的其他领域知识，还要关注每年都在变化的法规和执行细节。同时，这些知识会随着律师的流动而流动。那么，面对跨领域的问题时，律师如何精准回复、保证专业性呢？

植德律所的答案是应用 AI 工具。过去，当律师被客户问到非自己专业领域的问题时，要么自己查阅资料，要么向其他律师请教，无法做到及时响应，尤其遇到综合疑难复杂的问题时，更需要找不同领域的律师请教。

植德律所最早尝试的 AI 工具是语言类大模型，但往往面临数据的专业性、时效性、安全性等方面的问题，总是无法给予准确、专业的答案。

为解决这一难题，植德律所将一些律所的语料库，通过钉钉 AI 助理能力，打造出一个已学习内部各种专业知识的 AI 数字人——小植同学。AI 数字人小植同学懂得企业投融资、资本市场、家事财富等领域的知识，会根据学习过的不同专业领域知识和过往积累的案例，进行专业的回答。当客户问到不同领域问题时，律师可以先询问小植同学，生成的回答是基于律所专业的语料。这样可以节省大量人力成本，同时也为客户带来了及时和专业的服务体验。

这个 AI 工具还帮植德律所解决了更多的难题。过去遇到新的业务场景时，植德的律师往往需要在内部花费大量时间研究此前的类似项目、工作模板，还要综合评估项目该由哪位律师、合作人去负责。而新人入职后通用能力的培训同样需要消耗大量人力。

现在，植德的律师在获得授权后，可以跟小植同学通过对话的方式开展数据分析。比如，在招投标业务中，可以自动分析哪个合伙人做过什么业务，大概是怎样的情况，总结过往的经验和业绩。除了律师，企业内的人事、品宣、财务、行政的问题，也可以直接问 AI 助理。减少培训成本后，新人的培养过程也更加高效。小植同学不仅能给出一个答案，还提供原始材料的来源，完全颠覆了以往知识密集型行业做知识管理和信息收集的方式，一个人就可以成为一个团队。

类似小植同学这样的 AI 工具可以解决企业流动性大带来的企业经验和优势断档与流失的问题，因为这些经验被智能化了。

未来，类似小植同学这样可以便捷调用的企业知识库会出现在更多地方。我们看到，因为 AI 的出现，学习型组织要被重新定义了。因为 AI 会帮助员工更好地理解企业的发展与沉淀，与 AI 一起进行的深度学习也不一样了，而一切会以知识的行为来沉淀、积累与表达。

● AI 时代与经典管理学理论

仍然延续上面的话题，企业做知识管理，并非是一个新鲜事物，只不过在智能化的新背景下，经典命题有了更新的解法。

当我们在历史中寻找时，会发现企业所接受的西方商业管理方法论大多诞生于几十年前，虽然经过了积累与沉淀，不断为企业带来帮助，但眼下日新月异的智能时代正在重新定义"能力"，因此也必然重新定义"组织"，重新定义"管理"。MBA 课堂上讨论的经典管理学和今天的大变局之间产生了难以逾越的"时差"，使得管理思维方法和技术带来的可能性完全脱节。

但经典仍然是经典，很多管理学理论之所以能跨越时代，本质在于其揭示了商业竞争与组织运作的底层逻辑。它们不因技术迭代或市场波动而失效，而是在不同历史阶段以新的形态重现，需要再次与时俱进罢了。

AI 提供了不小的想象空间。

一方面，理论工具可以实现技术增强。例如，当波特战略框架遇上大数据时，企业利用 NLP 分析海量行业报告、专利、招聘信息，自动化生成实时更新的"五力模型雷达图"，预警竞争格局的变化；当 SWOT（Strengths，Weaknesses，Opportunitines，Threats）分析遇上机器学习时，在输入企业运营数据后，AI 自动识别优势（Strengths）中的技术专利壁垒、劣势（Weaknesses）里的供应链脆弱点，并模拟不同战略选择的结果概率……

另一方面，以往以理论呈现的管理思想在算法加持下可以变得具象化。彼得·德鲁克知识工作者理论通过员工数字足迹（邮件、会议记录、代码提交）构建知识流动图谱，量化"目标管理与自我控制"效能；明茨伯格战略形成学派用强化学习模拟"应急战略"（Emergent Strategy）演化路径，帮助企业在混沌环境中捕捉涌现性机会……

基于这个判断，本书试图在智能化与经典管理学理论之间架起一座桥梁，根据当下企业的核心问题，引入经典管理方法，并灌注智能化的新技术、新思路，形成企业在 AI 时代全面且有效的方法论及行动方案。

第 3 节 回望数字化的价值

● 告别暗夜里开枪

智能化并非凭空出现，在深入展开智能化和 AI 时代新管理方法之前，我们先谈谈智能化的前路——介绍数字化的篇幅也必不可少。

如今的情形和 2016 年的状况何其相似，处于一种新生产力要素即将被广泛应用的窗口。我们如今回头望时，很容易就能发现数字化在随后几年给大家带来了太多的兴奋感与想象空间。

有幸的是，我身处其中，我和团队提出的、面向品牌营销的全新理念——全域营销（Uni Marketing）成为数字化浪潮中的一股力量。2016 年年底，阿里巴巴发布全域营销，数字化的口子在营销领域被撕开，它所带来的变革和创新一发不可收，显性价值凸显。因此，在这里，我们可以以全域营销为视角，回顾一下数字化在营销领域的发展脉络，以及其在过往几年给我们带来的价值与作用。

从本质上来说，全域营销是一种营销的数字化，重新定义了经典的消费者链路（AIPL）的概念。

Awareness（认知）消费者：代表对品牌有认知的消费者，包括浏览过某品牌商品，被品牌广告触达过、浏览或点击过广告的消费者。

Interest（兴趣）消费者：是指对品牌产生兴趣或有过互动行为的消费者，包括多次浏览某品牌商品，主动搜索过某品牌，对品牌商品有收藏、加购、领取试用行为，对品牌内容有点赞、评论或转发等行为，或加入会员、预约品牌服务的消费者。

Purchase（购买）消费者：是指对品牌商品产生购买行为的消费者。

Loyalty（忠诚）消费者：是指在一定时间内对某品牌商品购买多次，或者有过正面评论的消费者。

同时，全域营销还将"认知"（Awareness）、"兴趣"（Interest）、"购买"（Purchase）以及"忠诚"（Loyalty）的消费者与品牌的关系链路变成可视化、可量化、可运营的消费者资产管理过程。

全域营销到底对营销产生了什么变革？

回到市场人的痛点来回答这个问题。2016年年初，我到阿里巴巴集团任职首席市场官（Chief Marketing Officer，CMO），此前我在宝洁、巴黎欧莱雅、百事可乐等品牌的公司工作过，也担任过市场营销公司 VML 中国的创始首席执行官。当时所属我部门的很多同事也都来自品牌公司或者乙方营销广告代理公司。在品牌公司和乙方工作的经历，让我们深知品牌营销和经营所面临的问题与痛点，尤其是当消费者越来越个性化，线上和线下又割裂成两个世界时，触达难度激增，营销费用的不连续性导致大量预算的浪费，更别提消费转化了。

当我们来到阿里巴巴，发现平台可以帮助品牌做更多的事情时，一项让我们为之兴奋的伟大探索就这样开始了。

"A shot in the dark."（在黑夜里开枪。）这句英文谚语可以很好地形容这种痛点。没有数字化，企业经营的各个环节就像在黑夜里开枪一般，是否打得中，得看看运气，即便有市场研究公司提供了一部分洞察分析数据，企业可以 shooting by hearing，琢磨周围动静后再判断开枪的时机和方式，但因为信息的不完整，也并不一定能"打准"。数字化让我们清晰地看见经营对象的全貌，百发百中的概率得以提升。

数字化让我们"看得见"，这本身就是一种价值。

淘宝有个百万商家都在用的数据产品，叫作"生意参谋"，提供给在这里开店的所有商家，分为提供基础统计分析服务的基础版本和具备更高阶能力的版本。这样的数字化能力对商家的店铺经营会起到什么作用呢？

清华大学经济管理学院的陈煜波教授带领团队对此做了专门的研究，随机挑选淘宝和天猫上的十万个商家，做了海量的数据建模和分析后得出结论：即使是最初阶的版本，其描述性的统计分析服务也能够帮助商家提高大概 35% 的销售额；

而高阶数智分析，通过帮助商家做销量预测、问题分析等，平均会帮助每个商家增长30%的销售额。从收入增长的角度，清华团队也做了分析，一个月差不多帮单个商家增加1.1万元的收入，一个平台参加的商家就是两百多亿元的收入增长，价值非常显现。

在过往的非数字化时代，营销学者和广告人们想了很多办法让营销投放尽量准确。其中有一个经典"克鲁门三打理论"（Krugman's Three Hit Theory），是由赫伯特·克鲁门（Herbert E. Krugman）博士在1972年提出的，旨在解释广告对消费者心理和行为的影响。他在《为何刊播三次就够》一文中提到在"三打理论"下广告曝光频次的含义——第一次曝光：消费者对广告的反应是"这是什么？"（What is it?），这是消费者首次接触广告时的自然反应，他们试图理解广告的内容和产品信息；第二次曝光：消费者产生好奇，并对广告内容产生熟悉感（What of it?），在第二次接触广告时，消费者开始评估广告内容是否与自己相关，是否值得进一步关注；第三次曝光：消费者产生确认感，并起到强化与提醒作用（Now I get it?），第三次接触广告时，消费者已经对广告内容有了初步了解，此时广告起到强化记忆和提醒的作用，甚至可能促使其采取行动。

在克鲁门看来，三次曝光是广告效果的"饱和点"，低于三次难以达到品牌投放的预期效果，而超过三次可能产生浪费，因为消费者通过三次广告接触就可以明确了解自己是否对该产品感兴趣，以后看多少次广告的效果都是一样的。这个理论基于心理学学习理论、注意力研究、消费者行为研究，在很长的时间内都为企业和广告主提供了重要的指导，帮助他们在有限的预算内实现最佳的广告效果。但在营销被数字化之前，在企业运营中都属于"暗夜里开枪"，凭借经验来做营销投放，而不同品牌、不同品类的投放都具有个性化，从这个意义上说，数字化的出现重新定义了频次指导理论，开始为不同品类寻找最优频次策略。

全域营销的诞生就是基于品牌人一直以来在"暗夜里开枪"的痛点。在"看得见"之外，我们对于全域营销的设计还加上了另外两个点——消费者可被管理、可被运营。

在这之前，营销通常是第一次性的，一次营销的花费花完即止，下一次营销从头开始。虽然营销界的实践者也都知道AIPL这个非常简单的消费者管理概念，但也只停留在概念层面，无法对消费者进行有效运营。

全域营销的出现，就是我们试图通过数字化的方式来管理消费者、分析消费者,最终把消费者跟品牌的关系用数字化的方式表达出来。这种关系可视、可被管理、可被运营,让营销变成像管理投资理财一样,品牌逐步积累自己的"消费者资产",一次营销的结束会成为下一次营销的开始。

而当初决定将"全域"这个名字作为数字化新营销的代名词,用意其实涵盖了数字化革命后能带给我们非常"全面"的各种整合性价值:

(1)全洞察:人、货、场多维度的消费者全洞察,为企业提供了全方位的消费者洞察助力,帮助品牌更好地理解市场动态和消费者需求。

(2)全媒体:线下广告和线上广告能一体化运营提效。比如著名的楼宇电梯广告分众传媒可以对线下不同地点看广告的人群做深度分析和定向投放,淘宝用户被线下品牌广告触达后,会在使用淘宝时收到品牌提供的进一步精准促销信息。这样,不同媒体就产生了共振的效益。

(3)全渠道:在线下品牌门店购买或入会的顾客可以和线上旗舰店的会员计划打通,使顾客的会员权益有更大的使用空间,也能让品牌为顾客提供线上、线下一体化的服务体验。

(4)全链路:品牌在公域投流和在私域做内容激活时能够双管齐下,循序渐进地把潜在客户引导至种草到拔草的品效全链路运营中,而不是被迫选择单一的路径。

这些"全面"的能力代表了数字化重塑商业模式、确定性提效的具体实践。

同时,这套方法体系并非凭空出现,也充分结合了企业在落地品牌营销管理工作的现状,在品牌营销和市场部门的工作环境中,相关的方式、方法都是好理解并利于由传统方式向数字方式转化的。以品牌建设的衡量标准为例,阿里巴巴集团与全球知名市场研究集团凯度(Kantar)曾做过一项关于 AIPL 与品牌原有常用评估体系"品牌健康度"的对比和研究,涉及 8 个类目、59 个品牌,最终发现 AIPL 与品牌健康度指标息息相关,而品牌消费者资产与品牌线上+线下的消费者渗透率更是高度契合,达到了 81%的相关系数。这样的高度匹配,意味着品牌并不需要对其原有的常用体系完全打破重建,而是有了一套配合使用后更加适合解决其当下困境的指标体系。

● 从方法论到广为应用的运营范式

一套方法论和工具横空出世后,一开始对此持观望态度的人自然很多,但很快它就从方法论发展到被品牌广泛应用,如今早已成为各大平台品牌运营的通用框架。之所以能够被品牌广泛尝试和应用,原因就在于数字化的价值是很容易显现的,有数字化和没有数字化的对比,在营销领域一下子变得天差地别。

2017年,也就是全域营销推出的第二年,就有非常多应用该方法论和工具的品牌数字化案例出现,品牌在中国可以尝试的创新,是在全球其他市场所难想象和实现的:

戴森发现关注"过敏、收纳、养生"等信息的消费者跟自己的品牌高度关联,成功推爆了除螨仪新品;玛氏旗下的巧克力品牌"麦提莎"在天猫上市后的两小时内就突破了两百万的销量,在新品上市期即获得87%的新消费者;雀巢通过全新的人群洞察方式,把原来不喝咖啡的潜在消费者也转化成自己的品牌顾客,品类新客招募效率较以前提升了98%……

 案例

"小洞察+大洞察":雀巢把不喝咖啡的人也变成自己的消费者

经过长期的品牌发展,雀巢咖啡已经牢牢占据速溶咖啡品类第一的位置。根据雀巢提供的数据,2019年其在线下已占据约75%的市场份额,在线上也已达40%的占有率,远高于第二名的10%。

即使是这样的行业领导品牌,也仍有自己的"烦恼":在行业现存的市场机会已经被充分挖掘的情况下,如何持续获得新客,使得品牌保有长期的增长动力。

雀巢的解法是挖掘品类新客,把以往并没有消费咖啡的人群转化成自己的消费人群。它通过与阿里巴巴全域营销合作,成为首个用全域营销做消费者调研的快消品牌,成功挖掘出四类咖啡购买的高潜力人群,站内触达的效率比去年同期提升了50%左右。

把四类人群转化成咖啡人群,雀巢找到新的品牌增长动力

挖掘品类新客——这是雀巢为自身品牌找到新客的重要方式。因为雀巢已经没有从竞品手中抢份额的必要了,更多的是怎样把整体品类做大。当时中国消费者的咖啡渗透率不高,这也成为咖啡品类面临的普遍问题。

因此,在2018年"雀巢大咖节"期间,雀巢就把以上作为最主要的营销诉求,最终,它找到了四类高潜力人群,并分别进行个性化的重点运营。这四群人分别

是：年轻的压力一族；健身减肥爱好者；好喝的饮料控；惬意享受的生活家。

同样是潜在消费者运营，这与传统上从竞品手中争夺的思路大大不同，而是真正以消费者为出发点和中心，考虑他们的动机和营销诉求，因而他们所接收的也是不同产品和沟通点。通过针对不同人群的定制化沟通和站内外营销整合的打法，雀巢探索出一条行之有效的从一次触达到最终站内收割的完整链路，品类新客招募效率较以前提升了98%。

"小洞察+大洞察"：雀巢成为首个用全域营销做消费者调研的快消品牌

四类高潜力人群为"雀巢大咖节"带来了十足的惊喜，而如何从消费动因出发、找到这四类人群成为关键。

早在2017年，雀巢就与全域营销展开了合作，并取得了不错的效果。2018年，双方合作想解决的一个重要问题就是，"品牌很难了解消费者背后的动因，而传统的消费者问卷调研则很适合解决这个问题"。

由此，雀巢与阿里巴巴进行了一项全新尝试"小洞察+大洞察"，将传统消费者调研与线上实际的营销进行打通，雀巢也成为首个用全域营销做消费者调研的快消品牌。

具体来说，小洞察的方法论及思路与传统调研并无二致，不一样的点在于，消费者样本并非出自调研公司的定点沟通人群，而是通过大洞察选择出的真正对品牌有兴趣的人群，保证了消费者调研样本的精准度；另外，对于小洞察的结果，也可以通过大洞察去印证，从而使最终的调研结果更准确。

以上提到的四类高潜力人群就是如此得出的，在此基础上，再通过全域营销的一系列产品矩阵，包括Uni Desk及阿里妈妈的相关产品，完成营销投放。这不仅实现了营销的可视化、可量化、可优化，增长的新客也沉淀到品牌数据银行当中，成为品牌可长期运营的消费者资产。

数字化雀巢，沉淀全新营销方法

"小洞察+大洞察"的创新方式通过"雀巢大咖节"期间的营销证实了可行性，在之后的"双11"，雀巢也如法炮制，同样助力其在"双11"实现爆发，新客表现尤其亮眼。

两次大Campaign及日常营销也留下了重要的沉淀。根据全域营销以及雀巢自身的情况，雀巢总结了一套适合品牌自己的营销方法。这一套方法在整个雀巢集团内部也已经被广泛认可，由雀巢咖啡延展至品牌其他产品线，如雀巢多趣酷思咖啡机等日常营销和品牌建设当中。雀巢与阿里巴巴全域营销的这番探索也在集团内承担新的使命，持续把这些新能力输送给集团全品牌。

更深远的影响在于，新的数字化营销方式驱动了雀巢新的组织架构变化及融合。雀巢相关负责人表示："全域营销的出现，把电商的语言和品牌的语言连接起来，把我们在电商上的创新放到整个品牌建设的版图里，各个团队之间会有更多的融合，品牌也不可避免需要借助电商平台的力量。"

雀巢借助阿里巴巴全域营销的大数据优势，洞察消费者核心诉求，在帮助品牌实现全域营销和整合营销上起到重要作用，并表示消费者资产沉淀是指引未来雀巢数字化发展的重要的方向，在了解消费者、贴近消费者的基础上，品牌可以为消费者提供更优的产品和服务。

（案例来源：阿里巴巴全域营销）

创新的案例不断产生，形成了滚雪球效应，到了2018年之后，开始有很多国际品牌频频在自己的财报里提到数字化以及和阿里巴巴的合作。

2018年5月，雅诗兰黛集团在财年第三季度分析师会议上提到，因为天猫，雅诗兰黛集团在中国的销售额让其整个亚洲市场收入翻番；同样，2019年，雅诗兰黛集团CEO Fabrizio Freda表示，集团全球电商生意持续高速增长，当中少不了天猫持续为中国市场线上销售的贡献。

再看耐克，它和天猫合作的实验性成果也让天猫在耐克财报中常被提及，最初的角色是"拉动中国市场的销售增长"，而后进阶到推动数字化。2018年6月，耐克发布财年第四季度财报，在时长80分钟的分析师电话会议上，天猫被提及了7次，耐克时任CEO Mark Parker说，耐克和天猫的合作制定了耐克在数字领域的用户体验标准。他认为耐克数字化转型成绩卓然得益于向领先的电商平台学习，与天猫的合作"有助于耐克的数字化转型"。

同年8月，日本三大化妆品集团资生堂、花王和高丝先后发布季报和上半年财报，它们不仅同样业绩全线飘红，同时，来自中国线上渠道的贡献也都在持续增长。其中，资生堂中国线上销售增长高达40%，它在阿里巴巴杭州西溪园区附近还特设了专门的团队，通过数字化合作来指导新品研发和上市，正是这个团队的核心任务。

……

可以说，在全域营销最初高歌猛进的那些年，这样的案例不胜枚举，数字化营销为企业直接带来了肉眼可见的收益和增长，这也正是一种先进生产要素的典型特征。

- **营销数字化推动了三大巨变：平台、品牌、广告业**

从更深远的角度，以全域营销为代表的营销数字化实际上也带动了三个趋势，这种实实在在的价值影响至今。

第一个方面，是带动所有的电商平台，包含后来兴起的内容电商平台，都构建了以消费者为中心、以数据分析工具为基础的整套商家运营体系。

在阿里巴巴，以货品为中心的运营直接转向了以消费者为中心的运营，尤其是天猫，其运营的基本逻辑都以 AIPL 来展开。无论是横向的商家策略团队，还是各大行业，都设立了以消费者运营为职能的团队。

同时，以 AIPL 为指导思想，结合实际的运营场景，阿里巴巴旗下的多个业务都为自身的商家指出了进一步的运营策略方向。在天猫，AIPL 延展出了 FAST 模型，从数量和质量两个维度帮助品牌衡量其消费者运营的健康度；天猫大快消行业还基于 AIPL 和 FAST 模型的洞察与分析数据，提出了 GROW 模型，可以助力品牌在大快消行业中识别品类增长的机会，挖掘具体的增长策略和决策因子；阿里妈妈提出了 DEEPLINK，将消费者行为分为七个阶段：发现（Discover）、种草（Engage）、热爱（Enthuse）、行动（Perform）、首购（Initial）、复购（Numerous）、忠诚（Keen），通过这些阶段更细致地分析消费者行为，帮助品牌制定更精准的营销策略；天猫超市推出 TMGE（Tmall-Mart Growth Engine，天猫超市增长引擎），强化品牌自运营阵地，探索面向商家开放用户运营权，帮助品牌优化投资回报率（Return on Investment，ROI），取得更好的经营实效……

同样，无论是京东"JD GOAL"的 G（靶向人群）、O（渗透增长）、A（价值增长）、L（忠诚增长），还是巨量引擎提出的"激发→转化→共鸣"TAS（Target Account Selling）模型都是典型的消费者运营方法论。前者通过精细化的会员运营和全域营销策略，提升消费者的购物体验和忠诚度；后者围绕内容，通过短视频和直播等形式，吸引用户注意力，实现内容与商品的有机结合。它们本质上都是指导自己平台上的商家以消费者为中心提升运营效率。后期涌现的电商平台基本上也无一例外沿用了这种思路，成为主流的平台运营方式。

从流量运营到消费者运营的转变已经完成其历史阶段，这也是当下各大平台不像以往那么热衷于提方法论的原因，因为这些都已经变成平台运营中司空见惯的日常，商家也熟悉了这套模式，无须再过多布道和教育。

第二个方面，是使得 D2C（Direct to Consumer）和私域成为热点。品牌因为有了数字化的加持，可以直面自己的消费者，真正的营销和品牌运营永远是以人为核心，实现品牌的消费者运营。

浅层次的 D2C 可以理解为品牌直销，品牌可以不通过多级经销商和零售商，而是自建旗舰店等方式直接销售产品，就能与自己品牌的消费者产生互动和销售。这样直接减少了中间商的环节，可以有效降低成本，提高企业的运营效率。

不仅如此，因为品牌直接产生了和消费者的互动，以往留存在中间商系统上、企业很难拿到的数据，直接掌握在品牌手里。品牌能够据此产生对消费者的洞察，可以更好地理解消费者需求，提供定制化的产品和服务，制定个性化的营销策略，进一步提升销售转化率。同时，由于品牌更懂消费者了，品牌与消费者之间的情感联系增强，能够进一步加强消费者对品牌的忠诚度，提升复购和口碑。

更深层次的 D2C 是以消费者为中心的运营去创造需求、满足需求，持续推动企业的增长。同时，D2C 也不是某个单一渠道的 D2C，品牌需要在全域经营的视角下进行数字化战略布局，整合线上、线下渠道，实现全渠道融合。

以阿里巴巴旗下的众多平台为例，我们可以根据消费者与品牌的距离来理解消费关系。以饿了么、盒马、大润发、高德为代表的平台可以看作"本地化近场"，而天猫、淘宝、天猫超市等平台可以看作"远场"，各有优势和运营差异。近年来，已经有越来越多的品牌拓展远场与近场的联动经营。

可口可乐曾经在春节期间做过一套创新的会员营销动作，在春节前后的年货节、会员日、春节不打烊等营销活动中，不断铺垫、承接、转化，多渠道地吸引消费者入会并转化销售。在春节前半个月，可口可乐根据对其天猫旗舰店、天猫超市两大渠道消费者的不同洞察，分别用不一样的创意吸引消费者入会并购买；同时间段，可口可乐还参与了支付宝五福活动，招募的新会员数量相比"双 11"数量翻倍，会员生意贡献占比提升至近 40%；待进入春节平销期后，则基于此前几波营销对新老会员进行二次运营，会员的生意贡献提升到 60% 以上。

2022 年"双 11"，德芙希望跑通天猫超市远场+饿了么近场的消费者精细化运营模式。它在天猫超市更多利用付费媒介、疯抢活动和品牌馆等资源位做好消费者沟通工作，在饿了么则结合短信投放、门店弹窗和私域社群做好承接，充分利用远、近场各自特有媒介触达消费者。此外，德芙还打造了差异化的新品，通过"6·18"大促和天猫超市的持续孵化，在"双11"实现新品爆发，与核心货品一起通过猫超和饿了么双渠道共振，最终促进德芙"双11"生意的整体增长。

管理咨询公司贝恩曾经做过一项调研，发现在D2C模式下秉持"以客户为中心"的品牌能够获得比同行企业更好的业绩表现，例如，这些品牌的平均客户满意度要高于同业20%~30%，员工士气也更高涨。

第三个方面，是带动了广告市场的变革，广告投入从线下大幅往线上快速倾斜。

随着互联网技术的迅猛发展和消费者行为的转变，广告投入正经历着从线下向线上的大规模迁移。这一趋势不仅体现在广告预算的重新分配上，还反映在企业的营销策略调整中。

原因无外乎广告效果。"我知道一半的广告费都被浪费了，但不知道是哪一半。"营销圈广为流传着这句来自美国百货之父约翰·华纳梅克的名言，互联网广告改变了这一被动局面。它能够更好地洞察消费者行为，为品牌主提供更全面的市场洞察报告，进而提供精准投放和个性化服务，能够更好地满足消费者需求，提升广告效果。

随着网络广告的发展以及数字化程度的提升，广告主对线上广告的购买意愿变得强烈，原先由传统电视等形式所统治的广告市场发生了越来越多的变化。

根据国家工商行政管理总局发布的广告经营数据，中国互联网广告在2016年一举超过电视、广播电台、报社、期刊社四大传统媒体广告经营额总和。来自互动广告实验室的数据显示，延续2016年的趋势，2017年中国互联网广告经营额比上一年增长了29.06%，近3 000亿元的经营额已经接近广告行业2017年全部广告经营额总数的一半。

同时，在互联网广告的细分类型中，2016年，电商广告的整体份额就首次超越了搜索广告，成为占据主导地位的广告形式。电商广告的迅猛增长，主要得益于电商平台自身的飞速发展以及消费者购物习惯的深刻变革。随着电商平台的持续创新和优化，它们不仅为消费者提供了更加便捷、高效的购物体验，还通过大数据分析和精准营销策略，实现了对目标用户的精准触达，从而显著提升了广告投放的效果和转化率。这种精准化、个性化的营销方式使得广告主能够更有效地与潜在客户沟通，进而推动了电商广告在整个广告市场中的份额不断攀升。

这一趋势延续至今。根据最新的《2024 年中国互联网广告数据报告》，2024年，电商广告仍实现了 16.20%的高增长，以 28.15%的市场份额继续保持领先优势——D2C 模式的电商产业持续发展，品牌广告主出于对营销效果的重视，使得电商广告保持着稳固的市场领先地位。

第 4 节　商业进化也有规律

● 企业方方面面都在被数字化

营销仅仅是数字化的一个应用领域，实际上，经过这几年的发展，数字化已经发生在企业经营的方方面面，价值也在多个维度产生。

在制造管理上，数字化主要体现在以下几方面。

（1）提升研发设计效率。数字化技术通过计算机辅助设计（Computer Aided Design，CAD）、数字化仿真和模型驱动设计等工具，显著提升了产品设计和仿真的效率。企业可以利用这些技术进行产品平台化设计、协同测试验证和工艺虚拟仿真，从而加速新产品研发。

（2）优化生产制造流程。制造业通过物联网、计算机辅助生产和数字化制造执行系统等技术，实现了从原材料到成品的高效转化。具体应用包括多工厂协同排产、生产工艺优化和质量智能检测，从而提高生产效率和产品质量。

（3）增强运维服务能力。数字化技术推动了制造业在设备健康管理、产品售后跟踪和技术支持方面的创新。企业可以利用工业互联网平台进行设备在线监测、预测性维护和后市场服务，提升设备的可靠性和运营效率。

（4）优化经营管理流程。数字化手段帮助企业优化财务管理、客户关系管理和人员管理等流程。例如，通过机器人流程自动化（Robotic Process Automation，RPA）技术，企业可以减少财务管理中的人工操作和失误，提升管理效率。

案例

青岛啤酒：柔性生产背后的数字化改造

青岛啤酒将原本沉重的生产制造逐渐转为柔性生产，并在溯源二维码的加持下，青岛啤酒进一步与消费者、经销商的连接数据。

哪片区域、哪些品类的啤酒卖得最好，在哪个城市、在哪个时间段啤酒需求数量最高，哪些类型消费者喜欢喝哪些品类的啤酒……青岛啤酒每天各类酒品的市场销售与工厂生产计划一目了然，这些信息可以让青岛啤酒提前预测市场行情，安排生产。同时，采购部门、生产部门、物流部门、销售部门也可以借此做到相互协同，从每一个环节降本增效。

背后是青岛啤酒整体的数字化改造。青岛啤酒打造了支持私人定制的智慧工厂，一条生产线上可以承载不同瓶型、不同品类、不同客户的订单，逐步转向个性化、多元化。青岛啤酒还引入模块化贴标机等设备，结合产线管理系统，品种切换几乎实现了无缝衔接，打造了智能化包装生产线。另外，青岛啤酒采用了生产线智能管理系统，无人值守的自动化立体仓库以及智能物流系统可以实现物料供应、订单生产、仓库发运和产品追溯全供应链的智能化、自动化改造。

（案例来源：《数字化报》）

在供应链管理上，数字化主要体现在以下几方面。

（1）提升供应链透明度和协同效率。数字化供应链通过整合实时数据共享和智能分析技术，实现了供应链各环节的紧密衔接和高效协作。企业可以实时获取库存、生产进度和物流状态等关键数据，从而进行精准决策，缩短响应周期。

（2）降低成本。数字化供应链管理通过优化库存管理和精准市场需求预测，减少了库存积压和生产资源浪费。同时，智能化物流调度系统优化了运输路线和配送模式，降低了物流成本。

（3）增强供应链弹性和韧性。数字化技术通过数据分析和实时监控，提高了供应链的灵活性和应对突发事件的能力。企业能够快速调整策略，减少因不可抗力因素带来的损失。

（4）推动产品和服务创新。数字化供应链管理为企业提供了丰富的数据资源和智能化分析手段，支持产品和服务创新。企业可以通过大数据分析挖掘市场潜在需求，推进产品研发和服务优化。

案例

伊利：数智化能力融入全业务链条

乳业横跨农业、工业、服务业三大产业，环节复杂，产业链长，需要很强的数据整合能力，将精准数据运用到奶牛养殖、食品安全、温度控制、环境保护等与乳制品行业相关领域。伊利通过与瓴羊等合作伙伴完成了相关数字化布局，将数智化能力深度融入业务之中。

伊利的数智化一头连接生产，另一头连接消费。在供应链层面，通过拉通订单链路和库存全局可视，实现了订单和库存的高效、实时匹配。同时基于完整的订单数据和库存数据，结合智能算法，实现库存的动态分配，从而降低库存积压，提升产品新鲜度，完成智能履约。此外，借助数据一盘棋打造产销协同，通过综合分析需求、库存、产能、物流、采购等数据，可以分钟级做出最优的供应链计划决策，从而保持供应链的高效运转。

在大营销侧，在数据中台的支撑下，在统一消费者数据管理、全域数智化运营的基础上可以做更加精细化的用户洞察分析以吸引更多消费者。例如，通过灵活打标签的方式，实现上百种用户标签配置；通过秒级人群圈选，为业务场景提供 600 多个精准人群。基于数据中台的产品能力及数据资产，企业的会员复购价值和媒介程序化投放精准率都获得了不俗的提升。

（案例来源：瓴羊 DaaS）

在服务管理上，数字化主要体现在以下几方面。

（1）提升服务效率和质量。数字化技术通过生成式人工智能、实时监测和预测性维护等应用，显著提升了服务效率和质量。企业可以利用这些技术优化客户管理、售后服务和设备运维。

（2）创新服务模式。数字化推动了服务行业的模式创新，例如设备租赁、产能共享和共享制造等增值服务。企业可以通过工业互联网平台共享设备信息和闲置产能，实现资源优化配置。

（3）优化客户体验。数字化技术通过客户洞察和精准营销，提升了客户体验。企业可以利用大数据分析和人工智能技术，提供个性化服务和综合解决方案，满足客户的多样化需求。

案例

长城汽车：建设智能客服

长城汽车作为国内大型企业集团，拥有超 14 万员工。然而，在业务运营过程中，由于职能划分和资源整合的局限性，云资源管理部门以及桌面运维部门往往需要肩负起处理几乎所有员工 IT 业务问题的重任，加上无转人工服务，还会经常接收到重复问题。客服员工不堪重负，导致答疑效率低下。

通过瓴羊智能客服，长城汽车在企业内部搭建了统一的咨询渠道。员工遇到问题后可迅速找到咨询入口，将问题反馈给机器人。机器人会自动对问题进行分类，简单问题前置处理，复杂、个性的问题则无缝转交给人工客服。这种人机协同的方式高效解决了员工遇到的业务问题，从而显著提升集团员工的工作体验。

同时，长城汽车还借助瓴羊智能客服系统，通过灵活的渠道部署和高效整合知识库、机器人及人工客服等支撑能力，成功构建了一站式客服工作台。这一平台不仅实现了客服的轮班处理，确保全天候为客户提供高效服务，还可以提供标准化服务，自动分析用户问题和需求，为员工提供更加精准的解决方案和推荐内容。在瓴羊智能客服系统的帮助下，长城汽车的客服支撑效能得到了显著提升，整体增长 50%，客服人员的工作效率和员工满意度同样得到极大提升。

（案例来源：瓴羊 DaaS）

更重要的是，数字化价值的大小并不在于全面，数字化体现的是企业的商业价值观和战略方向，可以帮助企业更加专注于其核心优势，在降本增效的背后，提升的是整个企业长期的市场竞争力。

与此同时，企业运转是多维同步展开的，数字化的推进也带来了企业方方面面的变化，客户、技术、运营、法律/政策、社会、组织等维度的价值都在这个过程中产生和被验证。数字化带来的企业价值如表 1-2 所示。

表 1-2 数字化带来的企业价值

价值维度	价值定义
财务维度	收入潜力：产品或服务预期能够产生的收入
	利润贡献：扣除成本后的净利润
	ROI：投入成本与产出收益的比率
	现金流量：预期的现金流入和流出

续表

价值维度	价值定义
市场维度	市场需求：市场对该产品或服务的需求量及增长潜力
	市场规模：产品或服务所能覆盖的市场大小
	市场份额：在特定市场中所占的份额
	竞争态势：市场竞争的激烈程度及主要竞争对手的强弱
客户维度	客户满意度：客户对产品或服务的满意程度
	客户忠诚度：客户愿意重复购买或使用的意愿和实际行为
	品牌影响力：品牌在客户和市场中的认知度和声誉
技术维度	技术含量：产品或服务所包含的技术创新和复杂度
	研发能力：企业的研发团队和创新能力
	知识产权：专利、商标、版权等知识产权的拥有情况
运营维度	生产效率：生产过程的效率和成本控制能力
	供应链管理：原材料采购、生产、库存和物流等环节的管理能力
	售后服务：售后服务的质量和反应速度
法律和政策维度	法律合规性：产品或服务是否符合相关法律法规
	政策支持：政府政策和补贴对产品或服务的支持力度
	风险管理：法律和政策变化对企业产生的潜在风险
社会和环境维度	社会责任：企业在社会责任方面的表现
	环境可持续性：产品或服务对生态环境的影响及企业在环保方面的举措
	社会影响力：产品或服务对社会产生的积极或消极影响
组织和团队维度	团队能力：管理团队和关键员工的能力与经验
	组织文化：激发创新和绩效的企业文化
	员工满意度：员工对企业的满意度和忠诚度

- 业务场景对了，不同进程的企业数字化都有确定的价值

延续上文，再提一个问题：数字化需要发生在企业的方方面面吗？答案却不是必须，核心在于被数字化的业务场景是否选对了。

不同企业所选择数字化的环节有所不同，我们具体可以看到以下几个类型以及分别对应的关键问题：

CEO 主导全面升级型：它们的数字化战略已经成为集团的重要目标。这些企业已经建立了数据中台，CDO（Chief Development Officer）团队也成为业务赋能的关键力量。目前它们关注的是如何将最小可行产品（Minimum Viable Product，MVP）扩展到整个集团的业务中，并确保这些措施能够深入团队层面，从而实现具体的业务价值，伊利、蒙牛和欧莱雅等公司都是这种类型的代表。

渠道管理数字化型：它们的数字化需求主要是由销量增长驱动的。这些企业关注优化渠道销售资源的分配和监测终端执行情况，无论是面向企业（to B）还是面向消费者（to C），一些外企消费品公司例如饮料业巨头百事公司和家庭清洁用品大厂庄臣公司等，已经通过数字化加持了自身的优势。

运营降本增效型：它们关注业务全链路的数字化升级和整合性洞察分析能力。不过，目前它们在数据整合方面存在障碍，缺乏统一的数据策略规划和业务策略发展配套。

初期探索型：这些企业优先选择某些模块进行数字化推进，例如工厂生产管理和业务分析（BI）。一些部门的运营标准操作程序（Standard Operating Procedure，SOP）还不够规范，尚未实现充分的信息化，它们正在探索如何实现数字化转型。

不同企业的数字化进程有所不同，识别自身所处的状态和问题是数字化开始推进或继续推进的关键问题，也是价值能够产生以及价值大小的关键。企业需要所谓"将军赶路，不追小兔"的行动定力。

对于前期已经积极投入、当下正处于数字化改革的深水区的企业来说，它们主要面临的问题是如何确定数字化项目的方向和规模，具体来说，面临的共同问题包括：如何定义和验证数字化项目的业务价值；如何在组织内部有效沟通和实施这些价值；如何赋能和培训每个终端员工或销售点，确保执行到位。此外，数据智能的应用场景尚未全面展开，数据策略与业务策略之间还不能实现无缝对接。

其实不难发现，随着企业数字化程度的逐渐加深，企业的投入越大，重视程度与对数字化转型的需求成正比，这恰恰又强化了数字化的价值，当企业尝到数字化的甜头时，对它的投入就甘之若饴。

而对于初步探索数字化或者并没有在全部环节部署数字化的企业来说，它们并不需要追求整体管理的全面升级，而是寻求如何利用数据智能迅速降低成本并提高效率。这涉及"如何开始以及如何逐步实施"的问题，企业需要找到适合自己规模和特点的数字化路径，以实现快速而有效的转型，关乎架构、场景、方法、技术等。在接下来的几个章节中，我们也将给出解答。

值得一提的是，从上面不同企业不同阶段的数字化以及我接触的很多公司来看，越是数字化水平初阶的企业，越是容易从降本的出发点来看待问题。从局外人的角度不难观察到这种下意识的"沦陷"，数字化的最终目标一定是增效，降本也是增效的阶段性表现，而不能退而求其次，追求到降本就心满意足了。

- **争议与难度，在一定限度上推进了商业进化的进程**

争议与价值并存。一个有意思的现象是，虽然数字化的必要性已经成为大家的共识，现阶段本该专注的是如何让数字化更有效的问题，但一些人对数字化的态度和行为悄悄发生了转变，从笃信到迷茫，从高歌猛进到调转车头，可以称得上是言行不一致了。

这中间夹杂着的情绪并非难以言表，最直接的原因无外乎，商业行为总是会根据当下的利益做出最及时的反应。当经济环境变了，经济周期更迭，数字化转型作为既艰巨又在短期似乎看不到即时效果的一件事，在企业里被放缓或搁置。而当高层管理者领导变革的积极度减低时，底下团队自然选择静观其变，支持度层层递减。

理由并不意外，但让人觉得非常可惜，漫长的蛰伏期本该是企业整体数字化应被许以的权利，成为企业在未来能够穿越周期的关键布局，转眼就因为经济周期本身而受到阻力。

另外一个可惜的点在于，实际上数字化的效果其实是可以立竿见影的，前提是数字化被应用到正确的领域，而不是追求大而全。

在这里，我们还可以从另外一个视角来看待这个问题——当一种事物经历自身的更迭后，进入下一个有跨越难度的阶段时，解法也许不是死磕，这时往往会有新的生产要素产生，随之带来全新的甚至不可想象的运行方式。

从这个角度看，信息化、数字化、智能化三者之间的关系就更好理解了。它们是层层铺垫、层层递进的关系，更重要的是，每个阶段的递进都产生了对商业、对社会更强劲的效应。

信息化的核心关键词是"降本"。通过信息技术手段，企业可以在内部部署ERP（Enterprise Resource Planning，企业资源计划）、CRM（客户关系管理）、SCM（Supply Chain Management，供应链管理）、OA（Office Automation，办公自动化）等信息系统，把企业原本零散的、纸面的信息进行线上系统化管理。在这个阶段，纸质的办公方式逐步转向电子化，信息成为企业的一种资源，通过信息资源指明了企业运营过程中化繁为简或缩短流程的机会，并且持续监督优化，直接带来成本优化的效益。

在这个过程中，人工的介入程度还是比较高的，企业在各个流程中产生的数据和信息往往还是要通过人工来进行处理的，自动化程度低；另外，信息化让以往费时费力的一些流程变得简单，但并没有因为信息化的出现而产生新的商业模式，本质是在降本的范畴内。

到了数字化阶段，关键词变成了"增效"。 企业的核心关注点应该是借助数字化手段来打造更高效的商业模式、商业流程。随着大数据的出现，企业在信息化时代积累的大量信息、数据可以被调动和运用起来，通过对海量数据的洞察分析，企业能够根据自身的业务特征，发掘出新的企业管理模式和商业模式。

我们现在习以为常的消费方式、生产模式，就得益于数字化的发展：电商在很大比例上取代了层层渠道的代理批发，全国各地的消费者都可以便利地从网络上购买到自己心仪的商品，而不是只有去百货大楼的选择；O2O模式的出现，让消费者在晚上急需买药时不必跑出门，外卖员就可以帮助大家从附近的药房买药并送货上门；企业要生产多少订单，重点在哪些城市备货，也可以灵活地根据企业与消费者需求的相关数据来决定……改变企业原有事物操作的模式或业务的商业模式，以取得更大的效率和价值，这些才能被称之为企业数字化视角下的"增效"。

在当下以及未来的智能化阶段，"提能"将成为新关键词。 信息化和数字化是智能化的基础，当人工智能技术加入企业管理中，智能化管理带来了聪明的、实时的警示或者解决方案，降本增效的程度进一步加深。

更重要的是，企业的各项流程将成为不断学习、演进和持续提能的过程，也就是上一节提到的观点：企业最强的优势部分会被持续加强。

延伸阅读

酒店数字化的阶段进程

我们将以服务业的酒店管理为例，探讨信息化、数字化、智能化的三阶段递进式发展，以及关于"信息化降本、数字化提效、智能化提能"的关键不同。

第一阶段，信息化：降本增效

这一阶段的核心目标是通过技术手段降低运营成本，提升内部效率。

核心的用户体验环节，一方面，主要依赖线下服务，客户体验以标准化为主，缺乏个性化；另一方面，酒店也通过电子化工具［如PMS（Property Management System）］减少人工错误，来提升服务响应速度。

在运营能力重构方面，降本的手段主要是采用计算机系统替代手工操作的方式，减少人力成本和时间成本；提效方面则是通过实现业务流程的自动化（如前台登记、客房管理、财务结算），提升运营效率。同时建立初步的数据存储系统，为后续发展奠定基础。

在这个阶段，局限性主要体现在数据孤岛问题严重，系统间互联性差；客户体验仍以线下为主，缺乏个性化。

第二阶段，数字化：提效扩能

到了数字化阶段，酒店的核心目标发生变化，希望通过互联网和移动技术提升运营效率，扩展服务能力。

在用户体验方面，较之前一个阶段有了全新的路径，线上渠道［官网、OTA（Online Travel Agency）平台、App］成为主要预订方式，客户体验更加便捷；同时，通过 CRM 系统初步实现客户数据整合，提供基础个性化服务，如会员优惠等；引入自助入住机、移动支付等自助服务，提升客户自主性和满意度。

因此，运营能力重构的关注点也发生变化，通过线上渠道扩展和自动化工具（如自助入住机）减少人工干预，提升运营效率，实现提效；通过数据整合与分析，精准推送、动态定价，优化营销策略，实现扩能；另外，与 OTA 平台、社交媒体等外部系统连接，扩展服务场景，扩大生态连接。

但是对酒店而言，这一阶段的数据应用以描述性分析为主，预测与决策支持能力有限，同时技术与服务尚未完全个性化。

第三阶段，智能化：提能创值

进入智能化阶段，酒店可以通过 AI、物联网（The Internet of Things，IoT）等技术提升服务能力和运营水平，创造新价值成了核心目标。

用户体验被重新定义，酒店可以提供智能推荐、语音控制客房设备等高度个性化服务，还可以通过 AI 客服、机器人服务等实现全天候、无接触服务，提升客户满意度。不仅如此，酒店还可以基于大数据分析，预测客户需求，提供个性化路线推荐、定制化旅行体验等超出期待的服务。

运营能力重构体现在三个方面：通过 AI 和 IoT 技术实现动态化运营，实现动态定价、能耗优化，提升决策能力，达到提能效果；通过数据驱动优化资源配置，落地精准营销、提供增值服务，挖掘新的收入增长点，实现创值；生态化的程度也在这一阶段充分提升，与智慧城市、交通、旅游平台的数据互通，构建全域服务生态。

这一阶段的局限性体现在，初期投资成本高，技术迭代风险大，同时也要注意数据隐私与安全问题。"信息化降本、数字化提效、智能化提能"三阶段对比如表 1-3 所示。

表 1-3 "信息化降本、数字化提效、智能化提能"三阶段对比

维度	信息化阶段	数字化阶段	智能化阶段
核心目标	降本增效	提效扩能	提能创值
用户体验	标准化服务	便捷化服务	个性化与场景化服务
运营能力	业务流程自动化	数据整合与初步分析	数据驱动决策与生态化运营
技术工具	PMS、电子门卡	OTA 平台、自助入住机	AI 客服、智能客房、动态定价
数据应用	记录与存储	整合与初步分析	预测、优化与决策支持
服务场景	线下为主	线上、线下融合	全域生态化服务

在企业发展的不同阶段，信息化、数字化和智能化各自扮演着关键角色，推动企业从基础的效率提升走向全面的生态重构。

最初，在**信息化阶段**，企业以"降本增效"为核心目标，通过业务流程的自动化减少了大量的人力成本和时间成本，显著提升了内部管理的效率。在这一阶段，虽然在客户体验方面仍以标准化服务为主，但为企业的后续发展奠定了坚实的基础。

随后，进入**数字化阶段**，企业开始以"提效扩能"为核心，借助线上渠道的拓展和数据的深度整合，进一步提升运营效率。此时，客户体验变得更加便捷，尽管个性化服务的能力还相对有限，但企业已经能够更好地满足客户的基本需求。

最终，在**智能化阶段**，企业以"提能创值"为核心，借助 AI、IoT 等前沿技术，实现了数据驱动的决策和运营模式。在这一阶段，企业不仅能够提供高度个性化的服务，还能通过智能技术重构全域服务生态，从而为企业创造新的价值增长点，推动企业在激烈的市场竞争中脱颖而出。

第 ② 部 分

AI 管理学：智能升维体与企业管理重塑

第 2 章
AI 管理学的基础三要素：OI、DI、AI

第 1 节　关于智能时代企业管理的两个假设

● **假设一：智能时代一定会来**

AI 管理学基于智能时代背景的企业管理方法及落地方案，因此，相关思路和方法需要放在智能化的时代背景下去谈论。我们首先需要坚定地相信，智能时代一定是会到来的，而且它前进的速度会比我们想象得更快。

从供给侧来看，AI 会驱动产业进一步数字化，以获取更多比人力更高效、更稳定的劳动力和生产力。不仅人的工作效率会因为人工智能而提升，成为"超能个体"，更具想象力的是，未来，人的核心劳动能力也会越来越多地被数字化。

2024 年、2025 年各行各业的智能化发展，都进一步为这个未来提供了更多的现实依据和想象空间。

在交通领域，百度旗下的自动驾驶出行服务平台"萝卜快跑"，为北京、深圳、武汉、重庆等城市的用户带来了无人驾驶出租车这一新的出行方式。车辆按照预约到达后，乘客用手机扫码或输入验证码，车门就会自动打开，车辆在确认乘客系好安全带等准备工作就绪后才会启动；上路后的"萝卜快跑"十分谨慎，通过自动驾驶系统识别道路标线、交通信号和周围车辆，当前方突然出现的行人或障碍物时，车辆会立即减速或停车；在整个行驶过程中，车内的智能语音助手还可以与乘客互动，乘客也可以用语音指令控制车辆的音乐、空调等设备。

2025 年 2 月 11 日，在阿联酋迪拜举办的 World Governments Summit 2025 峰会上，李彦宏强调自动驾驶落地应用的技术进步非常快，他也称自动驾驶比人开车安全10倍，"萝卜快跑"可以大大降低交通事故死亡率。在中国的复杂路况下，"萝卜快跑"的实际出险率仅为人类驾驶员的1/14。据统计，"萝卜快跑"累计行驶里程已超1.3亿千米。

另一个充满想象力的领域是人形机器人。2025年中央电视台的春节联欢晚会中，宇树科技生产的16个Unitree H1机器人在张艺谋导演的创意融合舞蹈《秧BOT》中亮相，引发热议，宇树科技让人们进一步感知到了人形机器人的进步。

实际上，在很多居家场景中已经出现了人形机器人。

专注于人形机器人研发的公司Figure推出的Figure 01人形机器人，主打家庭陪伴与家务协助，可以同时处理如打扫、洗衣和陪伴儿童等多个居家任务。而Figure在2024年8月发布的Figure 02具备更强的视觉推理能力和语言交互能力，据称其AI推理性能比Figure 01提升了3倍。

SoftBank Robotics旗下的Pepper人形机器人，则擅长家庭陪伴与辅助教育：一方面，通过情感识别技术，与家庭成员进行互动，提供家庭成员所需的情感交流与支持；另一方面，还提供丰富的教育资源，辅助儿童学习。Intuition Robotics的Temi人形机器人的专长是健康监测，能够监测家庭成员的健康状况，帮助提醒服药、测量血压等。

人形机器人也出现在了工业制造场景中，宇树科技的通用人形机器人已在汽车工厂承担高危物料的搬运工作。

和Figure达成合作后，宝马集团的汽车工厂迎来了机器人新员工"Figure 01"。它可以从事简单的抓取和放置任务，基于AI的视觉模型识别汽车框架，用机械臂抓取并调整方向，在放置不准确时还会用手背轻轻敲打框架，进行纠正，确保框架正确放置在对应的夹具上。同时，因使用OpenAI的语音引擎和语言模型，Figure 01还具备了基本的语音交互能力，能够与人类的同事进行简单的对话和指令交互。

从消费级机器人到工业级机器人，Figure不断加速研发，想要用人形机器人解决劳动力短缺问题，在具体场景中实现从感知到决策再到执行的完整闭环。事实上，Figure的产品已经覆盖更多领域，包括仓储物流、快递配送、医疗服务等。雄心勃勃的Figure与OpenAI一度合作，而后又分手，寄望通过自己研发AI系统来实现颠覆性创新。

进入这一领域的实力玩家越来越多。

2024年11月15日，由华为与深圳前海合作区管理局共同组建的华为（深圳）

全球具身智能产业创新中心正式运营，该中心将围绕华为具身大模型积极布局相关根技术与产业创新赋能，并与超百家企业共同搭建了具身智能生态圈。这一举动被解读为华为入局人形机器人领域。

进入 2025 年后，特斯拉、英伟达等巨头的人形机器人项目呈现快速推进状态。

特斯拉 CEO 埃隆·马斯克曾表示，Optimus 人形机器人有望在未来创造高达 10 万亿美元的长期收入，特斯拉计划在 2025 年生产 10 000 台 Optimus 机器人，2026 年下半年开始商业交付。

英伟达机器人与边缘计算副总裁 Deepu Talla 透露："在英伟达，我们并不直接制造机器人，而是与所有从事机器人制造或机器人解决方案开发的人员合作。"英伟达正在构建一个包含三种计算系统以及相关软件工具和工作流程的平台，帮助机器人专家、研究人员、机械工程师和测试人员更轻松地开发机器人解决方案。这一平台旨在简化和加速整个过程。

SemiAnalysis 分析师 Dylan Patel 认为，英伟达最终将成为一家机器人公司，而不仅仅是半导体公司，只有少数人理解他们最底层的布局是从制造到软件全链路。

一份来自券商的预测显示，到 2030 年，中美制造业和家政业的人形机器人需求量合计达到约 203 万台，市场空间约为 3 185 亿元。

具象可见的人形机器人替代了具体的人工体力劳动，而 RPA 所带来的无形智能，则让我们看到了部分脑力劳动被替代的可能性。RPA 机器人可以模拟人类操作，自动执行预设的业务流程。例如，银行可以根据设定的规则和算法应对贷款申请中的各种审查检查环节，减少错误环节，加快处理速度。

麦肯锡曾经给 RPA 下了这样的定义："RPA 是一种可以在流程中模拟人类操作的软件。它能够更快速、精准、不知疲倦地完成重复性工作，使人们投入更加需要人类脑力的工作中，如情感、推理、判断或与客户沟通。"对 RPA 而言，它通常严格按照预设的规则执行任务，而不提供智能建议。

更进一步，以微软 Copilot、钉钉超级助理等为代表的智能助手已经开始利用 AI 技术提供智能建议，例如根据邮件内容自动生成回复建议，根据聊天内容生成任务管理等，帮助用户更高效完成任务的广度和深度都在提升，数字化的人力充满想象空间。

在现在和不远的未来，我们会看到更多的智能客服机器人能够独立处理客户咨询和投诉。AI 能够自动编辑出高质量的新闻报道，自动生成营销文案等文本内容，替代部分文案编辑和写作工作。AI 可以快速分析法律文件，识别关键信息和潜在风险，完成部分律师的资料审核工作。AI 还可以通过医学影像分析，辅助医生进行疾病诊断，提高诊断的效率和准确性等。

另一方面则更好理解，体现在需求侧的变化。 数据智能使消费者有机会被清楚理解，消费者会成为"超级用户"，需求驱动供给成为必然。

在当今的环境下，消费者的数字化程度处于越来越高的趋势中，线上使用媒体、线上购物、线上打车、远程办公……这使得通过数字化做消费者需求挖掘的精准度会越来越高，还意味着在企业的生产和运作环境中，消费者的参与度是在不断提升的。企业可以更便利地采用用户调研、社交媒体、市场活动等方式加强与消费者的互动，了解他们的所想与所需。

这些快速而持续的洞察分析让企业有条件及时调整生产和营销策略，增强企业的创新能力和市场活力，更匹配地满足消费者需求。

对消费者而言的一种理想状态是，企业能够根据 TA 的需求提供个性化、定制化的产品或服务，企业在这个过程中也并不需额外耗费过多的企业资源，相反还因为灵活应对市场需求而减少了库存和资源浪费，C2M（Consumer to Manufacturer，消费定制生产）成为必然。

此外，人类所承受的许多重复性劳动和枯燥的工作有望被 AI 替代，也激发了大量的应用需求。

例如，产业工人所承担的机械重复的装配、焊接等工作，既枯燥又易导致工伤，AI 替代可提升生产效率和安全性。过去许多行业需要专人将信息从纸质文档录入电子系统，耗时且易出错，但是却占据了人们大量的工作时间，使人们难以专注于更加重要的任务，而 AI 能快速、准确地完成，减少人为错误。还有，地面、墙壁的清洁工作的重复性高且劳动强度大，当 AI 机器人能自动高效完成，减轻人工负担时，也会使人们获得解放。

综上所述，当供给在数字化，需求在数字化时，人们渴望智能化，而人工智能技术也如人们所期望的那样迅猛发展，如今没有多少人会否认 AI 是重大的科技革命，企业的智能时代是一定会到来的。

● 假设二：智能时代会对管理起到根本性的改变

那为什么智能时代到来后，会对企业的管理产生巨大的甚至是根本性的改变呢？这里也有四点关于商业基本的思考和判定。

第一，管理就是根据商业目标进行资源配置决策，智能会大幅优化决策质量。

根据《认识商业》一书给出的定义，管理是通过计划、组织、领导以及控制人员和其他组织资源来实现组织目的的过程。也就是说，计划、组织、领导、控制分别是管理的核心环节，管理者需要有他们的决策。做的是什么决策？因为对企业来说，资源永远是有限的，管理者需要瞄准要达到的商业目标，制定把企业"研产供销服"链条中有限资源做好配置的决策。

资源配置决策涉及多个方面，包括但不限于：

人力资源。企业需要根据业务需求，合理分配人力资源，确保每个岗位都有合适的人才。这不仅涉及招聘和培训，还包括员工的绩效管理和职业发展规划。

财务资源。企业需要合理分配资金，确保关键项目和运营活动有足够的资金支持。这包括预算管理、成本控制和投资决策。

技术资源。企业需要根据技术发展趋势和业务需求，合理配置技术资源，包括硬件设备、软件系统和数据资源。这不仅涉及技术采购和维护，还包括技术团队的建设和管理。

时间资源。企业需要合理安排时间，确保关键项目和任务能够按时完成。这涉及项目管理、时间管理和流程优化。

因为数据可以被拿来做智能化的分析，智能决策开始成为可能。

假设有一家主要销售汉堡的全国连锁餐厅，其最主要的成本来源是汉堡肉饼的采购。一天几百万份的肉饼原料主要由河南地区的一家供应商来供应，肉饼质量好，价格也基本合理，但有时因为猪肉价格的浮动，供应价格也会产生一些浮动。

在智能决策的思路下，系统可以及时做出警示。例如超出设定的采购价格红线时，及时警示、及时停购，转而根据实时的猪肉报价，去供应商库里识别出当下更具优势的供应商后，立即切换。而以往的决策往往是在下单几天后核对账单时才会更改，决策参考的层面是有滞后性的。

通过应用智能影响决策，很多企业常规的操作方式开始发生改变。

例如，某电商平台利用AI分析用户行为，实现个性化推荐，销售额提升75%，客户满意度从 75%提高到 90%。

某风电企业利用 AI 和运筹学进行智能化决策，需求满足率提升 5%，计划排产效率提高 40%，运输成本降低 1%。

一家跨国公司利用 AI 评估新加坡、我国香港地区和上海的运营成本、市场潜力等关键属性，为开设区域办事处提供数据支持，选择最佳地点。

……

可以发现，智能系统不仅能够高效地处理你所关心的事务，还能主动关注那些你原本可能忽视，但实际上非常重要的事项。这种全面且深入的处理能力，使得智能系统在多个领域展现出巨大的价值和潜力。

延伸阅读

阿里云：用 AI 提前预测风机故障

阿里云通过将传统技术与 AI 相结合，构建了一个强大的计算和数据存储平台。这一平台利用数字孪生技术进行模拟和仿真，不仅能够助力企业优化决策过程，还能有效减少设备维护的成本。

在风力发电领域，传统的维护方式通常是在故障发生后才进行修复，采用这种方式时不仅维修难度大、周期长、成本高，而且一旦设备停机，还会造成巨大的经济损失。针对这一问题，阿里云采用了一种创新的方法：通过部署温度传感器来实时监控风机上超过 30 个温度测量点，收集海量的温度数据；利用人工智能技术对这些数据进行实时分析，构建风机运行的温度曲线模型，以及风机异常检测和故障预测模型。这样，就可以提前识别出风机运行中的异常情况，并发出预警，从而避免故障的发生，减少停机时间，提高风力发电机的运行效率和可靠性。

通过这种先进的监控和分析系统，阿里云能够帮助风力发电企业实现预测性维护，即在问题发生前就进行干预。这不仅降低了维护成本，还提高了发电效率，延长了设备的使用寿命。

（案例来源：阿里云）

第二，人与组织在商业运营中的价值与角色会被重新定义。

将来组织在智能时代会怎么演变，这将是一个非常有意思的话题。

AI 技术的快速发展和广泛应用不仅影响到企业大大小小的决策，也正在深刻改变企业的运营模式和管理方式，同时，为了减少由变化带来的冲击和负面影响，组织弹性也将会进一步变大，对组织的适应能力提出了更高的要求。在未来，组织可能会变成是随时可被再定义的。

与 AI 技术直接相关，组织需要能够快速引入和应用新的 AI 技术，这就对 CIO（Chief Information Officer）/CTO（Chief Technology Officer）以及技术部门提出了新的组织要求。埃森哲 Cloud First 全球负责人 Andy Tay 直接用"重塑"来形容这种弹性变化的程度，以 CIO 们的重塑顺应技术和市场的快速变化，他说："有了基于云的数字核心，组织就可以解锁高级智能、行业特定的云创新、企业效率和敏捷性，集成新的技术，例如 AI 支持的决策制定。"

在组织任用层面，相应地，组织里个人的标签将变得更加重要，包含经验标签、能力标签、风格标签等。举个例子来说，当一个企业的管理者借助智能决策计划推进一个项目后，最快的方式自然是抽调员工，组成跨部门的协作团队，用项目制管理的方式灵活推进。这种打破传统部门界限的方式在当下已经被很多企业所采用，这个时候在项目组里加入或者减少什么成员，就可以迅速借由这些标签来帮助决定，标签化的数据则可以很好地解决项目效率不够高的问题，智能匹配合适的员工。

人和组织变了，管理的逻辑也就变了，树状图组织、老旧的管理原则、激励方式等都将成为过去时，取而代之的是更加灵活、高效和人性化的管理方法。

在这方面，我们也看到了越来越多的实践场景：

IBM 通过 AI 虚拟助手为员工提供 24 小时的自助服务，解答薪资、福利等问题，提升了员工体验，也减轻了人力资源部门的工作负担。

一家公司利用 AI 分析人力资源数据，预测员工流失风险，制定留人策略，降低了员工流失率。

某零售企业利用 AI 分析员工绩效数据，识别高绩效员工的特征，制定个性化的激励方案，提高了员工积极性，增加了团队绩效。

一家企业采用 AI 驱动的培训系统，根据员工的工作表现和职业目标，提供个性化的学习计划和实时反馈，增强了培训效果。

在这些应用案例里，智能正在帮助组织和个人变得越来越好。

第三，数据策略与数字化管理成为重要的持续发展要素。

早在 2020 年 4 月，《中共中央、国务院关于构建更加完善的要素市场化配置体制机制的意见》中首次将数据与土地、劳动力、资本、技术并列为五大生产要素。2023年10月25日，国家数据局正式挂牌成立，希望通过集中管理和协调的方式，推进数据基础制度建设，统筹数据资源整合共享和开发利用，提升数据要素的配置效率。

在企业层面，和 A［Awareness（认知）］、I［Interest（兴趣）］、P［Purchase（购买）］以及 L［Loyalty（忠诚）］的逻辑如出一辙，企业和消费者的关系能够变成不断累积的资产，同样，企业自身运转中各个环节产生的数据，经过科学的管理和应用，也是一种力量强大的企业资产，以此为基础的数据策略和数字化管理是企业持续发展的重要要素。

事实上，已经有很多企业在尝试智能化的数据管理，例如某金融公司利用 AI 自动识别并纠正数据中的错误和不一致之处，提高了数据质量；一家医疗机构采用 AI 算法对医疗记录进行分类和标记，便于信息的检索和分析；某电商平台使用 AI 监控用户数据访问，识别并阻止异常行为，防止数据泄露；一家科技公司利用 AI 算法优化数据存储，减少存储成本，提高数据检索速度；某零售企业采用 AI 生成数据可视化报告，帮助管理层快速了解业务状况后，做出决策……

对于企业来说，更具象和直接的感知是"数据入表"概念的提出，将数据作为一种资产加入企业资产负债表中，数据资产从抽象概念转变为能够为企业带来切实经济效益的新型资产。

2023年3月，光大银行深圳分行为深圳微言科技有限责任公司提供1 000万元普惠贷款支持，完成光大银行在小微企业数据要素市场化增信业务上的首次探索，也是全国首笔无质押数据资产增信贷款。

2024年1月1日，《企业数据资源相关会计处理暂行规定》正式施行。根据该规定，存货与无形资产开发费用项目都新增了"包括：数据资源"条目，显示数据资源的账面数值或符合资本化标准的开支额度，即"数据资产入表"。

可以看到，智能时代的数据管理更为重要和紧迫。在此背景下，企业数据会变成财务管理中像现金流资产管理一样重要的要素。

也就是说，在企业 CFO 的职责中，要把数据当资产管理，每一个 CFO 都要仔细地审视："我们公司的数据到底有没有被定义好，有没有被挖掘好，有没有被利用好。"这些数据资产和现金流一样，都要看投资回报。

举一个很浅显的比喻，如果一个企业账面上有百亿元现金，没有被拿去投资或是投入做创新型的业务探索,那么我们可以很笃定地判断这家企业 CFO 的能力不行,他在这个岗位上也做不久了。

未来,对于数据维度同样如此。数据的生产和运用都要当成企业资产管理的一部分,通过数据资产的加持来做企业决策支持、风险控制和价值创造,也正是因为企业多了这样一个重要的管理要素,也会推动智能时代的管理发生重要的变化。

第四,AI 提效是竞争力的关键,在未来,不做就被淘汰。

美国著名投资人凯茜·伍德每年会发布年度预测报告,其 2025 年发布的《Big Ideas 2025》中有个观点我十分认同。她认为 AI 作为重大的科技革命,会带来经济增速加快的效应,但受益的会是提供 AI 基础设施的科技大公司和 AI 应用类公司,后者作为颠覆式创新力量,发展势头会更猛;而那些不擅长应用 AI 的公司,生意机会将会被擅长应用 AI 进行创新的公司抢走,生意没有增长反而萎缩。

的确,越来越多的企业把 AI 当作决胜的关键。

以家电行业为例,传统家电行业常年处于激烈竞争的环境中,企业为了争夺市场份额,常常采取降价策略,导致利润的下降。这使得家电企业如走钢丝般,努力在"以价换量"与盈利之间找到平衡,才能够生存。

近年来,随着消费者对家电智能化、个性化需求的提升,企业需要突破技术壁垒,推动产品智能化的发展,以满足市场需求。而新品进入市场的过程也充满风险,企业既要在细分领域和技术上实现突破,又要管理好消费者预期,甚至需要从零建设产品心智,简直要使上十八般武艺。

TCL 就经历了这一切。根据《产业家》的报道,在研发智能化产品的过程中,TCL 感受到生产线自动化程度不足、质检手段无法满足规模定制化生产等问题的掣肘。TCL 既想解决这些问题,又想在客户服务、技术研发等领域实现突破。为此,TCL 加大了 AI 技术的应用,并以此驱动企业全局变革,展开一场关于 AI 的竞争布局。

通过机器视觉,TCL 可以大幅提升质检精度,减少人工检测的误差。利用大数据分析,TCL 能够更准确地预测市场趋势,提前调整生产计划和产品策略。借助自然语言处理技术,TCL 优化了客户沟通渠道,提高了客户服务的响应速度和质量。

例如,TCL 发布的 AI 智能操作系统和小 T 中控大模型,使用户能够以自然对话的方式与设备进行交互，系统自动学习用户习惯，提供个性化的操作建议和设置。

TCL的创始人、董事长李东生对外表示，2024年TCL通过推进落实AI应用，创造经济效益已达5.4亿元。也是在2024年年底，TCL确立了以AI技术为总体技术的战略。TCL的AI布局涵盖了工业软件、智能装备和AI技术等多个领域，通过构建AI能力平台来实现AI技术的共享和复用，降低了应用成本和门槛，进一步提升了企业的运营效率和竞争力。

例如，智慧物料控制系统融合AI技术和物联网技术，实时感知物料的库存、位置、状态等信息，自动调整补货计划和配送路线，提高了物料的周转效率和利用率，降低了库存成本。

智慧能源管理系统结合AI技术和大数据技术，实时监测企业能源消耗情况，分析规律和趋势，自动调整能源设备运行参数，实现能源的合理分配和节约使用，降低了能源成本。

智慧供应链平台利用AI技术和互联网技术，实时感知供应链各环节信息，如供应商生产情况、物流配送情况、客户需求情况等，自动调整供应链计划和策略，实现协同工作，提升了供应链效率和竞争力。

TCL科技CTO及TCL工业研究院闫院长认为，"人工智能技术毫无疑问是未来和产业结合中最大的技术驱动力，我相信没有人不认可这一点，这是一个行业的共识。"

企业在激烈竞争中寄望于通过AI获得竞争优势，也有企业赋予AI涅槃重生的厚望。

中邮证券的研报将力帆科技与AI的牵手描述为涅槃重生的关键一步。据研报，力帆科技创立于1992年，在2010年上市。该公司以摩托车和燃油乘用车业务起家，其间新能源转型几经波折，起起落落。由于行业波动和经营困境，2020年，该公司启动破产重组程序。2021年起，该公司陆续引入新股东和管理层。吉利成为该公司第一大股东，旷视科技创始人印奇成为该公司二股东并担任董事长，开启科技型汽车公司新征程。力帆科技想要借助吉利的平台和印奇团队的算法技术在智驾赛道突出重围。

以上讲述的种种，无不是在表明"AI是企业提能提效的关键"这一观点。在这里值得单独拿出来再强调一番的是，AI提效在当下早已不是可选的存在，而是必选项。这也会使得我们谈管理时避不开这样一个视角——无论你怎么样维持企业的竞争力，如何运用 AI 都是一个必然。

竞争就是这样，人无我有、人有我优，无法有效运用 AI 提效的企业，未来有很大概率会被加速淘汰。管理者的职责所在，就是判断企业的竞争情况、合理布局和调动 AI 等智能化能力。当你还在犹豫的时候，别人已经这样做了。

第 2 节　引领智能化的三个关键驱动因素

● AI（Artificial Intelligence）——人工智能

在当下提到智能化，大家首先想到的会是 AI——人工智能。

斯图尔特·罗素教授和彼得·诺维格博士所著的《人工智能：现代方法》，被称为人工智能教材的典范，自 1995 年第 1 版问世以来已经不断更新出版至第 4 版，每一版内容都覆盖了世界人工智能的主流技术和方法。全球 1 500 多所大学采用这本书作为人工智能课程的教科书，几乎所有人工智能从业者也都会拜读这部经典大部头。

即便是如此全面深入人工智能领域的一本权威书籍，其对于 AI 的定义也没有轻易下论断。事实也是如此。被视作千行百业变革力量的 AI，实际上，还没有足够清晰并被广泛承认的定义。

这一方面是由于人工智能领域的复杂性，前置知识多、知识点分布广；另一方面，则是因为人工智能的研究仍在不断往前，技术持续快速迭代，前沿研究仍有很大空间。

虽然很难统一，但我们仍可以来做一些回顾。

早在 20 世纪 50 年代，图灵就提出关注智能的表现，而不是智能的机制——如果人们无法区分一台机器和人类的区别，那就是智能化的机器。随后，计算机科学家约翰·麦卡锡给出了同一思路下的定义：当机器能够执行具备人类智能特征的任务时，那它就是 AI。许多科学家都在关注 AI 项目是否能够正确执行任务，帮助人类解决问题，这个领域后来被称为弱人工智能。

还有另一个视角，不仅仅关注 AI 的表现，而是更关注 AI 系统的结构，并认定计算机可以获得意识和智能，这个领域被称为强人工智能。

此后，AI 的外延不断拓展，机器人、语言识别、图像识别、自然语言处理、专家系统、机器学习、计算机视觉等都被归入 AI 的研究领域。

AI 不断挑战着人类的想象力，难以固定下来一个定义的事实恰恰反映了 AI 能够带来的强大推动力和惊喜，正如复杂系统前沿科学家梅拉尼·米歇尔提出的观点：缺乏一个精确的、得到普遍接受的定义，可能有助于 AI 很快地成长、繁荣和进步。

在实践中也确实如此。现在越来越多行业已经发现，我们难以定义的 AI 正在开启一个新时代。随着新时代日渐清晰地到来，一切都在加速。

2022 年，ChatGPT 让 LLM 格外闪耀，随后文生文、文生图、文生视频等一系列 AIGC 应用如雨后春笋，不断刷新人们对 AI 的认知。2023 年，将 LLM 作为 Agent 核心控制器的理念，催生新一轮创新创业风口。AI Agent 与更多行业的结合，让人们前所未有地感到未来已来。

目前，以 ChatGPT 为代表的 LLM 体现出一系列能力，包括理解人类意图和记忆、进行通用性和多任务泛化学习、对齐人类价值、与人类思维相似的"自觉"、理解需求后进行创造等，让业界看到了通过 AI 解放人类双手和大脑的曙光。

我们看到，以大语言模型为基础的 AI 技术能力及平台能力逐步增强，运算速度越来越快，硬件体积越来越小，成本越来越低。同时，互联网巨头、大鳄们引领的基础模型不断与应用领域发生化学反应，创造更多行业模型。

尽管 AI 能力还在不断进化中，但我们可以尝试去总结一下它的特征和擅长的工作领域：

（1）重复性和规律性。AI 擅长处理重复性高、模式明确的任务。因此，工作中如果有大量重复、可预测的流程，则可能更适合 AI 进行处理，例如数据录入、库存管理等。

（2）数据驱动。AI 在处理和分析大量数据方面具有优势。如果工作涉及对大量数据的分析，则可以考虑使用 AI 来提高效率，例如市场分析、财务预测和客户行为分析。

（3）速度和规模。AI 可以在极短时间内处理大规模的数据或事务。如果某项工作需要快速地响应或者处理大规模的请求，则可以使用 AI 来加速流程，比如实时客服支持或自动交易系统。

（4）准确性和精度。对于需要高精度的数据处理任务，AI 能有效减少人为错误，例如在安全监控、质检等工作中。

（5）可自动化程度。评估一项任务是否可以被完全定义并转化为算法自动执行时，如果任务流程可以清晰地被指定并进行编程实现，则可以考虑使用 AI。

AI 承载了人们对于"第四次工业革命"的想象，实际上其对行业的影响也越来越快。过去，互联网、移动互联网引发的行业变革可能需要 10 年，现在，AI 加持的新物种正在以 3～5 年，甚至更短的时间颠覆行业。

● DI（Data Intelligence）——数据智能

AI 不等于企业智能，这是我们在前面章节就达成的共识，不妨再回顾下这个观点：数字化为 AI 提供了一定的基础，但是两者之间并非是 1.0—2.0 的完全进化关系。在 AI 时代，DI 仍非常关键。是的，对企业而言，没有数据就没有智能，DI 也是构成企业智能化的关键驱动因素之一，与 AI 共同发生作用。

"数智化"一词想必大家都不陌生，在 AI 火热之前，众多企业也是言必称自己在大力探索数智化，且实现了多么厉害的数智化进展。

事实上，企业确实一直在努力获取和应用数据。

注重销售端的企业常常应用 CRM 软件，和全域营销理念一致，将吸引新客户、保留老客户，以及将已有客户转为忠实客户为目标，因此也为企业沉淀了大量客户数据。

《2023—2024 年中国企业级应用软件市场研究年度报告》预测，中国的企业级应用软件市场会在 2026 年超过 1 100 亿元，目前 ERP 软件市场规模就已经接近 300 亿元。这类集采购、生产、成本、库存、分销、运输、财务、人力资源规划工作于一体的软件，广泛应用于生产型企业，已经为企业积累了大量企业资源和运营数据。

此外，还有 FM（Facility Management）软件、SCM 软件、HRM（Human Resource Management）软件、OA 软件、BI（Business Intelligence）软件、EAM（Enterprise Asset Management）软件等，覆盖了企业多个链条的运营活动，源源不断地为企业带来数据。

即使没应用这些软件，企业也会有财务数据、顾客数据，或者生产记录和存货记录。

那么，企业不断获得的数据（Data）就是 DI 吗？答案当然不是，只有几个割裂的数据系统解决企业局部的问题不等于 DI。

数据如何最有效地帮助企业？从这个维度，我们来提炼出 DI 的定义：DI 指的是一个活的数据系统，它基于企业全局管理而设计，数据的收集、处理、分析和应用能够被深度理解，被整合、被关联，主要用于企业的智能决策，为企业竞争找到新的机会和线索。

"找到线索"正是 DI 的核心逻辑。全域营销实际上就是一个比较典型的 DI 项目，2016 年的时候，AI 并没有大火，也没有被广泛应用，我们通过机器学习的方式来做营销数据洞察分析，为营销管理、生意机会找到线索。

全域营销在营销领域验证了 DI 的模式和价值。我们也可以管中窥豹地谈一谈 DI 的典型特征，具体如下。

（1）全局的数据整合：全域营销涵盖了线上、线下全渠道的数字化营销活动，而非单一渠道的数据源。我们可以将 DI 理解为与企业运作有关的全局数据，而非局部或割裂的数据。

这对于多渠道、多品牌的集团企业来说尤为关键，系统内部的巨量数据需要以核心业务场景为中心，建设统一数据指标，数据治理也要统一标准、划分边界。

延伸阅读

数据孤岛的危害

一个典型的负面案例揭示了数据孤岛的危害：某电商平台的用户行为数据和交易数据存储在不同的系统中，导致营销部门无法构建完整的用户数据洞察体系。用户在浏览商品时看到的推荐内容与其实际需求不符，购物车中的商品也未能在推荐列表中显示。这使得用户体验很差，导致用户的流失。同时，生长于低质量数据系统之上的推荐算法效果不佳，降低了电商平台的转化率。最终，无论营销部门如何独自努力，依据数据实现的广告投放也不精准，增加了平台和商家的营销成本。

在另一个案例里，某航空公司的预订系统和客户服务系统数据没有打通，导致客服人员无法实时获取乘客的航班信息和偏好数据。所以，当乘客在致电客服时，客服无法提供个性化服务，比如无法准确回答乘客的航班状态，除了承受乘客的怒火之外无能为力。这样割裂的数据系统除了导致客户的流失，还致使了航空公司的品牌形象受损，削弱其市场竞争力。当客户投诉不断增加时，航空公司的运营成本也在上升。

数据孤岛对于快消品企业更为致命。如果企业市场部和销售部的数据没有整合到一起，那么市场部就无法获取销售部的实时数据，导致营销活动与销售实际脱节。在实际的业务中，每当企业发起一次促销活动，但是效果没法及时评估，就会导致大量的资源浪费。而市场部和销售部可能会陷入彼此指责、相互甩锅的状态，部门之间的鸿沟越来越大。这样一来，除了营销效果不佳、投资回报率低之外，企业很容易错失商机，在瞬息万变的市场环境中被对手抢占先机、蚕食地盘。而企业受困于内部协作效率低下的恶性循环，业绩难以提振，回天乏力。

单单看营销环节，数据孤岛的危害就昭然若揭。事实上，数据孤岛会在企业点燃更多火苗。

零售商的线上和线下系统数据未打通，导致库存数据不一致。线上显示有货的商品，实际上在仓库中已售罄，而线下库存充足的商品却未在线上展示。最终，销售额下降，成本高。

某银行的信用卡部门和贷款部门使用不同的数据系统，导致无法全面评估客户的信用风险。一位客户在信用卡部门有逾期记录，但贷款部门未获取这一信息，仍向其发放了贷款。银行不但承受着越来越高的坏账风险，客户信用管理失效，还会受到监管部门的处罚。

某车企的生产部门、供应链部门和销售部门使用独立的数据系统，导致生产计划与市场需求脱节。销售部门反馈的市场需求未能及时传递到生产部门，造成某些车型的库存积压，而热门车型却供不应求。企业不得不承受从资源浪费、客户流失到利润下降等损失。

某能源公司的设备运行数据和维护记录存储在不同的系统中，导致维护团队无法及时获取设备的实时运行状态。一次设备故障未能及时预警，导致生产线停工。除了效率下降，企业还面临安全事故这类重大风险。

当疲于"救火"的企业建立了全局的数据整合时，就能有效提升DI，实现数据的全面共享和高效利用，除了将企业救出危局，还能更好地生存与发展。企业拥有全域的数据视野时会带来一系列利好，直至影响企业决策。

（2）数据驱动的决策。全域营销通过全面、深入理解消费者的行为、偏好、需求和购买路径，为品牌提供精准的市场洞察和决策支持。延伸至 DI，DI 强调基于数据的决策，而不是依赖直觉或经验，通过智能化的数据分析，企业获取的洞察是实时甚至带有预测性的，可以更科学、更准确地做出决策。

我们最为熟悉的案例就是阿里巴巴。阿里巴巴早在 2015 年就构建了统一的数据中台，开发了整合运用电商、金融、物流、云计算等多个业务板块数据的能力。通过全局数据分析，阿里巴巴能够实时洞察消费者、市场趋势和供应链状况。因此，我们能够实现全域营销，优化供应链管理，提高物流效率，推动线上、线下融合，提升用户转化率。

延伸阅读

瓴羊数据智能服务公司的智能决策应用场景

场景一：通过智能算法调价，优化库存结构

供应链对于消费品与零售行业至关重要，很多零售品牌对此非常重视，如缺货、高库存、SKU（Stock Keeping Unit）臃肿、门店个性选品策略缺失等问题。以瓴羊服务的某知名鞋业为例，鞋品的价格在其全生命周期中会历经次数不等的调节，而调价的原因和调至的价格会受到很多因素的影响。

基于算法产出的业务评估指标和模型评估指标：瓴羊分析云 Quick BI 帮助某知名鞋业搭建可视化报表，呈现调价后的销售目标完成状态和细节数据变化的洞察。如结合各渠道实时销售数据、门店位置、季节变化等因素，基于智能算法模型进行智能调价，以使在最合适的时机把合适的商品以合适的价格送到消费者手上。在商品各生命周期，通过灵活的定价策略拉升销量，让消费者借数据红利享受到最具性价比的购买体验，企业也得以最大限度地减少库存积压，尽早实现销售目标。

同时，瓴羊分析云 Quick BI 还可以通过对数据的应用，提升商品的销售业绩，包括价格带分析、库存分析、关联分析等内容，基于数据将商品调整至更合理的价格、更合理的位置规划。如通过分析产品生命周期，系统可以生成智能补货建议，计算出需要补货的门店及该门店需要补货的数量，提升商品库存利用率，完成更合理的库存分布。运营人员根据数据分析结果，能够快速淘汰滞销款式，聚焦需要重点关注的SKU，确保好卖的货不缺，难卖的货不存。

场景二：通过智能决策实现更加智能的运营及营销

对于很多零售企业而言，智能决策可以实现智能圈选，不但可以准确、快速地圈选出意向群体，同时还可以根据营销效果进行自动调优。

作为一家传统车企，一汽需要精细化的数据分析方法来洞察其潜在消费者，于是便开启了与瓴羊的合作。在做完产品梳理后，瓴羊DaaS帮一汽定义了整个数据链条的指标和关键数据，梳理了线索的渠道归属，基于数据模型将线索进行分层，再通过A/B Test验证预想，在预想通过测试验证方向后，进一步扩大规模，将模型在红旗品牌内广泛应用。

经过半年的合作，从2022年5月开始，有效到店率大幅增加，最终使到店率等过程指标达到10%~30%的提升，整个成交率有了大幅度跨越，达到了采用传统线索管理方式不可能实现的结果。

同时，车企还可以通过瓴羊隐私安全计算隐匿信息查询和联邦学习功能，完成客户的精准查询和建模，帮助车企提升营销转化效率，同时保证数据可用不可见，不透明、不泄漏。

以瓴羊营销云服务的百雀羚为例，瓴羊营销云全域营销工具助力百雀羚实现精细化人群分层，聚合人群成本结构，实现用户精细化运营，促进生意增长。具体表现在：精细化分层人群，帮助品牌寻找发力方向；多平台、多渠道的数据分析，精准把控成本分配；重代码实现数据交叉，持续追踪等。通过和瓴羊合作，在"双11"期间，百雀羚的会员销售额占比创品牌历史最高，同比增长15%，老客非会入会率提升168%，沉默人群活跃度提升66%。

场景三：通过数据治理帮助金融机构实现更智能的决策

除此之外，瓴羊还帮助金融服务平台通过数据治理手段推进了数据标准化和资产化。切换到数据资产的智能风控模式后，基于数据中台的统一模型、统一数据服务，新构建的风控模型能够接入的数据种类越丰富，越能把后期坏账率、中介欺诈率等风险指标一再降低，从而让用户享受到更优质的普惠金融服务。

通过数据决策引擎，企业可以接入一系列业务执行系统，以数据中台为核心完成数据分析、智能决策，然后形成操作指令，作为输出下发给决策指挥系统，从而让业务执行系统逐步完成从"人+系统"到"机器人+系统"的自动化、智能化流程升级，逐步降低对人工决策的依赖，可以更加高效、精准地批量处理倍增的业务量，支撑业务的快速发展。

良好的数据治理能力是实施智能决策解决方案的前提，很多企业受限于数据治理能力难以满足需求的状况，因此需要借助服务商输出数据的治理能力，如数据汇聚、统一口径、数据清洗和数据维护等。瓴羊数据资产治理解决方案正是在数据中台基础上的延展，用中台方法论结合元数据管理、数据质量管理、数据标准管理、数据安全等能力模块，让所有的企业拥有一份企业级好数据。

（案例来源：瓴羊 DaaS）

（3）自动化、智能化的应用。全域营销通过全洞察和全渠道获取的策略智能，可以通过机器学习的能力，自动匹配多种触点与消费者进行互动，并贯穿了消费者从认知到忠诚的整个生命周期全链路。DI 则利用当下最先进的技术能力处理和分析数据，减少人工干预的同时实现自动化和智能化的效果。

以"喜临门"品牌为例，过去团队需要为每个平台配置客服，管理不同的后台，光是"盯后台"掌握客情，就需要花费很长时间。瓴羊 OneAI 自动巡检各个平台上的消费者咨询对话，对高风险场景自动识别，客服主管只需要打开瓴羊 One，就会收到来自所有平台的、针对潜在重要客情的提醒及风险预警等关键信息。

整体而言，DI 为企业发挥的是雷达的作用，准确地找到对于企业而言对的发力点。

● OI（Organizational Intelligence）——组织智能

除了 AI 和 DI，组织也一直对于管理起着直接的作用，第三大引领智能化的关键驱动因素正是 OI。

组织管理是一门很大的学问，在此我们先说明，这本书的 OI 有着明确的边界，我们讨论的并不是这门学问的全貌，而是假设企业的组织管理已经具备不错的水准后，怎样升级到智能组织的问题，即从 O 实现 OI。

从这个角度，我们可以先给 OI 下个定义——OI 指的是企业组织以智能化的特点构建系统，其中企业所有人的工作能力、工作流程和任务完成方式、组织构成等都在最大限度上符合智能化的要求，使组织整体能力得到有效提升。

比如最近，我的孩子到一家 500 强企业实习，以 00 后的视角对我吐槽："工作上一件小事居然需要十几个人的审批！哪怕是数字化的审批也太可笑了！"不得不承认，这是传统的组织管理在数字化时代的遗留，是生产关系落后于生产力的表现。的确，在线审批是数字化了，但一点也不智能化，这样的现象在很多企业都出现了。

一个毫不夸张的结论是，OI 就是企业智能化的基石，OI 的质量决定了企业生存和发展的天花板有多高。

决定组织行为的三类关键因素是个体、群体和结构。我们也可以从这三个方面来描述有关 OI 的特征。

（1）个体被智能工具加持。智能工具在组织内普及，不仅提升了个体员工的工作效率，还拓展了他们的能力边界，使他们能够完成更复杂、更高效的任务。

（2）群体实现智能协同。通过智能工具和平台，群体成员能够打破时间和空间的限制，实现信息的即时共享和任务的高效协作。这种智能协同不仅提高了工作效率，还激发了群体的创造力和创新能力，使团队能够更快地响应市场变化，更好地满足客户需求。

（3）组织结构智能弹性。通过外部环境适应性、内部机制灵活性、组织文化支撑和技术与工具支持，智能弹性组织能够快速响应市场变化，灵活调整结构和机制，确保高效运作和持续发展。这种智能弹性不仅提升了组织的适应能力和创新能力，还为员工提供了更好的工作环境和发展机会，推动了组织的长期成功。

延伸阅读

智能化的"钉钉会议"改变开会体验

利用 AI，"钉钉会议"这个产品实现了很多有意思的功能，改变了开会这一场景中很多传统方式。

第一个就是"数字分身"功能。所谓"数字分身"，是指当你的时间表与会议有冲突，或这个会议主题与你的关联度没有那么高时，你就可以让你的数字分身去替你开会。在开会过程中，你还可以通过钉钉魔法棒的"/"对话框，主动给你的数字分身设置一些任务。

比如关注特定的话题，当有人讨论到该话题时，AI 会自动通知你，而且会直接告诉你相关的内容。你也可以设定数字分身每隔几分钟给你发送一个会议总结，甚至还可以主动与数字分身对话，了解会议现场的各种信息，如会议现场有哪些人，会议过程中有没有产生争议，数字分身还会在会议结束后自动向你推送会议摘要。

"钉钉会议"第二个有意思的功能，就是用自然语言来做会议的智能控制。过去，很多用户曾经吐槽钉钉的功能太多，钉钉会议入口不好找等。对此，尽管钉钉已经做了大量的简化工作，但会议这个产品对于一些用户来说使用门槛依然有点高。

为此，钉钉通过钉钉魔法棒"/"里的智能助手，把钉钉会议入口的功能操作简化了，用户只需通过自然语言提出需求，AI就会自动识别用户的意图并帮助用户完成操作。

举个例子来说，假设在线会议的人比较多时，有人不小心把麦克风打开了，此时，要找到这个人并把他的麦克风关闭会比较麻烦，但是你可以通过口授AI来操作。同理，拉人加入会议时，也可以直接打字拉人，而无须关心钉钉会议的入口在哪里。通过这些AI能力，钉钉会议的操作和管理一下子就变得更简单了。

"钉钉会议"第三个有意思的功能，就是"文生虚拟背景"。根据钉钉的调研，虚拟背景功能一直很受用户的喜爱。尤其是在疫情期间，钉钉上数以亿计的学生把这个功能玩出了花样。他们一会儿"在太空里上课"，一会儿又"在大草原上上课"。

而事实上，成年人在日常工作中也经常会用到这个功能，因为它可以有效地避免背景杂乱的尴尬。其实大家以前就已经用上了这一功能。比如说，除了使用钉钉上已经存在的模板图片，大家还会自发地去外网搜索、下载图片并上传。但是现在不需要这些复杂的操作了，钉钉通过文生图就可以自动生成虚拟背景，让每个人的背景都具有个性。

（案例来源：钉钉）

我们可以换另一个角度从组织在企业中具体展现的四层逻辑来思考如何入手组织智能化的升级。

（1）任务定义：哪些工作该做？

利用AI进行数据分析，识别出对业务增长和效率提升最关键的任务，并将重复性高、规则明确的任务用RPA工具自动执行，如数据输入、报告生成等，从而释放人力资源用于更具战略性的工作。

更进阶的方式，则可以通过机器学习模型预测未来的需求和趋势，提前规划和调整任务优先级。

（2）任务分配：谁该做那些工作？

一方面是员工能力评估，通过 AI 分析员工的历史表现、技能组合和职业发展路径，为其匹配最适合的任务；另一方面，采用智能调度系统，实时监控项目进度和资源使用情况，动态调整任务分配，确保资源最优配置。

值得注意的是，利用 AI 分析不同部门之间的依赖关系，促进跨部门合作，避免信息孤岛和重复劳动也是关键。

（3）信息机制：谁和谁交换信息？

AI 在企业信息机制优化中的应用能够帮助团队更高效地共享知识、目标和能力，从而提升协作效率和决策质量。这既可以通过构建企业内部的知识图谱，将分散的信息整合成一个可视化网络，方便员工快速查找和共享知识，也可以部署智能聊天机器人或虚拟助手，帮助员工解答常见问题，减少信息查询时间。

目前还有一种技术已经开始逐步在企业应用，那就是利用 AI 进行数据分析，并将结果以直观的方式呈现给相关负责人，辅助决策。

（4）奖励机制：谁拿到多少？

AI 在优化企业激励机制方面具有显著的应用价值，能够帮助企业更合理地分配奖励，提升员工积极性和企业竞争力。利用 AI 分析员工的工作表现和贡献度，提供客观、透明的绩效评估结果，绩效评估系统将会升级。同时，个性化的激励方案也更容易匹配员工的真正需求和偏好。

在智能时代，组织的变化会远超许多人的预计。现在我们能感受到，AI 带来了生产力的进化，其影响深入企业的业务形成、业务模式、业务管理等环节，这些变革都是显而易见的。当然，企业也面临着各方面的挑战，包括管理挑战、业务选择等。企业能否逾越这些挑战的关键，在很大限度上与 OI 息息相关。

与变化抗争、与变化形成平衡，成了 OI 要处理的核心问题。

罗宾斯教授在其经典著作《组织行为学》中提道："今天我们绝大多数的管理人员和员工处在一个以'临时性'为最主要特点的环境中。员工需要不断更新自己的知识和技能以满足新的工作要求。"这种情况在当下的时代会更加突出，不仅是员工个人，企业组织本身对于知识和技能的积累与更新都尤为重要。

我们前面在讲到为何要重建全面而有效的新管理方法时，提到企业最牛的经验需要留住且传承，OI 能力的建设和强化正是解决这个问题的一个基础，以智能化的知识管理去提升组织里的个体、群体和结构，这一点非常重要，我们也将在后续的内容中详细展开。

第3节 三大要素构成的企业管理"智能升维体"

● 智能升维体：OI、DI、AI相互作用，层层升维

AI、DI、OI作为引领企业智能化的3个关键驱动因素，三者并非是各自独立存在、独立运作的。对企业来说，三者的特性和作用不同，也不应该是均衡用力部署的。

理想的状态是，为了在竞争激烈的市场中保持领先地位，企业需要构建一个智能升维体，通过AI、DI、OI的相互作用，实现全方位的智能化转型。这种相互作用不仅能提升企业的管理质量，还在核心业务环节和战略层面提供了强大的支持。

这种智能升维体的构成如下：

（1）底座：全面建设OI，确保组织的每一个人都被智能加持。即通过全面建设OI，确保每个员工都能利用智能化工具和技术，提升工作效率和创新能力。这是企业智能化的底座基础。

（2）中层：以DI加持企业核心环节，企业产品—研产供销服主链路做好完整数据策略。即在企业的产品研发、生产制造、供应链管理、市场营销和服务支持等核心环节，应用DI技术，提升各个环节的效率和效果。这使得企业能够在数据驱动的基础上做出更加科学、合理的决策。

（3）上层：以AI布局企业战略，在企业战略的战略竞争优势点中插入AI。即通过在企业的关键业务环节和战略优势点中应用AI技术，提供高层次的战略决策支持，探索新的商业模式和服务模式，增强企业的市场竞争力。

从基础到中层再到上层，企业的智能升维体完成组合搭建。一方面，智能升维体为企业提供了AI、DI、OI不同资源部署分配的参考；另一方面，智能升维体也提醒企业注重AI、DI、OI三者之间的相互作用，底层的部署质量会影响上层的运转效果。同时，当AI×DI、AI×OI时，三者之间还会互相发挥作用，完成企业智能升维体的运作。企业管理的智能升维体如图2-1所示。

```
           ┌─────────────────────────┐
           │  以AI布局企业战略：      │
           │  在企业战略的战略竞争    │
           │  优势点中插入AI，完成    │
           │  升维体运作              │
           └─────────────────────────┘
                     ↑
     ┌─────────────────────────────────────┐
     │  以DI加持企业核心环节：             │
     │  企业产品—研产供销服主链路做好完整  │
     │  数据策略                           │
     └─────────────────────────────────────┘
                     ↑
  ┌───────────────────────────────────────────┐
  │  以OI为底座：                             │
  │  确保组织的每一个人都被智能加持           │
  └───────────────────────────────────────────┘
```

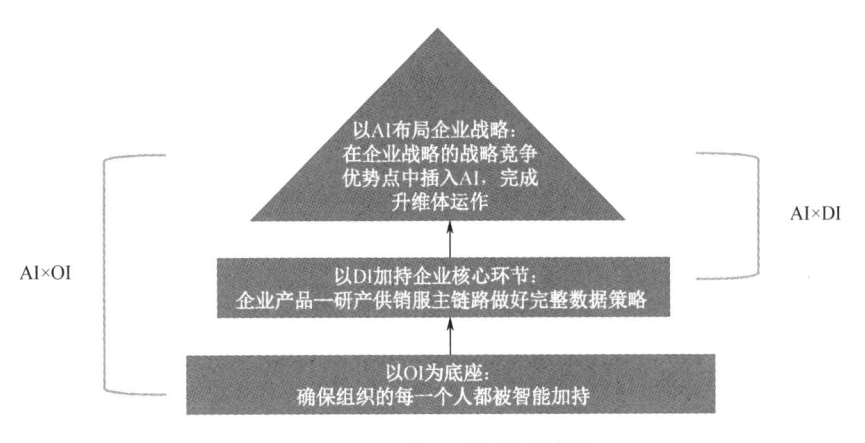

图 2-1　企业管理的智能升维体

● 组织就是企业智能化的天花板

为何先谈 OI？

因为一家企业即使把 DI 做得再好，掌握再强的 AI 能力，最终都会受制于落后的组织能力。

例如，即使企业引入了最先进的 AI 工具，但如果组织内部缺乏智能化意识，员工对新技术的接受度低，这些工具也难以发挥其应有的作用。最终，创新项目可能因为缺乏组织支持而无法持续推进。

再比如，因为组织智能化意识不普及，即使某些创新项目取得了阶段性成果，这些成果往往被项目以外的员工视为"赶热点"的行为，从而导致项目无法得到广泛支持，甚至被袖手旁观。

可以说，组织是企业智能化最大的瓶颈和天花板，组织智能化的程度决定了企业智能化的效率和进展。如果组织内部不能形成统一的智能化理念，即使技术再先进，也难以实现真正的转型。

但现实情况很残酷，很少有管理者真正认识到组织管理是企业的成败关键，更别提 OI 了，虽然它既重要，又相对较容易实现。管理者的这种觉知决定了企业智能化升维体是否能够运转。OI 扮演着位于第一层的基础角色，如果这层没有建设好，企业智能化的能力建设就升维不上去，一个形象也不夸张的比喻就是楼还没建设多久就塌了。

这样的现象其实一直存在。商家耳熟能详的品牌数据银行是阿里巴巴天猫在 2017 年推出的品牌可自运营的消费者资产平台，它有理由成为零售综合管理利器，最初在使用时却被不少企业仅限制在电商运营使用。当有些企业的市场部要做消费者洞察时，不直接调用线上的强大分析能力，只能走老路地找传统的市场调研公司合作。

这些企业为何舍近求远，重复造车轮？其实是企业组织割据、各自占山为王的结果。企业电商部门深深明白，数据就是力量，因此牢牢把持数据银行使用权限，不分享给品牌市场部门、消费者洞察小组，更不会分享给渠道管理部门，致使企业宝山空回。

那么，电商部门就是这个故事中的"大反派"吗？不。他们的选择往往源于企业管理的系统性难题。过去，电商往往被视作企业营销和销售的一个渠道，一旦背负业绩目标，甚至陷入与其他业务部门赛马的局面，"自私"就是生存之道。

冲突导致的事与愿违不仅发生在企业里，也发生在许多行业里。传统旧势力对新生力量的倾轧就是一种常见的情形。"小时达"等同城服务特性的本地生活电商的出现，致力于为消费者带来交付更快、价格更低的零售服务，也为参与的线下店铺画出了"泼天流量"的蓝图。显而易见的是，"小时达"模式直接冲击了传统线下渠道的利益，也改变了参与者角力的格局。

当你在某个小时达平台购买一瓶饮料，业绩可能属于外卖骑手为你取货的某家便利店，但利润分配和订单数据带来的后续效益已经涉及企业渠道管理相关部门的势力范围。

在一些城市，绝大部分利润很可能落入当地传统配送体系之手，让探索新模式的便利店陷入"有单量、没利润"的境地。一手掌控数据资产的大平台破坏了旧的游戏规则，却还没找到清晰的出路和利己利人的多赢模式，但行业竞争激烈度持续升级。种种乱象使得新生事物还未长成就岌岌可危。

在这些冲突背后，参与者往往被短期利益吸引，而与长期主义的愿景背道而驰。太阳底下无新事，企业的智能化同样面临局部与整体、新模式与旧体系、短期利益与长期主义等冲突。再加上 AI 可能替代重复性劳动的员工的论调流行，更加深了在转型过程中，无法由上至下贯彻执行。其实，让所有人工作效率更高的 OI 提升，是一种调动全体积极性和创造革新氛围最直接、有效的切入点。

- **数据系统需要全局，而应用需要聚焦**

DI 位于中层，这意味着它不需像 OI 一样全量铺开，为组织的每一个人所用，企业需要部署的是一个全局的数据系统，再把这个系统的智能化能力应用于跟企业经营直接相关的关键环节。

数据一定是全局的。无论数据来自生产环节，还是营销部门，都应该是在一个统一的架构上被设计。很多企业拥有的CDP（Consumer Data Platform，消费者数据平台）和生产端商品数据无法连接，甚至商品数据和消费者购买的数据都对不上号。事实上，很多企业仅仅能掌握局部的数据，简单思考就能发现，这会让企业陷入一叶障目的境地。

此外，面对割裂的数据系统，管理者和员工都会陷入一系列低效且无意义的工作。比如为不同的数据系统提供不同的表格，或者在进行一项简单的工作和寻求一个决策的依据时，都要打开不同的表单，浪费大量的时间、精力。

我们常常看到，当一个局部的数据被推上本不应有的高位时，会给企业带来怎样的后果。例如，一家从事企业服务的公司常常聚焦销售数据做决策，以不断追求越来越高的销售业绩。被绩效鼓励的销售人员经常为了争取订单而对客户许下业务部门难以交付的承诺。因此，销售部门精心营造的企业口碑就在价值交付环节毁于一旦。这样的企业即使掌握再多的客户数据，也难以创造更多的价值。

当企业面对数据时，如果缺乏结构化的梳理，累积再多裸数据的数据库都难堪大用。站在智能金字塔的视角，当一个公司要提升DI时，首先要制定整体的、全局的数据策略，然后搭建自己的数据中台架构，将公司各个环节每天运作产生的数据注入这个架构，有序地进入一个链条。这些数据服务于公司日常业务的同时，还能不断生产新的有价值的数据。

DI的设计链条应该和企业的哪些环节进行关联呢？企业资源总是有限的，企业各个环节都会产生数据，但DI的提升一定要与企业的主价值链息息相关，这条主价值链就是企业产品—研产供销服主链路，DI要为这条"企业数据脊梁骨"般的链路做好完整的数据策略。

这意味着企业的大数据要跟企业整体的业务策略对齐，并贯穿企业价值创造的主线。

企业一旦成功数据化，随着DI的提升，智能化本身就会成为一个极速转化和收获的过程。

在理想状态下，DI围绕主价值链的架构要实现全量设计。当企业把策略和中台能力建设好，就掌握了主动权。至于其中的数据要采集到多细的颗粒度，则取决于 ROI——这也将成为未来企业 CFO 的工作，那就是像管理现金一样管理 DI。

● 用 AI 来影响商业领域的"基础科学"

AI 之所以位于企业智能升维体的最上层，原因正在于它的能量足够强大，是企业最为珍贵的、生产力级别的资源，且这种资源更加有限、有门槛，需要被用在真正战略级别的企业活动当中。

AI 对人类最重大的影响是什么？一种观点是，AI 改变了很多领域基础科学的发展速度，那么放在企业的视角下，它也将加速商业管理里"基础科学"的发展。

生物制造就是一个具有代表性的领域。随着 AI 大模型激发新一轮技术革命，极大加速了生物制造的智能化。高通量的基因合成、基因测序、基因编辑等突破性生物技术带来了生物领域的数据大爆发，给 AI 创造了巨大的机会，数字生物赛道已处在爆发前夜。

在 AI 风口下，AI 制药和分子结构建模提升了化学药这样的小分子药物的研发速度。而以生物药、抗体药为代表的大分子领域，正是 AI 大模型技术突破后出现的新蓝海。因为传统的生物药依靠动物和人体免疫过程产生抗体时，需要经历漫长的实验周期。而 AI 技术可以直接通过生成实验设计出抗体分子，就像快速为锁配到了合适的钥匙，让实验靶点更加精准，减少大量的实验数量，提高成药成功率。

2024 年，OpenAI 投资了一家成立仅六个月的 AI 医药开发初创公司 Chai Discovery，助其将 AI 技术应用于药物研发过程。公司联合创始人兼 CEO Joshua Meier 表示："我们的目标是让生物学像工程一样可预测，加速药物开发进程。"

这笔投资让人联想到 OpenAI CEO Sam Altman 的观点，他表示做 ChatGPT 最大的目的是要加速基础科学的发展。

那么，商业领域的基础科学是什么？AI 又能为之做什么呢？

现代管理学之父彼得·德鲁克提出，由于企业的目的是创造顾客，因而任何企业都有两个基本功能，而且也只有这两个基本功能：营销和创新。他认为企业的所有部门都必须有营销的考量，担负起营销的责任。创新可能表现在更低的价格上，也可能表现在更新、更好的产品上（即使价格比较高），或提供新的方便性、创造新需求上；有时候则是为旧产品找到新用途。

具备营销和创新两大功能的企业又如何赢得竞争呢？

美国战略管理思想家理查德·鲁梅尔特用"症结"这个术语来指代一种战略技巧的应用结果，这种战略技巧分为三部分：第一部分，判断哪个问题真正重要，哪个问题比较次要；第二部分，判断解决问题的困难有哪些；第三部分，具有专注能力，避免过细地分散手头的资源，不要同时做所有事情。把这三部分结合起来，人们就会关注症结，而症结是一系列挑战中最为重要的部分。

理查德·鲁梅尔特认为，只有采取协调连贯的行动，才有可能解决症结。而反应时间在竞争中至关重要。当一个新的机会或挑战到来时，第一个回应的人往往会获胜：这个人不一定是第一个行动的人，但一定是第一个有能力应对的人。

那么，值得采取连贯性行动的症结到底在哪里呢？

今天我们站在巨人们的肩膀上，以智能化的视角来审视商业的基础科学，我看好 AI 在商业领域的大道正是助推营销和创新。因为营销和创新也是企业竞争的症结，而 AI 能在症结上有效提升反应效率，以此提升竞争力。

英伟达就非常注重反应时间，其芯片开发速度惊艳世人。当竞争者的芯片需要 18 个月才能上新时，英伟达只需 6 个月，因为英伟达创始人黄仁勋决定让三组人马平行开发芯片，交错进行，但彼此支撑和关联。苹果手机每年才推出一次新品，英伟达的芯片仅需半年，在市场上就具备了很强的攻击性。

因为 AI 技术的出现，企业有机会像英伟达一样，在关键之处提升反应效率，以此采取连贯的行动去提升竞争力。

● 智能升维体适用于所有愿意引领变化的企业

智能化转型是当今企业发展的关键趋势，而智能升维体作为一种创新的管理学框架，适用于所有愿意引领变化的企业，无论其数字化程度如何，也无论其规模大小。尤其对于那些具有前瞻性思维和创新精神的企业来说，智能化转型不仅是挑战，更是一次难得的发展机遇。

许多企业在探索智能化转型时，常常会问：如果数字化还没落实，智能化是否遥不可及？实际上，虽然数字化转型是迈向智能化的第一步，但智能化并非必须建立在完全成熟的数字化基础之上得。智能化转型并不是一个线性过程，而是可以通过迭代和逐步实施来实现的。

企业可以从以下几个方面入手。

（1）小规模试点项目。企业可以从小规模的智能化项目开始，例如引入智能客服系统、自动化流程工具或数据分析平台。这些项目不仅成本可控，还能快速展示智能化带来的效益，为企业积累信心和经验。

（2）识别高价值应用场景。关键在于识别和优先处理那些能够带来最大价值的智能化应用场景。例如，对于制造业企业，可以通过引入 AI 驱动的质量检测系统，快速提升生产效率和产品质量；对于零售企业，可以通过智能推荐系统优化客户体验，提升销售额。

（3）逐步扩展与迭代。企业可以在数字化的基础上逐步构建智能化能力，通过迭代的方式不断优化和扩展智能化应用。例如，从简单的数据分析工具逐步过渡到更复杂的机器学习模型，从单一业务环节的智能化逐步扩展到全链条的智能化。

通过这些方式，企业可以在数字化的基础上逐步构建智能化能力，最终实现全面的智能化转型。

同时，智能化转型也不以企业体量来划分，智能化不是大企业的专利。企业无论规模大小，都有机会通过智能化提升竞争力。

小型和中型企业可以通过采用云服务、SaaS 解决方案等灵活且成本效益高的智能化工具来实现业务流程的优化和创新。通常这些工具不需要大量的前期投资和技术支持，非常适合资源有限的中小企业。由于这些工具易于部署和使用，企业可以在短时间内看到实际效果，并根据反馈进行调整和优化。

大型企业则可以利用其资源和规模优势，进行更深入的智能化改造，例如，开发定制化的 AI 解决方案或建立数据智能平台，以满足复杂的业务需求。大型企业还可以将智能化技术与现有的 IT 系统和业务流程进行全面整合，形成一个完整的智能化生态系统。

无论企业规模如何，关键都在于应该根据自身特点和市场需求，制定合适的智能化战略。这不仅包括技术的选择和应用，还涉及组织结构的调整、人才培养和文化建设等方面。

对于那些愿意引领变化的企业来说，智能化转型提供了巨大的机会。这些企业可以通过积极引入和应用前沿技术来构建智能升维体，实现从组织到战略的全方位智能化，弯道超车。

第 4 节　DI×AI：导弹与卫星定位的协作

- **AI 提升了数据的处理能力，增进了 DI**

DI×AI 会带来令人兴奋的效应。DI 就像卫星，早已在企业发挥了精准定位业务问题的作用，当与 AI 这个导弹型的能力相互作用后，产生的就是指数级的能量爆发。

前面提到全域营销是一种典型的 DI，这里仍以它为例，看它被 AI 加持后发生了怎样的变化。

在全域营销体系中，有一个叫 Uni Desk 的产品是用来为品牌在淘宝以外的各大平台做营销投放用的，它实际上脱胎于阿里巴巴集团研发使用的广告投放产品，内部代号为"东风系统"。阿里巴巴本身就是一个投放体量巨大的广告主，通过投放广告让消费者看到它、跳转它，在它这里消费。

一方面，东风系统可以通过技术方式自动生成个性化创意内容，如广告文案、图片和视频，提高内容的多样性，增强对用户的吸引力；另一方面，东风系统还可以通过智能算法自动优化广告投放策略，确保广告在最合适的渠道、最合适的时段触达目标用户，提高广告效果和 ROI。

过去，假如我们通过数据洞察找到了某 5 类目标受众，绞尽脑汁创造了 100 种物料，并努力让物料精准触达人群，这基本已经是极限了。没有 AI 和 DI 的结合，我们做不了太多物料，也不敢把目标受众切得太细。

现在有了 AI 的帮助，这 5 类目标受众也许可以细分为 50 类，我们也能快速生成上万种物料，并且以更加精细和精准的方式触达目标人群。这样一来，广告创意的生产过程被重塑了。

这个例子让我们看到，DI 会被 AI 加速，会变得更精细但产生效能的效率更高。

当 AI 技术逐渐成熟后，在 2024 年的"双 11"，我们得以尝试了新的玩法。当消费者打开微博、抖音、B 站等 App 时，看到的开屏广告都是不一样的，这样的结果是不是听上去已经不新鲜了？但是其背后的实现逻辑却因为 AI 而大大不同——DI 做好了目标受众的精细化划分，在消费者点开 App 的瞬间，AI 在后台做毫秒级运算，瞬间"拼"出了一张新图——一张希望能够猜中消费者心思的图片。

可以说，在 AI 的加持下，DI 能够帮助我们更高效地解决归一运算和营销投放的问题，把商业模式推向下一个阶段的新高度。

有意思的是，2016 年我给"东风系统"起名的时候，寄予的寓意正是它能产生东风导弹式的效果，东风-11 的射程是 300 千米，到了东风-41 就演化到了 12 000～14 000 千米的射程，一如 AI 出现后的能量提升。

阿里巴巴旗下主营数据要素服务业务的瓴羊就是帮助企业，通过 AI 技术为 DI 提效的实践者。瓴羊团队也总结了 AI 增进 DI 的优势，具体如下。

（1）通过 AI 能很好地理解结构化数据和非结构化的数据，自动化地进行业务梳理，提高数据标准建设的效率。

（2）在数据标准建设完成后，企业可借助 AI 实现自动治理：构建质量规则；实现分类、分级和特征识别；管控数据整个生命周期。

（3）数据治理动作完成后，AI 还可自动评估治理效果、改进治理策略，形成数据治理的良性内循环。

在数据分析场景，瓴羊 Quick BI 解构了"等待响应排期久，数据口径难对齐，报表固定样式不灵活"的三大传统看数痛点，并且通过"智能问数、辅助搭建、智能洞察"三种 AI 能力，业务人员可轻松实现"即问即答"，减少依赖数据团队制作报表的次数，直接询问智能小 Q 即可获取易懂且可交互的答案，同时支持趋势预测、波动归因、导出、分享等多种应用场景，实现真正智能的"ChatBI"。

案例 1

瓴羊 Dataphin 解决方案：AI 驱动 DI，让"好数据"成就"好业务"

"我是电商业务负责人，今年大促目标是 GMV（Gross Merchandise Volume）提升 20%，数据能帮我做什么？"

"我正在准备做运营外投，对于圈选母婴群，希望从数据上结合知识库，有什么建议？"

"我是产品运营，我想了解产品的销量指标定义是什么？"

……

在 AI 的助力下，以上数据资产应用问题都可以通过对话的方式得到回应。

而承载这一功能的平台便是智能小 D。

"智能小 D 承担了数据 PD（Poner Designer）与数据架构师的角色。它可以根据每一条策略，找到与之对应的数据资产表。"阿里云智能集团瓴羊高级技术专家周鑫介绍，智能小 D 基于 Dataphin 打造。

Dataphin 是瓴羊旗下的智能数据建设与治理工具，能够提供一站式的采、建、管、用的大数据能力，涵盖企业数据资产的建设、治理、消费等不同环节。自 2018 年上线以来，瓴羊 Dataphin 已服务了百余家客户，覆盖了餐饮、通信、乳品、汽车等多个行业。

而在 Dataphin 上生长的智能小 D 由阿里云百炼平台和开源 Dify 提供支持，擅长数据知识的梳理和应用。未来，智能小 D 将进一步支持非结构化知识和智能体管理，用户还可通过挂载自定义智能体，实现智能体的个性化定义与功能拓展。

借助智能小 D，用户可以直接基于业务需求找数据，如"我要找客户表""我要做客户分层，需要哪些表？""销量下降明显，可能的原因有哪些？"等，大模型将根据用户需求，通过分解、联想等方式，为其快速提供对应的数据资产表，用户无须将需求拆解成资产的关键词，也能实现轻松找数。

除此之外，Dataphin 还在属性丰富上引入了 AI 能力，简化了资产上架的流程。以往，一张表上架到目录需要历经以下几个步骤：针对表及其所有字段，逐一描述其名称与含义；熟知上架目录，制定便于搜索的标签；若过程中发现表中的指标也需要上架，还需返回并重新填写目录和标签。

"一套几百个字段下来，至少半小时才能将这张表完整地上架。我们引入 AI 能力后，速度提高了近百倍。"周鑫表示，Dataphin 可以帮用户智能生成所有描述，规划所有目录，自动识别潜在指标，待用户确认无误后，即可一键上架，几十秒即可完成所有资产上架工作。

在特征识别方面，Dataphin 通过引入 AI 能力，降低了识别门槛，加快了识别速度。例如，在进行性别字段识别时，需要编写 SQL（Structure Query Language）能够识别的正则表达式，还需要探查多种数据的表达，如男 / 女、Male/Female，很难一次性枚举种种条件。引入 AI 能力后，Dataphin 即可以自动生成所有的正则表达式，几十秒内即可完成一次特征识别。

周鑫介绍，目前 Dataphin 的数据治理 AI 计划正处于提效阶段。在这一阶段，Dataphin 将进一步引入更多行业和业务知识，增强对非结构化数据的理解能力，并辅助生成质量规则。随着提效阶段的完成，数据治理将迈入自动化阶段，平台实现质量规则的自动生成、分类分级的自动处理及敏感数据的自动识别等功能。最终，在更高阶的智能化阶段，Dataphin 将基于对业务流程的深度理解，实现系统自动生成数据标准，全面提升数据治理的智能化水平。

著名的信息技术领域思想领袖约翰·拉德利在其著作《数据治理》中宣称，数据治理的最终目标是让它不再是一个独立的计划，而是成为业务核心的一部分。未来，瓴羊旗下 Dataphin 将发挥自身在数据治理领域的深厚沉淀，致力于将数据治理融入业务环节，推动其从支撑性工具走向核心驱动力，以智能化手段赋能企业战略决策与创新实践。

案例 2

瓴羊应用 AI 帮助母婴品牌增进 DI，广告投放策略获 225 亿次曝光

母婴护理品牌松达想要开展以目标人群为中心的规模化精准营销来赢得市场。2024 年，松达携手瓴羊天攻智投与分众传媒，在上海市、成都市、重庆市等超 100 个城市开展了数字化户外精准营销活动。

为此，瓴羊天攻智投数字营销平台以 AI 增进大数据技术，助力松达深入挖掘消费者需求，精准定位目标受众与潜在消费者，并有效利用回流广告曝光数据来推动线上二次营销。这次尝试为松达带来了超过 2 亿元的曝光数据资产，其中超过 95% 为品牌新增的有效数据资产，显著增强了品牌的线上影响力。

这种数据+AI 驱动的智能营销模式不仅提高了松达的整体销售额，也加深了消费者对品牌的记忆，实现了品牌影响力和销售效果的双重增长。

精准洞察消费者需求，优化配置营销资源

投前，松达利用瓴羊天攻智投的 AI 数智能力，精准定位了目标受众，结合预测的线上偏好和线下场景偏好，明确了以 25～39 岁的婴幼儿妈妈为核心的潜在客户群，并清晰勾勒出该群体的画像；随后，充分利用分众传媒的媒体资源，实现了对目标客群的高频次、大规模曝光，达到了超过 225 亿人次的曝光量，覆盖约 2.5 亿线下客群。值得一提的是，本次户外营销成功触达了超过 3 000 万高价值潜

在客户，潜在客户的浓度相比自然浓度提升了一倍以上，显著增强了此次营销的传播效能。

投后，松达还利用瓴羊天攻智投数字营销平台对不同城市的传播表现进行了细致分析，并深入洞察了曝光人群的特征，包括消费能力、年龄和家庭构成等方面。数据显示，轻奢消费人群的TGI（Target Group Index，目标群体指数）约为1.3，表明该群体的消费偏好与松达品牌高度契合。在家庭构成预测中，有孩子的家庭和三口之家的TGI较高，凸显了这部分人群对母婴护理产品的强烈需求。

此外，松达发现潜在客户群体在旅游住宿、出行导航、购物比价、健康管理和金融服务等方面的线上偏好表现突出，这些特征表明他们属于典型的城市主流精英群体。作为社会财富的创造者和消费的主力军，这一群体对品牌具有较高的渗透价值，是松达品牌传播和市场拓展的关键目标。

通过这些深入的洞察和分析，松达能够更精准地调整其营销策略，以更好地满足目标客户群体的需求，从而在竞争激烈的母婴护理市场中保持领先地位。这种数据驱动的营销方法使松达能够更精确地定位广告，集中对目标潜在客户进行广告曝光，不仅提高了广告的转化率，还有效降低了投放成本，实现了营销资源的优化配置，为品牌带来了更高的ROI。

高效捕捉潜在客户数据，调整营销投入策略

在这次营销活动中，团队分析了广告曝光和未曝光人群在线上电商平台的行为，发现观看户外广告的受众在随后的电商活动中表现得更为活跃，其行动力是未观看广告受众的1.2倍。这一数据反映出受众参与度和购买意愿的有效提升，证明了广告在促进受众互动和转化方面的显著影响力。特别是那些广告曝光的潜在客户，他们的行动力是整体曝光受众的4.5倍，这一发现突显了这部分人群对品牌价值的重要贡献。

有AI助理，松达同时深度分析电商行为数据，评估了受众在观看广告后对品牌的认知水平及对商品兴趣的变化，这也帮助松达更好地衡量了短期内消费者对品牌和广告的记忆程度、广告的吸引力，以及消费者对品牌及商品的接受度。电商行动指数和品牌搜索指数的分析结果表明，在观看广告后，消费者的购买行为和主动搜索行为明显增加，显示出广告对消费者有明显的种草和推动效应。

曝光数据沉淀，建立长效经营，让消费者认知转化为品牌的长期资产

在流量经济的推动下，众多品牌往往将有限的预算投入获取即时流量中，这样的做法虽然能在短期内提升销售额,但往往难以与消费者建立深层次的联系,将消费者的认知转化为品牌的长期资产。同时,由于缺乏精准的数据支持和深入分析,品牌在规划后续投放时难以精确定位目标受众和优化投放策略,这限制了ROI的最大化。

松达通过瓴羊天攻智投增强了广告投放的精准营销能力,实现了对线下广告曝光受众的行为分析,包括曝光量、互动率及转化率等关键指标,此外,在投放后将曝光受众回流沉淀至松达品牌数据引擎中,与线上电商域内的二次营销紧密联动,针对高潜力受众实施线上精准投放策略,从而显著提高转化效率。这一联动也成功打破了线上、线下营销的界限,形成了强大的品效动能。

这个案例使我们看到,户外广告投放已然摆脱全靠"瞎蒙"和感觉估算投放效果的老模式了,凭借数据和AI技术,品牌的广告投放成效变得"有数可依"。

松达利用瓴羊天攻智投数据技术深度挖掘消费者需求,精准定位曝光人群,高效利用回流曝光数据,驱动二次营销。借助分众传媒梯媒场景的卓越拉新能力,松达不仅捕获了目标潜在客户的注意,并且重新唤醒了老客群体。

(案例来源:瓴羊DaaS)

- **DI 为 AI 发力指明方向,为 AI 带来更好的结果**

在硬币的另一面,DI 为 AI 发力指明方向,为 AI 带来更好的结果,正如卫星系统为东风导弹提供关键的情报、通信和导航支持,确保导弹能够准确、高效完成任务。

DI 有了聪明的数据,就越能够为 AI 指明方向,确保更好的结果,因此能帮助企业获得更具价值的竞争优势。

假如星巴克通过 DI 分析,确认了供应链和店内体验能赢得竞争优势,就可以聚焦管理的关注度,在这两大价值链上加载 AI,把竞争优势做大做强。

例如,DI×AI 帮助星巴克持续稳定地获取高性价比、品质稳定的咖啡豆,无论全球有多少店,店开到哪儿,都能让客户喝到同样味道的咖啡。星巴克原本的店内体验已经覆盖了装修、服务、周边产品等环节的设计细节,而 AI 可以帮助咖啡师更好地服务客户,让客户得到更好的体验。

这样一来,星巴克的管理者不用"三心二意",也不用为战略方向而摇摆,就能让星巴克在短期和长期阶段提升竞争优势。

我们依然以阿里巴巴旗下的瓴羊为例,看它如何帮助企业寻找 AI 发力的方向。瓴羊团队认为,AI 正以前所未有的速度重塑商业模式和生活方式。这其中,算法是智力,算力是体力,数据是血液,但让 AI 真正飞入寻常百姓家的关键,在于与具体场景的深度融合。因此,在 AI 的投入上,所有的企业应该从场景解构和业务重构开始。唯有这样,AI 才能真正融入业务,推动千行百业的创新与发展。

在过去几年对企业客户的数字化服务中,瓴羊积累了丰富的经验,AI 在企业落地的两大步骤:第一步是场景的解构,即确定在哪些场景痛点中应用 AI 解决问题;第二步则是业务的重构,即将 AI 能力有效整合进具体的场景中。

案例 1

瓴羊携手汽车之家攻克隐私计算+数据流通难题,找到 AI 发力点

2024 年,在第七届"金猿&魔方论坛——大数据产业发展论坛暨数据要素趋势论坛"上,瓴羊与汽车之家合作的"基于匿踪查询的多元数据流通"案例,凭借其创新性和实用性,斩获了"中国数据要素产业年度优秀案例"大奖。这被视作汽车行业数字化转型的一次积极探索和有力推动。

在数字化全面渗透的今天,汽车销售行业看似站在数据时代的风口浪尖,实则面临深刻的内生矛盾。消费者的每一次浏览、单击、填写线索,似乎都在为车企描绘出潜在客户的全景画像。但当数据的体量膨胀到惊人的规模时,数据本身却成为一道难以逾越的屏障,使得车企面临三重困局:海量数据难觅"真金";数据隐私成悬顶之剑;市场变化快于决策反应。

在这复杂的格局中,车企亟需一种新的解决方案——一种既能在海量数据中精准筛选高价值信息,又能确保隐私安全,同时能够实时响应市场变化的技术模式。

瓴羊与汽车之家没有局限于传统的解决方案,基于汽车之家在汽车行业的深厚积累和模型算法优势,以及瓴羊在大数据处理和分析方面的领先技术,以隐私计算为核心,开创性地打造了一套贯穿数据流通、安全保护和商业价值实现的完整技术体系。

这套体系中有三个关键的技术创新。首先,隐私计算匿踪查询实现了数据"不

出域",安全"流动"。其次,线索评级模型可以实现"分级管理"潜客,提升营销转化率。最后,门店优选模型实现了让潜客与门店无缝匹配。

值得关注的是,瓴羊助力汽车之家提升 DI 的过程中,更是找到了 AI 的发力点。

有了隐私计算技术作为底层支撑,线索评级模型成为数据价值释放的关键一环。以 AI 算法为核心,这一模型将融合后的多维数据转化为清晰的用户意向评分,为车企提供了极具指导性的潜客评估。在用户行为层面,比如车型浏览、历史购车记录和试驾预约等数据,都被细致入微地捕捉,并通过模型进行交叉分析,从而对高潜用户进行精细化运营。

相比以往"广撒网"的低效方式,这种基于评分的分层管理让车企能够聚焦真正的目标客户。营销资源被高效地分配,投入产出比显著提高,转化率也随之攀升。

案例 2

DI 挖掘机会点,AI 发力促美妆品牌增长

瓴羊营销业务线解决方案专家张俊恒分享了美妆行业以 DI×AI 发力增长的案例。

随着消费市场的复苏与升级,美妆行业迎来了显著利好。一方面,本土美妆品牌乘着国潮发展的流量加速成长;另一方面,深耕多年的国际品牌也在积极布局,新品牌不断涌现,行业竞争也在日益加剧。国家统计局发布的数据显示,2023 年全年,化妆品类商品零售额为 4 142 亿元,同比增长 5.1%,达到历史最高水平。

然而,美妆行业仍然面临不确定性,提质增效、精耕细作已成为美妆行业的主旋律。作为可选消费,美妆产品迭代速度快,消费者黏性低。由此,企业更依赖营销抢夺用户心智,驱动生意增长。在此情况下,消费者数字化运营的重要性不言而喻。

身处红海,深耕 DI 的美妆品牌也因此发现了一系列破局点:

(1)媒体投放前、中、后全链路可借助自动化采集的投放回流数据指导投放策略的优化,媒介拉新可更加高效。

（2）针对私域平台进行科学、完善的埋点治理，可以洞察消费者关键行为路径并联动自动化营销提效。

（3）借助大数据，针对消费者（会员人群）进行全面而深入的画像洞察，可以实现精细化的客户分层和分群运营。

（4）及时、准确地洞察消费者原声，消费者满意度可进一步提升。

与此同时，美妆品牌也发现了 AI 可以发力的关键：借助 AI 和算法模型的能力，可以高效地提升首购、复购转化等场景的营销转化效率。

作为国内 DaaS 赛道的提出者和领导者，瓴羊基于历史积累的数字化运营实践，在美妆品牌数字化消费者运营痛点的基础上，构建了消费者数字化运营解决方案。

方案从"引流、转化、洞察、营销、体验"，拆分不同场景，优化方向。如今，瓴羊这套打法已经帮助越来越多的美妆企业拥抱数字化，向着"跟着顾客需求走"的新时期迈进。

针对美妆品牌的全链路提效需求，瓴羊以覆盖投前、投中、投后的产品能力帮助品牌实现更高效、科学的媒体投放策略优化。此外，瓴羊帮助企业优化埋点治理，提升私域平台的用户行为分析及营销自动化效能。瓴羊还基于阿里生态大数据技术服务能力，帮助品牌做消费者 360° 完整画像洞察的同时构建起品牌视角下的完整客户标签体系，以达到支撑品牌精细化运营策略落地的目的。

品牌构建了完整的标签体系，做消费者画像的全面洞察，那么下一步该如何高效地找到高价值人群？如何组织匹配的商品和内容与潜在消费者目标客户群体沟通？又如何让消费者快速完成购买转化？品牌如若缺乏精细化的运营策略，就如同面对一座隐藏在山中的金矿，消费者潜力巨大但难以高效地发掘。

因此，为了进一步释放这些潜在的消费者价值，品牌需要采取一系列有针对性的措施。

针对品牌营销的进化过程，AI 和大模型技术的运用带来了全新的发展可能。瓴羊数字化消费者运营解决方案借助平台大数据和先进的算法模型及优秀的行业最佳实践经验，构建美妆品牌精细化运营策略。针对消费者运营全生命周期的 6 个核心运营阶段，通过针对具体场景问题的算法模型帮品牌高效地预测和精选出未来某段时间内的高潜力目标人群，通过叠加预测其对商品的偏好组织差异化的对客沟通内容，并通过自动化的营销触达流程，实现最终的营销活动转化率的提升。

例如，某个国货美妆品牌在营销过程中遇到了重大挑战。无论是日常销售还是大促活动，该品牌在圈选目标群体时的效率都难以提升，难以精准地组织并推送适合的营销内容和活动商品给目标人群。由于缺乏有效的客户盘活策略，品牌的会员复购率难以提升，也导致高价值人群的逐渐流失。

针对此场景诉求，瓴羊基于两个智能算法模型——"人货匹配"和"复购高潜规预测"，帮助品牌提升会员营销转化效率，一方面，瓴羊通过复购高潜预测模型帮助品牌从海量的存量会员池中找到了在未来 15 天内大概率可能会产生回购的人群；另一方面，瓴羊通过人货匹配模型，从货品的视角以货圈人，找到对特定商品有购买偏好的目标人群。之后基于上述两个维度的人群交叉，可以筛选出偏好不同商品且未来 15 天内可能会产生回购的多个细分人群包。最后，针对这些细分人群组织差异化的沟通内容和素材，并设计差异化营销触达策略，自动化流程去做执行。瓴羊通过这样一套组合能力，对比该品牌原有人工运营圈选投放的营销活动，转换率提升了 2.5 倍。

案例 3

DI 锁定电商营销人痛点，AI 加持为营销提效

2025 年 2 月，瓴羊旗下的智能营销增长产品 Quick Audience 宣布接入 DeepSeek，搭配原有的千问（Qwen）大模型，为电商营销人解决创作痛点。

Quick Audience 通过服务上千家电商品牌，结合丰富的行业实践经验，锁定营销人四大痛点：

（1）灵感枯竭。面对日复一日的文案需求，创意逐渐被掏空，绞尽脑汁难有新意。

（2）效率低下。人工撰写耗时费力，一个活动周期可能需要数十条甚至上百条文案，根本忙不过来。

（3）转化率不稳定。文案质量参差不齐，导致点击率、转化率波动不定，难以达成预期目标。

（4）场景适配难。单一 AI 模型能力有限，无法满足不同渠道、不同受众的多样化需求。

为此，Quick Audience 为电商品牌营销人量身打造了结合数据和 AI 的智能营

销助手，支持 Deepseek 与千问两大顶尖 AI 模型一键切换，深度与广度兼备，满足在不同场景下的文案需求。

智能营销助手可以智能匹配商品特性，营销人输入商品名后即可生成 10 种以上不同风格的文案，从活泼网感到高端大气，总能找到一款击中目标受众。

这样一款 AI 助手还在数据驱动下持续进化。其中基于 Quick Audience 超信超过 10 万个以上的爆款短信案例素材，使得 Quick Audience 比其他 AI 营销工具更深刻了解电商商家的营销痛点，生成的文案更贴近市场和用户的真实需求，可以有效帮助电商营销人提升转化率。

（案例来源：瓴羊 DaaS）

第 5 节　OI×AI：一个组织管理的全新视角

- ### AI 的应用应始于 B2E，再是 B2C

在企业智能化转型的过程中，AI 技术的应用顺序至关重要。虽然许多企业在智能化转型中首先关注的是面向客户的 B2C（Business to Consumer）应用，但实际上，AI 的应用应始于 B2E（Business to Employee），即首先应用于内部员工的管理和支持，从企业内部开始，逐步优化内部流程与提升效率，然后再扩展到面向客户的 B2C 应用。这种策略不仅有助于提升企业的内部运营效率，还能为外部客户提供更优质的服务体验。

通过 AI 驱动的智能办公系统，企业可以自动化处理日常重复性任务，如会议记录、文件整理和日程安排，从而减少人工干预的时间和错误率。同时，AI 能够从海量数据中提取有价值的信息，支持更加科学、合理的决策制定，例如利用机器学习算法进行销售预测，帮助企业提前调整生产和营销策略。

此外，AI 还可以增强员工的能力和满意度。通过个性化学习与发展，AI 推荐系统能够根据员工的学习历史和职业目标，提供定制化的培训课程和资源，帮助员工持续提升技能。AI 驱动的虚拟导师系统则可以为员工提供即时的帮助和指导，解答他们在工作中遇到的问题，提升学习效果和工作满意度。

在降低风险与试错成本方面，内部应用的风险相对较低，因为内部员工更容易接受和支持新技术的试用与改进。这为企业提供了更多的机会进行试验和调整，降低了失败的风险。同时，内部员工可以直接反馈使用中的问题和改进建议，帮助企业快速迭代和优化 AI 应用，确保其在实际工作中发挥最大效用。AI 在企业 B2E 领域的应用场景如表 2-1 所示。

表 2-1　AI 在企业 B2E 领域的应用场景

分类	应用场景	具体应用
智能办公	自动会议记录	通过语音识别技术自动生成会议记录，减少人工记录的时间和错误率
	智能日程安排	利用 AI 算法优化员工的日程安排，避免时间冲突，提高工作效率
	任务自动化	通过 RPA 技术，自动化处理重复性任务，如数据输入、文件整理等
人才管理	智能招聘	利用 AI 筛选简历和面试候选人，提高招聘效率和准确性
	绩效评估	通过数据分析和机器学习算法，客观评估员工的绩效，提供个性化的培训和发展建议
	员工关怀	通过情感分析技术监测员工的情绪状态，提供心理支持和关怀措施，提升员工满意度
知识管理	智能知识库	构建 AI 驱动的知识管理系统，帮助员工快速查找和获取所需信息，提升工作效率
	学习平台	利用 AI 推荐个性化学习内容，帮助员工持续提升技能和知识水平
协作与沟通	跨部门协作	通过 AI 工具促进不同部门之间的协作，打破信息孤岛，提升整体协同效率
	即时通信与语音助手	引入 AI 驱动的即时通信工具和语音助手，简化内部沟通流程，提高信息传递的准确性和及时性

　　AI 技术还可以提升服务质量。通过 AI 赋能员工，员工能够更好地服务客户。例如，客服人员可以通过 AI 驱动的知识库和智能助手，快速获取所需信息，提供更加精准的服务。AI 还可以帮助企业实现服务的一致性和标准化，确保每位员工都能按照最佳实践提供服务，从而提升整体客户满意度。

　　当企业在 B2E 领域取得成功后，可以逐步将 AI 技术扩展到面向客户的 B2C 应用，进一步提升客户体验和服务质量。B2E 阶段积累的丰富的实践经验和技术储备可以帮助企业确保其对 AI 技术有深入的理解和掌控，同时，AI 帮助员工深入提升了在客户需求洞察、个性化服务与精准营销、产品创新与优化等方面的能力，可以为 B2C 的应用提供有力支持。

　　微软与 IDC 联合发布的研究报告《人工智能的商业机遇》显示，员工生产力是企业试图通过人工智能实现的首要业务成果。研究结果表明，高达 92% 的受访人工智能用户正在利用人工智能技术来增强生产力，其中 43% 的受访者表示，生产力相关的应用场景为他们带来了最大的投资回报，这凸显了人工智能在提升企业运营效率和员工工作效能方面的显著价值。

根据这份研究，AI 在三个方向上提升了员工的体验：第一个方向是自动化日常任务，将员工从烦琐、重复的工作中解放出来；第二个方向是增强协作和沟通，提高团队协作效率，打破信息孤岛；第三个方向是个性化学习和发展，提供个性化的学习资源和发展机会。

更重要的是，人工智能正在改变着员工的工作方式，提升员工的幸福感，并激发他们的创造力。报告还显示，当组织真正致力于并投资人工智能时，其 ROI 潜力会显著增长，企业在生成式 AI 上的每 1 美元投资平均能获得 3.7 美元的回报。

但同时现实仍比较骨感，30% 的受访者表示公司内部缺乏专业的人工智能技能，26% 的受访者表示他们缺少具备学习和使用人工智能所需技能的员工，企业对于内部员工的管理和 AI 支持仍需加大力度。

● AI 形成了对组织的单元驱动

要真正发挥 AI 在管理上的力量，一定要把它分布到每一个员工手中。谷歌前 CEO 埃里克·施密特（Eric Schmidt）在斯坦福大学"真心话"公开课视频里，也提到了类似的观点。最初用电动机代替蒸汽机的工厂，并没能提升多少生产力。直到 30 年后，分布式电源出现后，工厂才能根据电力的特点重新改造车间，进而创新了组装系统，终于迎来了生产力的大幅提升。埃里克·施密特认为，目前 AI 就如同电力一样，需要通过组织创新让"电力"传导到每一个工人的手边，才能激发更大的功效，为业界带来真正的回报。

延伸阅读

单元驱动的历史案例：电力革命中的生产力跃升

谷歌前 CEO 埃里克·施密特指出，在早期的工业生产中，工厂通常采用"组驱动"（Group Driven）模式，即通过一个中央动力源（如大型蒸汽机或电动机）为整个工厂提供动力。然而，这种模式并没有显著提升生产效率。直到后来，人们开始采用"单元驱动"模式，将小型电机直接安装在每台设备上，从而实现了更灵活、更高效的生产。

埃里克·施密特认为，AI技术的发展也将经历类似的转变。目前，AI系统大多是集中式的，依赖于大型数据中心和强大的计算资源。然而，未来AI将向"单元驱动"模式发展，即通过分布式的小型AI代理（Agent）来处理各种任务。这些AI代理能够自主学习、执行任务，并与其他代理协作，从而实现更高效、更灵活的解决方案。

他进一步指出，这种"单元驱动"的AI模式将带来生产力的大幅提升，类似于历史上从"组驱动"到"单元驱动"的转变。AI代理不仅能够自动化执行复杂任务，还能通过协作和共享知识来加速创新。

埃里克·施密特还强调了AI技术的快速进步对社会和经济的深远影响。他预测，未来几年内，AI将在多个领域带来重大变革，包括但不限于医疗、气候研究和材料科学。他建议企业和个人应积极适应这一变化，通过持续学习和技术创新来保持竞争力。

通过工业发展历史的回顾和对AI未来发展的预测，埃里克·施密特对"单元驱动"的观点强调了AI技术从集中式向分布式转变的必然性，以及这种转变对企业和社会的深远影响。

如埃里克·施密特所言，AI要分布到小单位才能真正提高生产力。在企业夯实OI底座前，仅仅能摘取AI这棵大树上"低垂的果实"。因此在智能化时代，OI要在企业中最大限度地应用，覆盖至每一种角色、每一个人，而不是仅仅依靠大而全的中台资源。真正的改变以OI分布到组织的单元驱动为起点。到那个时候，无论单元是什么形态，处于什么地方，都能高效地为企业服务。

在这个时代，你不必把所有要用的人都招聘进来，你可以使用大量的外包方。因为你已经把新的人机融合机制定义好了，然后可以智能地分发，弹性地上工。

现在，英语世界的客服已经在跨出这一步。大量的印度人在帮全世界做电话客服。在我们国家，有很多公益项目为残障、贫苦人群提供了在家工作的机会，他们只需要一部手机或者一台计算机就能够工作。

只要企业能够制定清晰的人机融合机制，未来也许会有越来越多的人在家上班。当然，雇员们也可以在任何地方办公，只要有一个很好的智能界面，获得清晰的工作清单、工作指引、客户信息，工作就能高效开展。

据调查，销售人员花了超过 50%的时间在处理与销售结果不相关的行政工作，而 OI×AI 的能力可以直接赋能前端的销售人员。假如一名销售人员要拜访 50 位客户，他需要弄清楚应该拜访哪些客户、不同客户的重要程度、拜访频率与深度、行程安排的先后顺序等。AI 能够做到这一点，甚至给的信息更多，例如告诉销售人员：某位客户已经买过的产品和其他产品的关联销售机会与给客户带来的额外价值；它的竞争品牌买了什么产品；还计划要什么产品；可以再搭配什么产品；如何客制化不同的销售方案……每一位客户的销售指引 AI 化之后，销售人员相当于拥有了由聪明人组成的一个参谋团队，销售的效率必然大幅提升。

OI×AI 的能力还可以训练销售人员，他们所需要的工具、案例和经验分享统统可以 AI 化。再加上以 OI×AI 思维定制的协同工具，管理人员可以把每一块小业务都精细地管理好。

● **被智能化的组织、个人、流程**

组织管理是管理学的核心，管理的对象是人。OI×AI 的能力会使得组织形态、个人工作模式和流程、协作方法都发生改变。

目前企业非常关注 AI 带来的 ROI，关注钱的维度。而 OI×AI 能力会给企业带来比钱更重要的优势，那就是速度，兵贵神速。过去 CEO 在管理过程中想要发现问题时，依赖于团队每个月提交的管理报表、财务报表，也因为这样，问题被发现时往往滞后了，而且问题还可能没法被 CEO 的人脑识别出来。未来，当 OI 设计中的每一个管理节点都加载了 AI 时，管理者可以实现实时的管理。

想象一下这个场景：半夜 3 点，AI 告诉快餐连锁的 CEO，0 点之前接洽的供应商中有的价格偏贵，有的质量没有达标，建议更换供应商。这个决策很快就被采纳了，也许都不用 CEO 来确认，AI 就可以实时、快速、细致和准确地做出决策提示或直接做出决定。那么，凌晨到达快餐门店的牛肉就是价格和品质都优秀的最好选择，不会因为供应商情况的波动而影响门店经营。

OI×AI 能力除了帮助企业提升运营决策的反应速度，还能更好地保护组织的弹性。过去企业的组织不够弹性，需要很长的流程和很多责任方来确认决策，是因为大家没有安全感，很多决策缺乏能力的配套支持，管理者难以保证最好的产出，所以没法进行弹性的决策。

未来，高 OI 化的组织可以高效调用中央的 AI 能力，就像随时可以汲取一个智库的力量，同时还拥有智能决策模型，把所有选择的风险系数、是否触犯红线都指引清晰，那么组织的弹性就会被保护，组织就能在适当的空间里保持弹性。

此外，OI×AI 能力还能更好地让组织传承下去。

深耕农业的企业佳沃在云南有 14 个蓝莓基地，每个基地分别配备 1 名主管和 3~4 名管理员，通过集中培训、师傅带徒弟等传统方式传授种植经验。在这样的企业里，大量的经验都掌握在一线工作人员的手里，知识的转化、对经验的传承决定了企业能否基业长青。

然而，传统的培养方式不仅耗人费力而且见效周期长，一个新农人至少要 2~3 个产季的成长才能独当一面。加上传统的财务、物流和销售部门，整个企业组织结构复杂，存在许多层级。不同部门之间很难进行面向业务目标的深度沟通。

为此，钉钉助力佳沃进行了一系列智能化探索。钉钉通过 AI 技术为佳沃打造了一个 AI 助理小佳。一线种植人员可以从小佳那里收到实时的种植作业提醒。当行走在田间的种植人员发现蓝莓叶片上出现病害时，只要拍照上传，小佳就会自动接入诊断流程，根据历史数据和专家意见生成任务清单，让一线种植人员可以即时获得病害防治策略，依照任务流程展开行动。在这个过程中，管理者也能实时了解种植情况和费用信息，做出更及时、更准确的决策。

AI 助理小佳的设计嵌入蓝莓品种实验、种植、培育、采摘，甚至营销、售卖、数据跟踪全链条，纳入了公司的战略、每个业务部门的目标、OKR（Objectives and Key Result）、挑战目标、行业报告、SOP 等信息知识技术，而且让企业的每一个人都能通过自然语言对话的方式，快速掌握蓝莓种植与销售所需的知识，权责清晰地高效完成任务，还能展开数据洞察和分析，站在全局视角进行创新，化身 AI 增强的新农人。

由 AI 技术打造的农业知识库，再配以高 OI 的组织形态，彻底改变了非标农业的经验传承和信息对齐方式，事实上将企业多层次的组织结构扁平化，让围绕农业种植、销售的业务流程变得畅通、高效。从业务的角度来看，这种智能就是数据驱动的方式，可以提升全程生产效率。

钉钉自身也在进行智能化实践，其中一个成果是优化了客服到技术的流程，钉钉团队称之为"钉钉 VOC（客户之声）专项"。最开始，团队要解决的是前线客服小二的诉求。小二们每天会收到用户反馈的大量技术问题，因此想了解找谁能迅速解决问题，解决得好不好。他们想要进一步看到透明的解决过程，还想了解哪些团队解决起来有点慢，需要客服小二多施加压力。

为此，"钉钉 VOC（客户之声）专项"设计了前后端的合作流程，前端是客服小二，后端是研发团队。在这个流程里加载了智能化的超级服务助理。当客服小二选中用户发来的问题截图、问题描述等聊天记录时，一键转发给超级服务助理，超级服务助理会理解聊天内容，包括图片等多模态的消息，给出问题分析的结论，并能精准找到对应的人，同时也指导队伍跟进。

用户在群聊中反馈问题的现象也非常常见。在群聊中，超级服务助理具备实时感知消息的能力。如果感知到用户是在反馈技术问题，超级服务助理会适时出现，分析问题，并给出处理建议，对于和它职责无关的消息，则会自动过滤，不做感知。

当超级服务助理这样的智能化工具和智能化流程代替了传统的人员配合流程，自动打破了功能墙时，信息自动解决的效率大幅提升。

- 不是 reskilling，而是 upskilling

智能化时代来临，很多企业认为员工需要 reskilling（重新打磨技能），事实上，这不是 reskilling，而是 upskilling（升级技能）。人总是要变得更强，让技能升级，而不是迁就于 AI，被动地让 AI 重新改变工作范围。AI 不是敌人，人要成长，要积极地应用 AI，所以，AI 是让员工 upskilling。

reskilling：reskilling 是指员工为了适应新的工作要求，放弃原有的技能，重新学习新的技能。这种转变通常是被动的，旨在适应技术变革带来的工作范围变化。

适用场景：当某个行业或岗位面临大规模自动化或者淘汰时，员工可能需要重新学习一整套全新的技能来适应新的职业路径。

局限性：reskilling 往往意味着员工需要从头开始学习新的技能，这不仅耗时耗力，还可能导致员工对新技能的适应性不足，难以充分发挥其潜力。

upskilling：upskilling 是指员工在现有技能的基础上，通过持续学习和实践，提升和扩展自己的能力。这种转变是主动的，旨在通过增强现有技能和学习新技能，提升员工的综合能力。

适用场景：当新技术（如 AI、大数据分析）被引入现有工作流程中时，员工可以通过学习这些新技术来增强现有的职业技能，而不是彻底改变职业方向。

优势：upskilling 不仅帮助员工适应技术变革，还能提升他们的竞争力和创新能力。通过持续学习，员工能够更好地理解和应用新技术，从而在智能化时代保持领先地位。

AI 技术的广泛应用并不意味着人类员工的边缘化，相反，AI 是员工成长的伙伴。通过主动学习和应用 AI 技术，员工可以提升自己的技能水平，增强竞争力。

从人的角度来看佳沃的案例，我们会发现一个比提升生产效率更令人欣喜的现象。过去，一个蓝莓基地主管的成长速度是很慢的，而 AI 助理跟管理者的互动和协同，就实现了以高 OI 化的超级组织驱动人的学习意愿，激发创造力。

在 OI×AI 能力支持的管理实践中，小佳上线 12 个月期间，佳沃在线文档总数量达到 33 万余份，结构化在线文件数量近 4 万份，参与创作的组织达到了 100%，参与创作的员工超过了 63%，集团总部知识管理能力大幅提升。佳沃让员工"长"出了 DI、OI、AI 化的基因，并使之成为企业发展的原生动力。

• 工具、助理、独立个体，AI 会取代人还是为人所用？

关于 AI 是否取代人类的工作是个经久不衰的话题，随着 AI 的应用越来越深入，实际场景而不断被人提起。

一部分实践者更愿意提到积极的意义。

LinkedIn 联合创始人里德·霍夫曼（Reid Hoffman）认为，AI 不会取代人类，反而是拥有 AI 技能的人在就业市场上更会被优先考虑。随着 AI 技术的进步，在终端设备部署小模型的需求会逐渐增加，最终呈现多种模型在不同领域共同部署的样态。钉钉总裁叶军认为，AI 用得越来越好的人的机会越来越多。其实本质上不是人和机器在竞争，而是人和人在竞争，不会用 AI 的人很可能会被擅长与 AI 协作的人取代。

德勤 AI 战略负责人尼廷·米塔尔与托马斯·达文波特观察了德勤、平安、空客、壳牌、沃尔玛、迪士尼等企业的 AI 实践，他们认为，虽然很多预言家预测 AI 将会取代人类，但到目前为止，这种情况并不多见，而且大多数企业都在利用这项技术，让人类员工腾出时间来完成更复杂的任务。因此，AI 推动的企业面临的首要问题不是如何用 AI 取代人类员工，而是如何通过重新设计工作岗位、重新培训员工以及在工作流程中充分利用这两者来提高效率。

当然，也有许多人对于 AI 取代人类工作提出了警示。

OpenAI 的 CTO、ChatGPT 的关键缔造者 Mira Murati 认为，AI 可能会扼杀一些本来不应该存在的创意性工作。

李开复认为，AI 可以创造巨大的经济价值，但也会使人类面临前所未有的失业危机。目前来看，蓝领阶层和白领阶层将首当其冲，因为越是从事简单重复性工作的人，越容易被 AI 取代。

历史学家尤瓦尔赫拉利对于 AI 有更深的担忧，他认为新技术的巨大危险不在于最终结果，而在于实现它的过程。因为当一种强大的新技术出现时，没有人知道如何将其融入社会和政治，也不知道如何明智地使用它。人们会进行实验，而有些实验结果可能会非常糟糕。

人们对于 AI 与人类的关系呈现如此多角度的思考，是因为我们尚未看清这个新生事物的全部面貌，未知总是带来更多期待和恐惧。英国科幻作家道格拉斯·亚当斯曾提出著名的观点："任何在我出生时已经有的科技，都是稀松平常的，是世界未来秩序的一部分；任何在我 15~35 岁诞生的科技都是将会改变世界的革命性产物；任何在我 35 岁之后诞生的科技都是违反自然规律的，甚至要遭天谴。"人类对于 AI 的认知会否经过这个阶段呢？未来我们总会知道的。

那么今天，相信很多企业都会认同，想要成为未来答案的一部分，企业不能错失智能化机会。

对于 AI 是否取代人类的问题，我们看到了许多人类的观点，那么 AI 是怎么想的呢？

通义千问回答了这个问题：

AI 在某些特定任务上确实已经展现出了超越人类的能力，例如数据处理、模式识别、复杂计算和重复性工作等。然而，说 AI 会完全取代人是一个复杂的问题，取决于我们考虑的是哪些类型的工作及社会如何适应技术的进步。

（1）部分替代。在一些领域，如制造业、物流、客服和支持服务，AI 和自动化技术已经开始替代一些传统由人类完成的任务。这些通常是非个性化、规则明确且可预测性强的工作。

（2）辅助与增强。在很多情况下，AI 更多的是作为工具来辅助人类工作者，而不是完全取代他们。比如医疗诊断中的 AI 可以帮助医生更准确地分析影像资料，智能写作助手可以协助作者提高效率和质量。

（3）创造新机会。随着 AI 的发展，也会催生新的职业和服务需求，如 AI 伦理学家、机器学习工程师、数据分析师等。历史上每次工业革命都会导致就业结构的变化，但同时也创造了大量新的工作机会。

（4）情感和社会互动。目前的 AI 还难以真正理解和体验人类的情感与社会关系，因此涉及创造性思维、情感交流、复杂的社会互动等方面的工作短期内不太可能被 AI 完全取代。

（5）法律与道德考量。即使技术上可行，是否应该让 AI 全面替代人类从事某些工作也涉及法律、伦理和社会价值观的问题。这需要社会各界共同讨论并制定相应的政策法规。

总之，虽然 AI 会在许多方面改变我们的工作方式，但它更可能是作为一种补充力量，而非简单的替代品。未来的关键在于如何平衡技术进步与人类价值之间的关系，确保科技发展能够造福所有人。

第 6 节　建设组织的 OI

● 让组织的每一个人都被智能加持

对组织而言，智能化应该不再是少数部门或者少数精英的特权，而是每个组织成员的标配。

当仓库管理员用 AR 眼镜扫描货架就能获得补货建议时，当财务专员输入"分析 2024 年度生产费用异常"就能得到多维度诊断报告时，当销售经理通过 AI 助手就能实时查看基于客户画像和历史订单自动生成的个性化推荐话术时……

企业要实现"人人被智能加持"，不仅仅是给员工配备 AI 工具，而是需要构建一套完整的组织能力体系，让智能技术真正融入员工的日常工作，成为其能力延伸和价值创造的常备能力，也就是将全体员工都打造成为"超能个体"。

微软与 IDC 联合发布的研究报告《人工智能的商业机遇》中提到，30%的受访者表示公司内部缺乏专业的人工智能技能，26%的受访者表示他们缺少具备学习和使用人工智能所需技能的员工。

这一数据凸显了企业在智能化转型过程中面临的巨大挑战：管理者逐步意识到智能化是一种能力，但企业不能指望员工自动就能拥有这种能力。因此，管理者有责任、有义务帮助员工提升相关技能，以适应新的工作环境。

实际上，这一问题我们在第一章第二小节提到过，AI 不等于企业智能化，企业把 AI 接入企业中，员工有 AI 工具可用，这算不上管理和部署 AI。

"超能员工"的培养需要经历一系列过程，可以通过以下三个步骤渐进式地进行：

（1）AI 工具的使用与培训。企业需要为员工提供系统的 AI 工具使用培训，帮助他们掌握 AI 工具的核心功能和应用场景。培训内容应包括 AI 工具的基本原理、操作方法以及如何将 AI 工具应用于实际业务场景。例如，企业可以组织内部培训课程，邀请 AI 领域的专家进行讲座，或者利用在线学习平台提供丰富的学习资源。培训不应仅面向特定员工，而应是全员普及的，帮助员工掌握 AI 工具在图片的处理、海报的制作、PPT 的生成、视频的编辑等方面的应用。通过这种方式，企业可以确保员工在日常工作中能够熟练运用 AI 工具，提高工作效率和质量。

（2）工具与使用场景的匹配。AI 工具需要与具体的业务场景紧密结合，才能发挥最大的效用。企业应根据自身的业务特点和需求，选择合适的 AI 工具和模型。例如，对于制造业企业，AI 工具可以用于质量检测和设备维护；对于金融企业，AI 工具可以用于风险评估和客户信用分析。通过将 AI 工具与业务场景相结合，企业可以实现从传统流程到智能化流程的转变，提升整体运营效率。此外，企业还可以通过案例分析和实际操作演练，帮助员工更好地理解和应用 AI 工具，确保其在实际工作中能够发挥最大效用。

（3）工作流的整合与优化。使用场景需要串联成工作流，替代原本效率低下的工作流模式。企业可以通过 AI 工作流框架，构建和管理 AI 工作流。这些框架提供了丰富的功能和组件，支持 AI 任务的自动化、数据集成、模型训练、决策制定和流程优化。例如，企业可以将 AI 工具集成到现有的业务流程中，实现从数据收集到决策执行的全流程自动化。通过这种方式，企业不仅能够提升工作效率，还能够减少人为错误，提高工作质量。此外，企业还可以通过持续监测和评估工作流的运行效果，及时发现和解决潜在问题，确保工作流的高效运行。"超能员工"的培养如表 2-2 所示。

表 2-2 "超能员工"的培养

场景	具体措施	详细内容
AI 工具的使用与培训	全员普及的培训	培训应覆盖全体员工,包括市场营销人员、销售人员和客服人员等,帮助他们掌握 AI 工具的基本使用技能,如图片的处理、海报的制作、PPT 的生成和视频的编辑等,以提高工作效率
	定制化培训课程	根据员工的具体岗位和需求,设计个性化的培训课程。例如,市场部员工学习客户画像分析和精准营销,财务部员工学习财务预测和风险评估
	线上、线下结合的培训方式	采用线上、线下相结合的方式,线上课程提供灵活的学习时间,线下工作坊提供实践机会和互动交流,确保培训效果
工具与使用场景的匹配	需求分析与工具选择	在引入 AI 工具前,进行需求分析,明确业务痛点,选择合适的 AI 工具。例如,客户服务质量问题可引入智能客服系统,数据分析效率问题可引入大数据分析平台
	试点项目与反馈机制	先进行小范围试点项目,收集员工反馈,及时调整优化工具应用方式。例如,制造企业先在一个车间试点 AI 驱动的生产调度系统,收集数据并分析后全厂推广
	持续改进与迭代	随着业务需求和技术进步,不断优化升级 AI 工具。例如,零售企业定期更新改进 AI 驱动的库存管理系统,以适应市场需求的变化
工作流的整合与优化	跨部门协作	打破部门壁垒,促进不同部门之间的沟通与合作。例如,电商企业通过 AI 驱动的 CRM 系统实现市场部、销售部和物流部的无缝对接,共同完成客户获取到订单交付的流程
	流程自动化与智能化	通过 RPA 和 AI 技术实现业务流程的自动化和智能化。例如,金融机构引入 AI 驱动的审批系统,实现贷款申请的自动审核和批准,缩短审批周期,提升客户满意度
	实时监控与反馈	建立实时监控和反馈机制,及时发现和解决问题。例如,物流公司通过 AI 驱动的监控系统实时跟踪货物运输状态,发现异常后立即调整

这套组织能力体系落地的关键在于"低门槛+高适配+好上手"。

低门槛才有参与感。 在数字化时代,传统企业在组织内部大规模推广数字工具时往往举步维艰,瓶颈在于工具使用门槛过高,复杂的操作界面以及有些工具甚至需要编程基础,为工具的普及增加了难度系数。

但在智能化时代,随着技术和商业的进步,这种高门槛很容易被跨越。主要原因如下。

一方面,借助低代码／无代码平台等工具,非技术人员可以通过可视化、拖拽的方式进行开发,或者通过工具预置的模板和行业方案,快速搭建智能应用。

钉钉宜搭、阿里云百炼等都是这类工具的典型代表。以钉钉宜搭为例,即使是一个没有学过代码的人,通过简单的学习,也可以在一两周的时间迅速上手,用低代码的方式生成适合自己企业内部的数字化应用。

延伸阅读

一汽大众一线工作人员的低代码应用开发潮

一汽大众成都分公司涂装车间的高级工程师崔广明主要负责涂装车间现场技术体系和设备管理工作。车间内安全、质量、工艺等核心业务仍依赖纸质表单记录，存在数据反馈滞后、流程烦琐、效率低下等问题，例如，安全隐患需电话通知整改，工艺参数异常时难以及时处理，这些都是车间长期以来存在的痛点。

作为数字化的爱好者，他专门自学了Python、Java等语言，并尝试为车间开发数智化系统，但全代码开发的准入门槛很高，很难在短时间内快速应对车间内爆发式增长的个性化需求。

变化的契机是他接触了钉钉的低代码产品"宜搭"，不需过硬的专业知识，不用复杂的编程代码，只需简单的"拖、拉、拽"就能轻松搞定一个基础应用。仅两周他就成功"入门"，用钉钉宜搭低代码平台开发了多款应用：有安全管理应用，现场管理者通过手机端填报安全检查问题，系统自动推送至负责人，整改情况需拍照上传并记录，每天可为安全管理人员节省至少2小时监督时间，隐患整改效率提升60%；还有工艺参数管理应用，车间检测员可以用手机实时录入油漆质量检测数据及槽体参数，异常数据通过流程自动触发钉钉通知，各级责任人可即时响应，这让工艺异常处理时间从数小时缩短至15分钟内，车身质量波动减少30%。

在一汽大众有数百位低代码开发者，他们中的90%都是活跃在业务一线的工作人员。

（案例来源：钉钉）

低代码已经为企业生成应用提供了很大的便利性，而随着技术的不断进步，已经可以不需要通过低代码的"拖、拉、拽"来搭建应用了，生成一个全新的应用能有多简便，想象空间还有很大。

宜搭后来推出了AI版，解锁了对话式应用生成和咨询服务等功能，极大地简化了应用创建流程。用户只需通过简单的对话提出他们的需求，比如他们想要的具体应用类型、业务流程或自动化机器人，AI便能在几秒内自动创建出相应的应用，或者推荐类似的优秀应用案例供用户参考。这些通过AI生成的应用支持进一步的对话式修改,用户可以轻松地通过与 AI 的互动来调整和完善应用。此外,生成的应用可以方便地在企业内部或钉钉群聊的快捷栏中启用,从而提高工作效率和团队协作。

钉钉推出的"识图搭应用"功能是另外一个创新的例子,它允许用户通过拍照上传图片,钉钉识别图中的内容后迅速生成相应的应用。这一功能特别适合那些不具备编程技能的人群。

设想这样一个场景:你是一位零售店的员工,在一天的工作结束后,你用纸和笔绘制了一张图表,记录了当天的关键销售数据。随后,你将这张手绘图表拍照并上传至钉钉的"识图搭应用"。系统迅速响应,机器人自动识别图中的数据和布局,将其转换成一个数字化的应用界面供你预览。如果你在预览时发现某些表格标题不够准确或完整,就可以轻松地进行手动调整,直到满意为止。

这一过程仅仅需要几分钟,不仅节省了大量手动输入数据和设计应用界面的时间,还提高了工作效率,使得非技术人员也能快速开发出符合需求的应用。

另一方面,自然语言交互的逐渐成熟可以让员工通过对话即可触发数据分析、流程自动化等,直接调用高阶智能能力。不仅如此,在智能化的办公场景下,意图驱动服务也在逐步实现,模糊需求通过智能化的语义理解可以转化为具体操作,例如,员工"优化客户响应速度"的模糊指令经过智能化的处理,可以自动生成客服工单优先级规则并部署到 CRM 系统。

微软 Copilot 已嵌入 Teams、Office 等办公场景,钉钉智能助手分布在对话框、文档及各类流程中,成为员工们的隐形助手。

高适配才能日常化。只有当工具真正贴合员工的工作场景和需求时,智能化才能从"偶尔使用"变为"日常依赖"。

通用型的智能化工具虽然功能强大,但在实际应用中往往面临"水土不服"的问题。因此,企业需要为员工配备行业专属 AI Agent,让智能化工具真正融入工作流。

同时,企业还可以根据员工的具体职责,定制 AI 功能。例如,销售人员的 AI 助手侧重客户画像分析和话术推荐,而 HR 的 AI 助手则聚焦简历筛选和面试安排。

从"通用工具"到"专属助手",高适配的智能化工具不仅能提升效率,还能激发员工的主动使用意愿。这会带来员工使用时的即时反馈,智能工具也可以不断迭代，匹配员工的需求。

好上手才能规模化。智能化的推广和应用需要满足易于上手的条件，才能实现规模化效应。AI 技术虽然可以非常复杂和高深，但其应用界面和用户体验需要简单、直观，让用户感觉亲切，易于操作，类似于玩游戏那样有趣和吸引人。这样，当大家都能够轻松使用这些技术时，企业内部才能实现规模化的应用效应。

以 DeepSeek 为例，它不仅是技术上的佼佼者，而且用户友好性强，易于上手。DeepSeek 的思维链条设计考虑到了用户体验，它的思考过程被明晰地呈现出来，让人耳目一新的同时，也增添了专业感和信任感，使得用户能够轻松地与 AI 互动，从而带来良好的用户体验。

钉钉 AI 魔法棒也是一个好玩并极大提升用户便利性的创新，只要用户在钉钉应用的首页"/"内输入一句话，AI 就可以识别用户意图，并提供相应的 AI 技能，一站唤起聊天、宜搭、智能问答、文档、应用咨询等 5 类近 20 种功能，简化操作路径，过去按照不同功能的分布找入口的方式变成了自然语言交互的轻松方式。

总的来说，人人可用的智能化不仅接管重复性工作，让员工专注于高价值任务，带来了效率提升，还通过数据驱动的洞察让决策更精准、更敏捷。更为重要的是，员工会突破能力边界，释放创造力。正如前文所言，智能化要分布到小单位才能真正提高生产力。

● 着力建设组织的知识管理

解决了智能化在组织中的普世问题后，我们再来着重关注建设组织 OI 的核心点，即聚焦在知识管理及其部署上。

这是因为，智能管理的关键是提能，而企业及员工所拥有的知识就是关键要素，在依靠土地、资本等有形资产的竞争空间变小时，这一点将会越来越关键。企业的管理者可以清晰盘点资金、设备、人员等显性资源，却往往难以穿透组织肌理，洞察团队协同、创新韧性、动态适应力等隐性能力的真实状态。

关于"知识"的定义，美国哈佛大学管理学教授托马斯·H. 达文波特（Thomas H. Davenport）与 IBM 知识管理研究院执行主任劳伦斯·普鲁萨克（Laurence Prusak）在合著的《营运知识——工商企业的知识管理》（*Working Knowledge: How Organizations Manage What They Know*）中给出了一种概念，这也是我非常认同的一种关于知识的观点："知识是一种有组织的经验、价值观、背景信息和专家洞察力的流动混合体（fluid mix），它为评估和整合新经验与信息提供了框架。"

这个定义强调了知识不仅是静态的内容，更是一种动态的、可应用的资源。对企业来说，知识源于其个体或组织的实践积累，它的有效性高度依赖其应用场景，例如某行业的成功经验未必适用于其他领域，一个企业的成功经验对于其他企业来说也是如此；同时，知识会随着环境的变化、新经验的积累而更新迭代，需持续维护；另外，知识不仅有文档、流程等显性形式，也有直觉、经验等隐性形式，通过人与人之间的交流、协作和共享得以传播与增值，其价值在于其能够直接应用于决策、问题解决和创新。数据、信息与知识的递进框架如表2-3所示。

表2-3 数据、信息与知识的递进框架

分类	定义	描述	特点	示例
数据（data）	原始事实或观察结果	缺乏上下文，无法直接指导行动	原始、未加工	销售额数字、温度记录
信息（information）	经过处理和组织的数据，赋予其意义	回答"是什么"（what），但仍未提供"如何做"（how）	有结构、有意义	"2023年销售额增长10%"
知识（knowledge）	信息与经验、背景的结合，能够解释因果关系并指导实践	回答"为什么"（why）和"如何做"（how），具有行动导向性	有深度、可操作	"销售额的增长是由于新市场开拓策略的成功"

知识管理体现在企业的OI建设上，重点就是要重新部署IT和数字化能力，提炼、储存、分发、应用、迭代知识，不断产出和加强企业的核心能力。对管理者来说，以往难以盘点的隐形资产，也就此变得清晰了。

在推进企业知识管理的过程中，企业可以遵循三步走的模式来逐步实现知识管理水平的跃迁。

阶段一：从零散文档到知识图谱。

知识图谱（Knowledge Graph）是一种以图形化结构组织和表达知识的智能技术，通过建立实体（事物）、属性（特征）及关系（连接）的语义网络，将碎片化数据转化为可理解、可推理的认知体系。其本质是构建机器可理解的"知识大脑"，帮助计算机像人类一样理解世界逻辑。

AI的出现大大有利于企业把零散的内部文档、案例、经验转化为可搜索的知识图谱，员工在企业知识库通过自然语言提问即可获取精准答案。

阶段二：从被动检索到主动推送。

知识管理不仅局限于知识的存储和检索，还可以转化成动态学习。AI根据员工的工作内容和学习需求，主动推送相关知识。例如，医生开具处方时，系统自动提示药品库存、患者过敏史、医保政策的变化。这种主动推送的方式能够帮助员工在需要时及时获取所需信息，提高工作效率和决策质量。

阶段三：从个体经验到组织竞争力。

在前两个阶段，知识管理的优势还主要体现在对员工以及组织流程的效率提升上，而对企业而言，更为重要的是如何不断强化自身的能力，在竞争上占据优势。举例来说，A公司在某阶段很强大，同时组织上也是良将如潮，但当竞争对手B公司开出3倍价钱来高薪挖角时，这些良将的经验也会在A公司变为从0开始摸索建设的方面了，优势能力不能越变越强，反而因为不可预测的变化而削弱，竞争就是如此残酷。

而从正面来看，分散的个体经验转化为系统化的组织智慧后，企业的优势能力是在不断迭代增强的，如问题解决路径、创新方法论、客户服务技巧等显性化沉淀为可复制、可迭代的共享资产，打造智能化时代需要的"永不流失的经验银行"。

● 如何评估组织OI水平的高低？

要评估一个组织的OI水平，可以从其是否具备以下三大特征入手：

（1）智能化组织通常拥有一个"钻石型"的人才结构，这意味着组织内既有大量具备跨领域知识和技能的复合型人才，又有少数在特定领域拥有深厚专业知识的专家。这种人才结构使得组织能够灵活应对各种复杂问题，同时在关键领域保持专业优势。

（2）从文化角度来看，智能化组织展现出对新科技冲击的强大吸收力。它们不仅能够迅速适应新技术带来的变化，而且会在受到智能技术冲击时变得更加兴奋和强大，将挑战转化为成长的动力。

（3）智能化组织的边界具有高度弹性，能够根据技术发展的动态进行灵活重构。这种弹性使得组织能够快速响应外部环境的变化，不断优化自身的资源配置和运作模式，以保持竞争力。

全面评估组织的智能化水平可以从组织、人才和文化三个维度入手，构建一个综合的评估框架。具体如下：

（1）组织维度：关注智能化架构的适配性，包括敏捷组织建设、决策机制升级和协同网络效能。关键指标涵盖跨职能敏捷小组的覆盖率、动态项目制组织的运行效率、平台型组织的成熟度、数据驱动决策占比、智能辅助决策系统的渗透率、分布式决策的授权度、数字化协作工具的日活率、知识共享指数以及跨部门流程的穿透力。

（2）人才维度：聚焦于人机协同能力体系，包括人才结构的健康度、能力进化机制和领导力转型。关键指标包括T型人才密度、人机协作配比的合理性、算法工程师占比、数字技能认证的覆盖率、实战型培训占比、人才流动活性、技术型高管比例、数字领导力测评以及变革推动者的数量。

（3）文化维度：衡量智能时代文化基因，包括创新文化的渗透、数据文化的根基和人机共生文化的建设。关键指标涉及创新提案转化率、容错机制成熟度、技术敏锐度指数、数据民主化程度、数据质疑习惯、数据叙事能力、机器人员工认同度、人机交互友好性以及伦理审查机制的有效性。

通过对这些维度和指标的综合评估，可以全面了解组织在智能化转型中的现状和潜力，为制定相应的改进策略提供依据。评估框架和关键指标如表2-4所示。

表2-4 评估框架和关键指标

维度	具体评估框架	关键指标
组织维度：智能化架构的适配性	敏捷组织建设	跨职能敏捷小组的覆盖率（核心业务线敏捷团队占比）； 动态项目制组织的运行效率（项目平均决策链路缩短比例）； 平台型组织的成熟度（中台对前线业务的支撑响应速度）
	决策机制升级	数据驱动决策占比（管理层会议中数据看板使用频率）； 智能辅助决策系统的渗透率（AI决策建议采纳率）； 分布式决策的授权度（边缘节点自主决策权限范围）
	协同网络效能	数字化协作工具的日活率（Teams / Slack / 钉钉等工具使用深度）； 知识共享指数（内部知识库季度更新量 / 员工贡献度）； 跨部门流程的穿透力（智能系统打破部门墙的流程数量）
人才维度：人机协同能力体系	人才结构的健康度	T型人才密度（同时具备专业深度+数字技能的员工占比）； 人机协作配比的合理性（每个智能系统对应的人效提升系数）； 算法工程师占比（技术人员中AI / 大数据岗位比例）

续表

维度	具体评估框架	关键指标
人才维度：人机协同能力体系	能力进化机制	数字技能认证的覆盖率（获得云计算／AI／数据分析认证员工比例）； 实战型培训占比（在数字沙盘／仿真系统中完成的培训时长）； 人才流动活性（年度跨业务-技术轮岗人数）
	领导力转型	技术型高管比例［具有 STEM（Science，Technology，Engineering，Mathematics）背景的 CXO 占比］； 数字领导力测评（使用 Gartner DQ 框架评估管理层数字商数）； 变革推动者数量（获得"数字化转型先锋"认证的中层管理者）
文化维度：智能时代文化基因	创新文化的渗透	创新提案转化率（员工数字创新建议的实际落地比例）； 容错机制成熟度（允许失败的智能化实验项目数量）； 技术敏锐度指数（员工自发学习新技术工具的参与度）
	数据文化的根基	数据民主化程度（非技术人员使用 BI 工具的日活用户占比）； 数据质疑习惯（业务会议中要求验证数据源头的频率）； 数据叙事能力（用数据讲故事的汇报材料占比）
	人机共生文化的建设	机器人员工认同度（给 RPA 流程颁发"虚拟工号"的仪式完成度）； 人机交互友好性（智能系统的人性化设计员工满意度）； 伦理审查机制的有效性（AI 伦理委员会运作有效性的评估）

表 2-4 可以清晰地展示组织在智能化转型中的具体评估框架和关键指标，便于企业管理者和利益相关者进行系统性的评估和分析。

值得注意的是，管理者可以依据上述维度制定具体目标，并通过评估打分的方式来衡量组织的 OI 水平，然而，真正关键的并非单纯追求一个具体的分数，这个绝对值并不重要，而是持续地依据这一框架体系的各个维度来设定目标、评估现状，并据此不断提升，逐步提高组织的 OI 水平。这意味着，OI 水平并非一个固定不变的绝对值，而是一个动态的指标，用于反映企业自身在不同阶段的前后变化和进步程度。通过这种方式，企业能够清晰地看到自身在组织智能方面的成长轨迹，从而更有针对性地进行改进和优化。

第 7 节　建设企业的 DI

● 从传统数据管理到拥有 DI

在企业传统的运作方式中，生产与积累数据需要数仓平台或者数据中台、数据湖等，简单理解其背后对应的 IT 基础建设，是数据存储、数据安全，以及对应数据处理过程中的数据清洗、数据打标、数据测试与验证、数据挖掘、数据可视化、数据驱动决策等。

而在 DI 的建设语境里，涉及的方面则更为复杂，涵盖了数据+数字化基建+AI 与大模型技术+场景驱动等多个方面。

（1）数据资产化。数据是 DI 的基础，除了传统的数据引入、数据清洗、数据治理以外，还需要解决单一数据导致的数据孤岛问题，可通过数据集成、数据仓库、数据湖等方案实现多源异构数据集成，再通过数据服务集成到业务场景应用，并通过更加具有安全保障及合规的方式，让智能决策能够最终落地。

（2）数字化基础建设。传统的企业 IT 架构具有局限性，大多数为独立部署的烟囱式系统，导致数据分散在各个地方，数据难以联合分析，同时，已有系统的 IT 架构设施难以开展数据密集型计算。企业需要可应用于智能决策的数仓平台，它是建设在数据中台／数据湖基础上的，发挥从 IT 支撑到智能神经中枢的作用。

AI、模型技术部署：显卡、模型部署、Agent 工作流是让数据成为智能服务重要的能力，在云上提供了完整的服务，它们在市面上都有现成的服务可以购买，就像使用水电一样按需付费，省去维护成本，让企业专注于业务创新而非技术细节。

例如，AI 技术的实际应用可以轻松借助现有云服务实现：企业无须自行购买昂贵硬件（如显卡），可直接租用云平台的强大计算资源来训练和运行 AI 模型，云服务非常适合数据智能类需求，因为开箱即用、按需付费，弹性扩展的特性让企业的数据智能更加灵活与快速实施；将开发好的智能系统（例如自动客服或数据分析工具）部署到云端或企业软件中，即可投入实际使用；通过预设的协作流程让多个 AI 程序默契配合，比如先由 AI 分析客户问题，再自动转交对应部门进行处理。

（3）场景驱动。传统的生成与积累数据方式更注重单一业务流程数字化的具体落地，这个落地过程往往伴随着企业数字化／信息化的整体节奏，节奏的快慢导致了数据标准、系统、供应商之间的差别。

而在 DI 的逻辑下，更应该注重"以需求为导向"看待数据的采集到使用，要避免为了统一而统一的无效数据中台，又要避免数据无法协调的问题，所以从方法层面来说，是基于实际业务构建可用的数据平台。企业 DI 建设全景如图 2-2 所示。

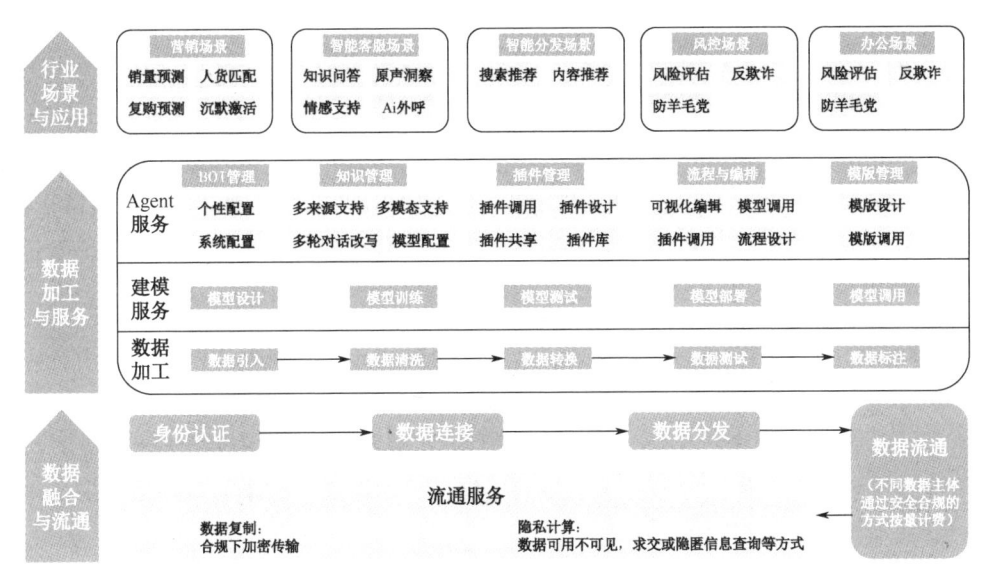

第 2 章 AI 管理学的基础三要素：OI、DI、AI

行业场景与应用

营销场景	智能客服场景	智能分发场景	风控场景	办公场景
销量预测 人货匹配 复购预测 沉默激活	知识问答 原声洞察 情感支持 Ai外呼	搜索推荐 内容推荐	风险评估 反欺诈 防羊毛党	风险评估 反欺诈 防羊毛党

数据加工与服务

Agent服务：
- BOT管理：个性配置、系统配置
- 知识管理：多来源支持、多模态支持、多轮对话改写、模型配置
- 插件管理：插件调用、插件设计、插件共享、插件库
- 流程与编排：可视化编辑、流程设计
- 模版管理：模型调用、模版设计、模版调用

建模服务：模型设计 → 模型训练 → 模型测试 → 模型部署 → 模型调用

数据加工：数据引入 → 数据清洗 → 数据转换 → 数据测试 → 数据标注

数据融合与流通

身份认证 → 数据连接 → 数据分发 → 数据流通（不同数据主体通过安全合规的方式按量计费）

流通服务
- 数据复制：合规下加密传输
- 隐私计算：数据可用不可见，求交或隐匿信息查询等方式

图 2-2　企业 DI 建设全景

此外，DI 的建设也涉及专业人才及法务合规等方面的考虑和布局。

企业需要具备更精深能力的数字化人才，他们不仅能使用基础模型，且能定制和训练企业自身专属模型，同时在法务合规方面，模型训练时的数据源、语料等都涉及数据确权、合规、版权等问题，需要组织多方评审。一个企业可能涉及八九个部门的相关评审，难不在合规、规在哪里，因为标准和规范尚未成熟。

- **在企业的核心环节部署 DI**

场景驱动是企业 DI 建设的重要一环，因为重要，所以值得拎出来单独再讲讲。与上一节要人人拥有智能化能力的 OI 不同，DI 并不需要遍布企业的每一个环节，而是有的放矢地布局在企业的核心环节和场景中。

对企业来说，这关系到数据智能能否真正成为在组织内落地的核心基建。

一个非常现实的视角是，我们往往能看到企业在布局数字化时关于业务阵型的争议：团队里面到底是业务引领技术部门，还是技术部门引领业务部门？是在现有的业务里面改革，还是打造一个小的后花园/实验室去创新孵化？

在我看来，这些问题的争论无非是"头痛医头，脚痛医脚"，核心在于是否是从实际出发的业务驱动，DI 不是为了上而上，而要为业务目标服务。

一个企业先要了解自己行业下的智能化到底包括哪些内容，解决什么行业痛

099

点,是降低成本还是形成新的赛道?企业需要决策从哪个切入点可以在风险、成本可控的情况下跑通。

在此过程中的业务目标及过程指标的合理性尤为重要,不合理就会加速导致新业务的夭折,企业在推进 DI 时就会面临进退两难的境地:不部署,就会落后;部署了却孵化不出来,在严重情况下还会伤害已有业务。

针对这个关键问题,以下思路可为企业部署 DI 时进行参考:

(1)统一思想达成共识。前期的外脑引入可以帮助企业从单纯技术[信息、IT、DT(Data Technology)]团队与业务团队关注目标的差异化上寻找共识。

(2)选择核心场景。DI 并非"大而全"的基建工程,而是类似精准手术的"价值锚定"过程。聚焦企业核心价值链的关键环节,以最小成本撬动最大收益,用价值推进部署信心与共识。

(3)敏捷迭代。通过系统及业务策略迭代的方式,对 DI 在企业端价值的应用产出相应阶段性结果。

(4)组织进化。通过阶段性结果再进一步推动业务实质落地和组织调整,例如成立数据与业务融合的"敏捷小队",将 DI 应用指标纳入部门考核,既能避免资源浪费,又能通过关键场景的突破形成示范效应,最终实现"以点带面"的智能转型。

• 评估企业 DI 的高低以及找到提升空间

衡量一家企业 DI 水平的高低时涉及很多维度,例如数据治理与质量、数据资产化能力、数据技术基础设施、数据分析与智能应用、数据文化与人才、数据价值释放等。以下是针对 DI 的详细评估维度及具体考核指标。

1. 数据治理与质量

(1)数据治理成熟度

评价企业数据治理的成熟度需要结合行业标准、评估框架和实践经验,通过多维度的指标来衡量企业在数据管理、质量、安全、应用等方面的能力。事实上,我们已经有一系列可以参照的模型。

例如 DCMM(Data Management Capability Maturity Assessment Model,数据管理能力成熟度评估模型),这是由全国信标委大数据标准工作组(国家工信部信软司主导,多家企业和研究机构共同组成)研发的,并于 2018 年 3 月 15 日正式发布，是我国在数据管理领域首个正式发布的国家标准。

DCMM 模型按照组织、制度、流程、技术对数据管理能力进行了分析、总结，提炼出组织数据管理的八大过程域，即数据战略、数据治理、数据架构、数据应用、数据安全、数据质量管理、数据标准、数据生命周期。这八个过程域共包含 28 个过程项、441 项评价指标。

DAMA-DMBOK（数据管理知识体系）是国际通用的数据管理框架，包含数据治理、架构、质量、安全等 11 个知识领域，企业也可通过评估各领域的实施程度判断成熟度。

除了国家标准与国际通用标准，还有一些模型可以帮助企业衡量数据治理的成熟度。

IBM 数据治理成熟度模型是由 55 位专家组成的专家委员会，通过计划、设计、实施、验证阶段开展数据治理业务、技术、方法和最佳实践，提出通过数据治理并获得一致性和高质量数据的成熟度模型，帮助组织有效改善数据管理环境，进而有效利用数据。这个模型覆盖了从数据战略、组织架构、流程、技术工具等维度划分成熟度等级，包括初始→标准化→可预测→优化四个等级。

美国信息技术研究分析公司 Gartner 推出的 Gartner 成熟度模型，则把数据治理分为 5 个阶段：无治理（Ad Hoc）、被动治理（Reactive）、主动治理（Proactive）、服务化（Service-Oriented）、价值驱动（Value-Driven）。

延伸阅读

衡量数据治理成熟度的三个关键维度

在这里，我们建议企业从来衡量数据治理的成熟度。

1. 数据治理框架完整性

你的企业是否成立了专门的数据治理委员会？是否建立了数据管家制度？

事实上，一个完整的数据治理框架需要从覆盖范围、结构合理性、可落地性以及与业务目标的适配性等方面进行系统性评估。

想一想，你的团队是否能明确回答关键问题："我们为什么需要数据治理？""数据治理目标是否与降本增效、风险控制、创新驱动等业务目标挂钩？"

找到答案非常重要。因为企业要考虑数据治理与企业战略的关联性，明确数据治理的短期和长期目标，清晰定义数据治理委员会、数据所有者（Data Owner）、数据管家（Data Steward）等角色的职责，并建立他们与业务、IT、法务等部门的协作机制。

此外，企业要为数据治理发布相应的政策，建立可靠的流程。这包括了数据分类分级标准、数据生命周期管理、数据质量管理流程、数据安全与隐私保护政策等。

还有，企业需要掌握数据治理相应的技术与工具。例如元数据管理工具、数据血缘追踪（Data Lineage）、数据质量监控平台、主数据管理（Master Data Management，MDM）系统等。

必要的数据标准能很好地帮助企业构建数据治理框架，例如统一的业务术语表（Glossary）、数据模型规范（如字段命名、编码规则）、数据接口标准［API、ETL（Extract-Transform-Load）规则］。

企业也需要建立数据治理 KPI（Key Performance Indicator），并通过定期的审计机制和持续优化的流程来改进数据治理，还要为数据文化的建立做好准备。

总之，数据治理的完整框架＝战略×组织×制度×技术×文化。在这里，我建议企业手握以下文档再开展数据治理：《数据治理章程》《数据分类分级标准》《数据质量管理流程手册》《数据安全与隐私保护政策》《数据治理工具操作指南》等。

2．数据标准覆盖率

致力于构建高 DI 体系的企业要进一步考量数据治理是否覆盖了结构化、非结构化、外部数据在内的所有数据类型，以及是否覆盖了从数据产生到消费全链路的全业务流程，特别要关注数据标准的覆盖率。

衡量企业数据标准的覆盖率是评估数据治理成效的关键指标之一，其核心在于确定数据标准在企业数据资产中的实际应用范围与深度。

你可以考虑计算一下这个公式：数据标准覆盖率=（已实施数据标准的数据资产量 / 总数据资产量）×100%，其中数据资产包括主数据、元数据，也可以是数据模型、字段定义、编码规则、接口规范等。

当企业想要提升数据标准的覆盖率时，可以通过识别核心数据域、系统和字段优先级，并深度应用数据工具为之赋能，进一步把标准嵌入数据开发、运维、分析全流程，设立审核关卡，还可以定期评估覆盖率，针对未达标项制订改进计划,最终通过高覆盖率的数据标准实现数据一致性,降低协作成本,提升数据可信度,为 DI 驱动决策奠定基础。

3．数据安全合规性

当你思考企业数据安全合规性时,可以从这几个问题开始:

你的企业是否有从数据需求提出、开发、使用到归档的全流程管理?是否包含数据问题的发现、上报、修复和验证闭环?是否嵌入外部法规要求,比如《中华人民共和国个人信息保护法》(以下简称《个人信息保护法》)、行业监管规则?是否建立数据分级分类标准,如公开数据、敏感数据、机密数据?

相信答案就能为你提升企业数据安全合规性提供路径。我们搜集了数据安全合规性的核心衡量维度以供参考。

(1)法律与法规合规

这其中包括《中华人民共和国数据安全法》《个人信息保护法》等法律法规,涉及跨国业务还要考虑欧盟的 GDPR(General Data Protection Regulation,《通用数据保护条例》)、美国的 CCPA(加州消费者隐私法案)等。

另外,企业还需要遵循行业监管要求,例如金融行业的 BCBS 239 标准。我们国内称 BCBS 239 为 RDA-Risk Data Aggregation,该标准要求母公司应统筹推进集团范围内的数据治理工作,以确保集团能够收集和汇总跨国家、跨不同机构内的风险数据,用于分析决策或监管报送。这种一体化的策略有助于确保数据的准确性和一致性,同时使整个集团能够更好地利用数据驱动的决策支持。

(2)数据的分类分级

企业需要对所有数据资产进行敏感度分级,例如公开、内部、机密、绝密等。

(3)访问控制

主要的访问控制类型有三种模式:自主访问控制(Discretionary Access Control,DAC)、强制访问控制(Mandatory Access Control,MAC)和基于角色的访问控制(Role-Based Access Control,RBAC)。

自主访问控制是一种接入控制服务。强制访问控制是系统强制主体服从访问控制策略。强制访问控制常用于多级安全军事系统,对专用或简单系统较有效,但对通用或大型系统并不太有效。基于角色的访问控制是通过对角色的访问所进行的控制。它使权限与角色相关联,用户通过成为适当角色的成员而得到其角色的权限,可极大地简化权限管理。为了完成某项工作创建角色,用户可依其责任和资格分派相应的角色,角色可依新需求和系统合并赋予新权限,而权限也可根据需要从某角色中收回。这样的处理方式减小了授权管理的复杂性,降低了管理开销,提高了企业安全策略的灵活性。

PBRC是我们推荐企业采取的访问控制模式。RBAC支持三个著名的安全原则:最小权限原则、责任分离原则和数据抽象原则。最小权限原则可将其角色配置成完成任务所需要的最小权限集。责任分离原则可通过调用相互独立互斥的角色共同完成特殊任务,如核对账目等。数据抽象原则可通过权限的抽象控制一些操作,如财务操作可用借款、存款等抽象权限,而不用操作系统提供的典型的读、写和执行权限。这些原则需要通过RBAC各部件的具体配置才可实现。

关于访问控制,还要提醒关注企业是否实现动态权限审批和定期权限复审。

(4)数据保护技术

数据保护技术包括传输加密TLS(Transport Layer Security)、存储加密AES(Advanced Encryption Standard)、脱敏、匿名化、数据防泄漏(Data Loss Prevention,DLP)、入侵检测系统(Intrusion Detection Systems,IDS)等。

(5)隐私保护

企业应该实现用户知情同意管理,例如Cookie授权、隐私政策明示等。此外,还应该考虑支持哪些用户数据权利,例如查询、更正、删除、可携带权等。

(6)风险管理

企业应该定期开展数据安全风险评估,还可以考虑建立第三方数据共享的合规审查机制。

(7)事件响应

我们建议企业制定数据泄露应急预案,例如72小时内上报监管机构,还可以定期演练并记录事件响应时效。

(8)员工意识与文化

企业全员接受数据安全培训,通过各种方式测试员工的安全意识。

总之,数据安全合规性的成熟度=法规符合性×技术防护×管理闭环。企业短期要做的是通过合规审计和漏洞修复达到监管基线要求,长期可以催生预防性安全文化的形成,建立"自动化工具+流程管控+全员意识"的三位一体模式,实现数据安全、合规的可持续管理。

（2）数据质量管理

1）数据质量指数（Data Quality Index，DQI）。DQI 是衡量企业数据质量水平的综合指标，通常通过多维度的质量属性和量化方法构建。其核心目标是将数据质量问题转化为可度量、可比较的数值，帮助企业识别改进方向并监控优化效果。

当你正思考，你的企业是否定义了数据质量维度的评估标准，是否有监控和修复机制时，DQI 正是可以供企业参考的一个关键概念。

延伸阅读

DQI 的构成

DQI 通常由 6~8 个关键数据质量属性构成：

（1）准确性：这是指数据是否真实反映客观事实，无错误或偏差。企业可以比对国家统计局数据等权威数据源，还可以根据业务规则进行校验。

（2）完整性：这是指数据在字段、记录或数据集层面没有缺失，企业可以进行必填字段空置率统计、数据链路丢失率分析等。

（3）一致性：同一数据在不同系统或场景中定义一致、逻辑自洽。企业可以进行跨系统同名字段比对，如"销售额"在 CRM 和财务系统中口径是否统一。企业还可以进行冗余数据冲突检测。

（4）及时性：数据更新频率要满足业务需求，企业要考虑延迟是否可接受。企业可以根据 SLA（Service Level Agreement，服务水平协议）对比数据交付时间，还要实现实时数据延迟监控等。

（5）唯一性：企业需要检测数据是否存在重复记录或冗余存储。这涉及主键冲突检测、相似度算法识别重复实体等。

（6）合规性：如前所述。

（7）可解释性：企业可以检查数据是否附带清晰的元数据，如定义、来源、加工逻辑，此外还包括数据血缘可追溯性评估（后文将详述）。

（8）可用性：这是指数据在技术和业务层面易于访问、理解与使用。为此，企业可以进行可用性测试、业务用户满意度调查等。

当企业获得自己的 DQI 指数时，就可以通过 DQI 排名识别低质量数据域，优先投入治理资源，或者将 DQI 与业务指标关联来进行业务影响分析。此外，企业还可以评估第三方数据供应商的 DQI，作为采购续约依据，也可以将 DQI 用于合规审计，证明数据质量符合监管要求。

总之，DQI 的价值 = 客观度量 + 驱动改进，企业短期可以通过量化指标暴露数据问题，避免"凭感觉治理"，长期可以形成"定义规则→检测问题→修复优化→监控反馈"的闭环，将数据质量融入企业运营基因。

2）数据清洗自动化率。数据清洗自动化率是衡量企业在数据抽取（extract）、转换（transform）、加载（load）过程中，通过自动化技术解决数据质量问题的能力指标。其核心目标是减少人工干预，提升数据清洗效率与一致性。

当企业想要优化数据清洗自动化率时，可以优先自动化高确定性任务（如格式校验），逐步攻克复杂场景（如语义纠错），然后结合规则引擎与机器学习，平衡效率与灵活性，并通过"监控→反馈→迭代"机制持续提升自动化水平，最终通过高自动化率的 ETL 清洗，实现数据即用即可信来支撑实时分析、AI 训练等高价值场景。

3）数据血缘追溯（Data Lineage Tracking）能力。数据血缘追溯能力是指企业追踪数据从产生到消费全生命周期中流动路径、转换逻辑及依赖关系的能力。其核心目标是实现数据透明化，提升可信度，支持合规审计与影响分析。

数据血缘包括数据源（系统、表、字段、文件）、数据处理过程（ETL、计算、聚合、过滤）、数据流向、业务与技术元数据四大要素。

数据血缘追溯要考虑深度与广度。其中纵向追溯是从报表指标反推到底层源数据，例如追溯"销售额"如何由订单表计算出。横向追溯涉及跨系统追踪数据流转，例如追溯 CRM 客户数据如何同步到 ERP 系统。此外还有时间维度上的追溯，即考量历史版本的血缘关系，如字段定义变更后的影响范围。

数据血缘追溯能力的核心组件包括元数据自动化采集、血缘分层级管理、可视化与查询、影响分析和版本控制。其中影响分析包括两类：一类是正向追溯（Impact Analysis），指修改数据源时预测受影响的下游；另一类是反向追溯（Root Cause Analysis），指下游数据异常时，快速定位问题源头。

数据血缘追溯能力的价值=透明化×可信度×敏捷性。在业务侧，数据血缘追溯能力可以加速根因分析，提升数据可信度。在技术侧，数据血缘追溯能力可以优化数据架构，降低维护成本。在合规侧，数据血缘追溯能力可以帮助企业满足法规对于数据可追溯性的强制要求。

企业应该从工具自动化、流程标准化、文化制度化三方面构建数据血缘追溯能力,最终实现"数据流动看得见,问题影响说得清,变更风险控得住"的目标。

2. 数据资产化能力

(1)数据资产的盘点

企业的数据资产管理是一个全面而复杂的过程,需要在技术、管理和文化等多个层面进行综合考虑和持续优化。它包括数据资产目录的完整性、数据资产估值模型的建立,以及数据资产流通性的提升。

1)数据资产目录的完整性:你的企业是否建立了数据资产目录,明确了数据资产的价值和使用场景?这些很重要,因为数据资产目录的完整性可以确保数据资产的可见、可管、可用。

数据资产目录的完整性要求覆盖企业所有类型数据(结构化、半结构化、非结构化)、所有系统(数据库、文件、API 等),并且保证元数据的完整性。这要求每个资产包含关键元数据,清晰呈现名称、定义、来源、所有者、分类、安全等级、血缘关系等。

企业需要能实时或定期更新的数据资产目录,来反映数据资产的最新状态,例如新增表、字段变更、废弃数据等。

同时,资产定义要与业务术语对齐,支持业务用户快速查找和正确使用数据。

总之,数据资产目录的完整性=自动化发现×标准管理×持续运营。企业应该在技术侧通过工具链实现资产自动注册、变更同步、血缘关联,减少人工干预。在管理侧,企业要明确责任分工,将目录维护纳入数据治理考核体系。在文化侧,企业要培养"数据资产化"意识,让业务部门从目录使用中获益,最终目标是打造"找数快、用数准、管数稳"的资产目录,使其成为企业数据驱动决策的核心基础设施。

2)数据资产估值模型的建立:企业建立数据资产估值模型时需结合财务方法、业务价值分析和数据特性,通过多维度指标量化数据的当前及潜在价值。

以下有一些典型的方法:

① 成本维度。企业可以衡量数据获取、存储、处理的直接投入。

② 市场维度。企业可以衡量数据在交易市场中的潜在价格或替代成本。

③ 价值创造维度。企业可以衡量数据对业务效率提升、收入增长、风险降低的贡献。

数据资产估值模型=成本锚定×收益预测×市场验证。短期，数据资产估值模型可以支撑数据资产入表，满足财政部印发的《企业数据资源相关会计处理暂行规定》的要求；长期，数据资产估值模型指导数据投资决策，促进数据要素的市场化流通。企业应避免追求单一估值方法，而是通过多维度加权、动态迭代、行业校准，构建适配自身战略的估值体系，最终实现数据从"成本中心"到"利润中心"的转化。

3）数据资产流通性的提升：提升数据资产流通性时需通过技术、管理、合规和生态协同，确保数据在安全可控的前提下高效共享、交易与应用。

数据资产流通性=标准化×平台化×生态化，短期可以帮助企业通过技术工具（如隐私计算平台）和激励机制打破流通壁垒，长期可以帮助企业构建数据要素市场生态，实现"数据→应用→价值"的正向循环。企业应围绕"易发现、可信任、低成本、高安全"设计流通体系，让数据像商品一样自由流动，真正释放数据要素的经济价值。

（2）数据资产运营

数据资产运营要求企业不仅要关注数据的收集和存储，还要关注数据的转化、流通和价值实现。通过提高数据产品化率、增强数据变现能力和提升数据资产复用率，企业可以更好地利用数据资产推动业务增长和创新。

1）数据产品化率。数据产品化率是指企业已封装为 API 或数据服务的数据资产占比。企业提升数据产品化率时需围绕数据价值挖掘、产品适配性、技术支撑及市场对接展开。

2）数据变现能力。数据变现能力是指企业直接或间接通过数据创造的收入占比。企业提升数据资产变现能力时需构建"价值锚点→流通引擎→收益放大器"三位一体体系。

3）数据资产复用率。数据资产复用率是指数据资产跨部门、跨业务场景的数据调用次数。这里建议企业部署"智能血缘分析系统"，建立"数据活力指数"监管看板，将复用率与数据资产管理 KPI 直接挂钩。

3. 数据技术基础设施

（1）数据平台能力

1）企业首先需要评估数据中台建设成熟度，衡量维度包括考量企业是否具备统一的数据采集、存储、计算、服务能力。

2）实时数据处理能力

衡量企业实时数据处理能力有以下三大指标：

① 流式处理速度。企业要考量从数据产生到产生价值的时间差、窗口处理精度。

② 复杂事件处理。它包括 CEP（Complex Event Processing，复杂事件处理）引擎性能和时空关联能力。

③ 容错与弹性。它包括故障恢复 SLA、资源伸缩效率等。

3）数据湖与数据仓库的数据资产覆盖率

基于企业全域场景的需求，企业可以衡量结构化与非结构化对场景满足的覆盖率，进一步考量数据资产覆盖度、业务场景覆盖度和时效性覆盖度。

（2）技术工具栈

1）数据科学平台的完整性。关于数据科学平台的完整性，企业要衡量基础技术栈覆盖率、从数据准备到模型部署的全流程工具链、生态协同能力。我们建议企业引入数字孪生验证平台，降低实际部署风险。

2）自动化机器学习（AutoML）应用深度。企业可以考量模型开发自动化比例，还可以根据技术渗透层级、业务融合强度、智能进阶能力进一步细化应用深度分析。

3）数据可视化工具渗透率。企业可以通过业务部门使用 BI 工具的频率来了解数据可视化工具渗透率。

4．分析能力与智能应用

（1）分析能力

分析能力涵盖预测性分析覆盖率，企业可以通过衡量关键业务场景中预测模型的应用比例来了解预测性分析覆盖率。实时分析能力：该能力反映从数据产生到洞察的时间延迟程度。数据叙事能力：企业可以通过衡量团队用数据驱动决策的汇报材料占比来考量数据叙事能力。

（2）智能应用

模型迭代频率是很好的观测指标，例如核心模型的月度更新次数。另外，企业可以观察 AI 辅助决策在关键业务中的占比，来衡量智能决策渗透率。

5. 数据文化与数据人才

（1）数据文化

你的企业是否有数据治理培训计划？是否通过激励机制推动全员参与？

以下指标可以帮助你了解企业数据文化的成长阶段：

1）数据民主化程度，如非技术人员使用数据分析工具的比例。

2）数据驱动决策文化，如管理层会议中数据看板使用频率、董事会数据议题占比、周报数据可视化率、数据协作决策项目占比。

3）数据质疑习惯，如业务会议中要求验证数据源头的频率、数据质量问题溯源到人比例、数据模型变更引发生产事故率。

（2）数据人才

所有企业都渴求数据人才，以下指标可以衡量数据人才现状：数据科学家/工程师占比（技术人员中数据相关岗位比例）、数据技能认证覆盖率（获得数据分析/数据工程认证的员工比例）、数据团队协作能力（数据团队与业务部门的联合项目数量）。

企业还可以关注数据类专利的商业价值评估分、关键人才主动流失率、企业内数据人才晋升占比等。

6. 数据价值释放

（1）业务价值

企业衡量数据的业务价值时可以关注数据驱动的收入增长（直接或间接由数据带来的收入占比）、数据驱动的成本节约（通过数据分析优化的运营成本）、数据驱动的客户体验提升［NPS（Net Promoter Score）/CES（Customer Engagement Selling）等指标的改善幅度］。

（2）创新价值

企业衡量数据的创新价值时可以衡量数据驱动的创新项目数量（基于数据洞察启动的创新项目）、数据产品孵化成功率（从实验到规模化应用的数据产品比例）、数据生态合作广度（与外部数据合作伙伴的数量及深度）。

DI的评估维度及具体考核指标如表2-5所示。

表 2-5　DI 的评估维度及具体考核指标

评估维度		具体考核指标
数据治理与质量	数据治理成熟度	- 数据治理框架完整性 - 数据标准覆盖率 - 数据安全合规性
	数据质量管理	- DQI - 数据清洗自动化率 - 数据血缘追溯能力
数据资产化能力	数据资产的盘点	- 数据资产目录的完整性 - 数据资产估值模型的建立 - 数据资产流通性的提升
	数据资产运营	- 数据产品化率 - 数据变现能力 - 数据资产复用率
数据技术基础设施	数据平台能力	- 数据中台建设成熟度 - 实时数据处理能力 - 数据湖与数据仓库的数据资产覆盖率
	技术工具栈	- 数据科学平台的完整性 - 自动化机器学习应用深度 - 数据可视化工具渗透率
数据分析与智能应用	分析能力	- 预测性分析覆盖率 - 实时分析能力 - 数据叙事能力
	智能应用	- 模型迭代频率 - 智能决策渗透率
数据文化与人才	数据文化	- 数据民主化程度 - 数据驱动决策文化 - 数据质疑习惯
	数据人才	- 数据科学家/工程师占比 - 数据技能认证覆盖率 - 数据团队协作能力
数据价值释放	业务价值	- 数据驱动的收入增长 - 数据驱动的成本节约 - 数据驱动的客户体验提升
	创新价值	- 数据驱动的创新项目数量 - 数据产品孵化成功率 - 数据生态合作广度

同样，和 OI 一样，表 2-5 提供了一个框架，可以帮助企业系统地评估数据智能的成熟度，并识别出具体的提升空间，但它并非可以用一个绝对数值来体现企业 DI 水平的高低。它是一个企业内部的相对值，通过这些详细的评估维度和考核指标，企业可以更好地理解其在数据治理、数据资产化、技术基础设施、分析与智能应用、文化与人才以及数据价值释放等方面的表现，并据此制定改进策略。

第 8 节　以 AI 布局企业战略

● 两个指导原则：Engagement 和 Efficiency

相比较 OI 和 DI，AI 的布局则更为精妙。AI 的部署应聚焦于与企业战略紧密相关的环节，通过在战略级活动中提能，帮助企业实现业务流程的优化和目标的达成。具体而言，企业需要确定哪些业务流程可以通过 AI 改进，并明确希望通过 AI 实现的具体目标。

为了评估 AI 在企业战略中的应用效果，有两个关键指标可以帮助企业进行前期考量和后期衡量，即 Engagement（参与度）和 Efficiency（效能）。

Engagement：用更少的资源，更有效地打动企业的目标受众。

AI 需要用在正确的地方，实现用更少的资源，更有效地打动企业目标受众的效果。

本质上是 AI 帮助企业以低成本的形式高效地优化业务流程甚至产生新的业务运作模式，资源用得更少了，但能更好地打动企业的客户。这种现象在营销和客户体验领域尤为明显，企业通过 AI 技术实现了更高效的内容生成和分发，从而提升了客户参与度（Engagement）。

AI 被广为人知，离不开 AIGC 的风靡，我们就先以 AIGC 为例，看文生文、文生图、文生视频等形式如何为企业带来 Engagement。

（1）AIGC 提升了内容生产的效率，传统的内容生产过程通常需要大量的时间和人力资源。例如，撰写一篇高质量的博客文章可能需要数小时甚至数天的时间，而制作一个精美的广告海报则需要设计师花费大量精力。然而，借助 AIGC 技术，企业可以在短时间内生成大量优质内容，从而大幅提升内容生产的效率。

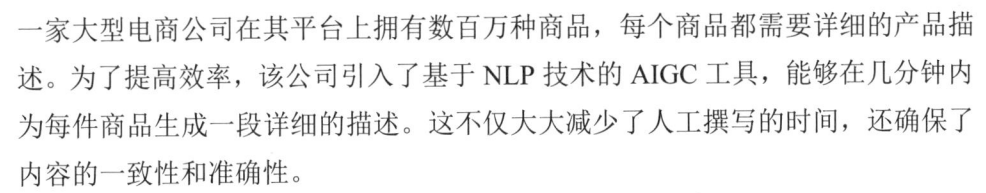

一家大型电商公司在其平台上拥有数百万种商品，每个商品都需要详细的产品描述。为了提高效率，该公司引入了基于 NLP 技术的 AIGC 工具，能够在几分钟内为每件商品生成一段详细的描述。这不仅大大减少了人工撰写的时间，还确保了内容的一致性和准确性。

（2）AI 可以实现个性化内容的生成。现代消费者越来越追求个性化体验，千篇一律的内容难以吸引他们的注意。AIGC 技术可以根据客户的兴趣、行为和偏好生成高度个性化的内容，从而更好地满足客户需求。某时尚品牌在其网站上部署了一个基于 AIGC 的推荐系统。该系统根据客户的浏览历史、购买记录和社交互动数据，生成个性化的服装搭配建议和促销信息。这种个性化推荐显著提高了客户的点击率和购买转化率。

（3）AIGC 技术不仅提高了内容生产的效率，还大幅降低了成本。传统的广告制作、视频拍摄和图文设计往往需要投入大量的人力和物力资源，而 AIGC 可以通过自动化生成内容，减少对专业人员的依赖。例如某初创公司由于预算有限，无法聘请专业的广告团队为其制作营销素材，该公司选择了基于 AIGC 的工具，生成了多种格式的营销内容，包括社交媒体帖子、视频广告和电子邮件模板。这些内容不仅质量高，还极大地降低了该公司的营销成本。

在营销领域，AIGC 在广告平台上的应用已经逐步成熟。现在，企业在百度、小红书、抖音、微信视频号等媒体的投放已经可以用"AI+企业核心数据+反馈数据"的模式进行内容生产，批量化开展内容营销。这降低了原有内容生产的成本，并能够基于业务发展情况，快速响应结果。

以某美妆品牌为例，针对同一款商品，它可以用 AI 生成数十种短视频，并对新客强调成分安全，对老客突出限量礼盒权益，大大提升点击率和转化率，这就是一种有效的 Engagement。

Efficiency：生产和运营被再造。

我们的另一个视角是 Efficiency，衡量 AI 系统在提升效率和减少资源消耗方面的表现，可以通过流程优化、任务完成时间、错误率的降低等指标来衡量。

在更多时候，Efficiency 被生产端所关注。应用 AI 工具后，生产端能够获得智能化决策的能力，大大提升生产和运营的效能。

在传统的水务行业中，业务展现出的规律性的变化并不大，企业缺乏的是数据支撑和精细化的管理。光明环水公司想要提升运营效率，展开了信息化建设。

但是众多信息化系统在建成后使用率低，无法与业务有效结合，导致数字化成果无法充分发挥。为了解决这一痛点，光明环水公司采取了一系列措施：首先，将线下业务通过智慧水务系统建设转为线上运营；然后，调整架构流程以服务新系统；最后，与瓴羊合作，在集团的统一部署下使用瓴羊 Quick BI。

瓴羊 Quick BI 通过提供个性化图表开发和数据平台化，实现了数据模型和业务的高效结合，使得光明环水公司能够在数据的海洋中找到有价值的信息。通过 BI 工具，数据不再是静态的数字，而是能够指导业务运营和战略决策的活跃资源，帮助企业实现了节能研究、工单优化、智能感知等多个业务场景的优化。

除了优化现有流程，AI 还可以引入变革性的解决方案，从根本上重塑业务运营。

在客服领域，AI Agent 驱动的客服能力能让这一传统的成本中心变为利润中心。海尔就做到了这一点。过去，海尔想要提升客服能力，但面临许多障碍。因为海尔自主研发的办公软件，覆盖了产、研、供应链、销售、服务等领域超过 10 万名员工，这些员工每天会产生 5 000 个左右的问题，涉及 20 多个部门的知识，需要 70 多名客服运维，但问题重复率高达 40%。运维人员回答不统一，专业性知识跨部门的支持很困难。

为此，海尔通过与瓴羊合作升级了智能客服产品，将 AI 能力注入问答、辅助和知识库模块，实现了客服智能化升级，很好地解决了这个问题。

这在一定限度上呼应了海尔创始人张瑞敏的观点："传统企业遵循的都是迈克尔·波特的价值链理论。他在 20 世纪 80 年代提出价值链，其中最核心的问题就是：'不是每一个价值环节都能够创造价值，只有战略的环节才能创造价值。'"

- **针对 AI，企业的技术能力储备**

AI 能力的部署不仅仅是简单地引入和集成各种先进的技术工具和服务，而是一个系统化的过程，旨在通过 OI 和 DI 来构建一个全面的价值创造体系。这个体系不仅关注技术的应用，还强调如何利用这些技术驱动业务流程的改进，提升决策质量以及实现可持续的商业价值。

（1）选择合适的 AI 模型与 AI 开发平台。明确了业务需求和技术目标后，企业应根据自身情况选择合适的 AI 模型和 AI 开发平台。市面上已经有许多成熟的平台和产品，它们为企业提供了构建、训练和部署机器学习模型所需的工具和服务，不仅提供基础的机器学习和深度学习框架，还包含数据处理、模型训练、评估和部署等功能。例如，阿里云 PAI、AWS SageMaker 和 Google Cloud AI Platform 等都提供了强大的工具和服务来加速 AI 项目的开发周期。

（2）模型训练与优化。选定模型后，企业可以使用准备好的数据对选定的模型进行训练，可能需要反复调整和测试，以提高模型的预测能力和准确性。这时，企业前期对于 DI 能力的建设也会显得尤为关键，其建立的统一数据管理平台可以有效支持模型训练和部署，包括数据收集、清洗、标注以及存储，确保数据的质量和一致性，这对于提高模型性能至关重要。

（3）模型部署与集成。训练好的模型需要部署到生产环境中，依据可扩展性、灵活性和安全性的考虑，企业可以选择云平台或本地部署，前者具有更好的灵活性和可扩展性，后者则更适合对数据安全有严格要求的企业。同时，模型需要与现有的业务系统和流程进行集成，为了确保 AI 模型能够持续更新和优化，企业可以使用自动化工具支持 CI/CD（Continuous Integration/Continuous Deployment，持续集成／持续部署）流程，实现从数据准备到模型部署的全流程自动化。当训练数据发生变化或模型需要重新训练时，CI/CD 管道可以自动触发模型重新训练、验证、部署的过程，加快迭代速度。

（4）持续监控与维护。模型部署后，实时监控其性能的做法至关重要：一方面，评估模型的处理能力，实时跟踪模型的预测结果与实际结果之间的误差；另一方面，针对具体业务场景，根据用户反馈和业务变化持续迭代 AI 模型，逐步拓展 AI 技术的应用范围，探索更多创新场景。

- 大模型很重要，小模型的深度打磨更是必不可少

大模型和小模型是人工智能领域中常见的两种模型类型。在企业数智化转型过程中，大模型的应用固然重要，但小模型在垂直领域的深度打磨更是实现业务落地和精细化运营的关键。

大模型是指大语言模型（Large Language Model），具有超大参数量和复杂架构的深度学习模型，通常涉及数十亿甚至数千亿个参数。它们通过在海量文字数据上进行预训练，能够学习到复杂的模式和特征，从而在多种语言逻辑或程序语言的任务上表现出色，其复杂性也意味着需要庞大的计算资源进行支持。

OpenAI 旗下的 Chat GPT、阿里云旗下的通义及以黑马之姿出现的 DeepSeek

等都是大模型的典型代表。企业可以通过 API 调用这些大模型来解决各种业务需求，演化出了多种多样的应用场景。运用大模型的能力为企业服务时往往有两种应用模式：① 根据业务特征来开发 Fine-tuned Model（微调模型），使某些任务执行更到位；② 用大模型来调取企业特有的知识库，使员工或客户快速得到最好的信息或答案：RAG（Retrieval-Augmented Generation，检索增强生成）。它们的核心目标都是提升模型的表现，但实现方式和适用场景有所不同。

以下简单地做一个对比分析：

（1）Fine-tuned Model

核心原则：在预训练好的大模型基础上，用特定领域的数据对模型进行"再训练"，让它更擅长解决某个具体任务。这相当于让一个"通才"（原来的 LLM）变成"专才"。

适用场景如下：

垂直领域任务：比如医疗、法律、金融等领域，需要模型对专业术语和知识有深入理解。

固定任务：比如情感分析、文本分类、机器翻译等，任务目标明确且稳定。

数据充足：需要有足够多的标注数据来微调模型，否则效果可能不理想。

举个例子，如果你想让 ChatGPT 变成一个"法律助手"，则可以用大量法律文书和案例对它进行微调，让它更懂法律术语和逻辑。

用微调模型的优点是针对特定任务表现得更好，精度更高，且推理速度快，因为模型已经内化了相关知识；缺点则是需要大量标注数据，成本高，且无法动态更新知识，模型的知识截止于微调时的数据。

（2）RAG

核心原则：结合大模型的生成能力和外部知识库的检索能力，动态地从外部数据源中获取信息，再生成答案，相当于让模型"现学现卖"，需要什么知识就去查什么知识。

适用场景如下：

开放域问答：比如回答实时新闻、百科知识、最新研究等需要动态更新的内容。

知识密集型任务：比如需要引用大量外部资料的任务（如论文写作、研究报告）。

数据不足：当没有足够的数据微调模型时，RAG 可以通过检索外部知识或内部累积的资料库来补充。

举例来说：如果你要开发一个智能客服中心，就可以以 ChatGPT 平台开发一个 RAG 应用，涵盖所有客户常需求服务的 FAQ（Frequently Asked Questions）、产品详细介绍等信息，方便客服专员用自然语言快速调用，提高客服满意度；又比如母婴类保健品牌要对消费者提供完整的育儿保健知识，也可以用 RAG 把公司的医学营养专家研究成果整理出来，让"数字人"在网上以自然语言对话式地与消费者互动，把品牌的专业优势发挥到极致。

RAG 的优点是不需要微调，直接利用外部知识库，成本低；知识可以动态更新，模型始终能获取最新信息，灵活性高，适用于多种任务和场景。缺点是依赖知识库的质量，如果知识库不准确或不全面，生成的答案也会有问题，生成的内容可能不够精准，因为模型需要结合检索结果进行二次加工。

Fine-tuned Model 与 RAG 的对比总结如表 2-6 所示。

表 2-6 Fine-tuned Model 与 RAG 的对比总结

维度	Fine-tuned Model	RAG
核心思想	让模型"专精"某个领域	让模型"现学现卖"
适用场景	垂直领域、固定任务	开放域问答、知识密集型任务
数据需求	需要大量标注数据	依赖外部或内部知识库
知识更新	知识截止于微调时的数据	知识可以动态更新
推理速度	快	较慢（需要检索外部数据）
灵活性	低（任务变化需重新微调）	高（适用于多种任务）
成本	高（需要标注数据和算力）	低（直接利用外部知识库）

简单总结，如果你有一个明确的任务领域（比如法律、医疗），并且有足够的数据，则可以使用 Fine-tuned Model，让它变成一个"专才"；如果你需要处理开放域问题，或者任务涉及的知识需要动态更新，则可以使用 RAG，让它"现学现卖"。两者也可以结合使用，比如先用 RAG 检索相关知识，再用 Fine-tuned Model 生成更专业的答案。

运用大模型的企业应用包括但不限于以下类型：

客户服务与支持：利用聊天机器人或智能客服系统自动回答客户问题，提高响应速度和服务质量。

内容生成与创作：自动生成文章、新闻、文案等内容，帮助企业和个人创作者提升工作效率。

数据分析与预测：分析大量数据以识别趋势、模式，并进行预测，适用于金融分析、市场调研等领域。

自动化流程：实现文档审核、合同管理等办公流程的自动化，减少人工操作错误并节省时间。

教育培训：提供自适应学习路径、虚拟导师等功能，改善在线教育体验。

健康医疗：辅助医生进行疾病诊断，制定治疗方案，以及药物研发中的数据分析工作。

游戏娱乐：开发具有高度互动性的游戏角色，或者为玩家提供定制化的故事线和挑战。

法律咨询：自动化初步法律咨询，如合同审查、法规查询等，降低人力成本。

延伸阅读

招商银行×通义大模型

招商银行自成立以来，始终致力于以科技创新驱动金融服务升级。在大模型为代表的新一轮人工智能革命来临之际，招商银行也快速投入大模型技术的探索与应用中。

招商银行已在多个业务场景广泛应用阿里云通义千问大模型，包括智能投研助手"招银智库AI小研"、智能客服、通用办公、全行级知识库等。以智能投研助手"招银智库AI小研"为例，它依托招行最大的研究资源平台"招银智库"，利用阿里云通义千问大模型，搭建全站智能问答机器人、Chat研报和热点聚焦等功能，解决了传统投研过程中信息检索难、研报提炼复杂、分析耗时等问题，实现金融语义的精准理解和生成，大幅提升查询效率和投研精度，并自动化生成热点摘要与专业科普知识，显著提高了工作效率和决策质量，成为金融科技领域的重要创新。

"招银智库AI小研"自上线以来，已累计服务招行数万名用户，为内部零售、对公、风险等条线提供研判支持，帮助一线业务人员实现"研判轻松查、热点实时追、政策深解读、数据好洞察"的工作新方式，大大提升了访前调研、策略制定、报告撰写等工作的效率。同时，在专业研究框架的支持下，"招银智库AI小研"拓宽了问题分析的广度，提升了对专业领域理解的深度，真正切中"AI+金融"的脉搏，将AI研判能力赋能到一线，实现"研究产生价值，研判赋能业务"目标，为招行业务增长贡献研究力量。

（案例来源：阿里云）

小模型则是指参数规模相对较小的模型，通常参数量在百万到数亿之间。它们专注于特定任务或垂直领域，具有轻量级、高效率、易于部署的特点，在普通的硬件设备上就可以实现运转。

站在企业视角，使用"AI垂直模型"这一术语可以更准确地传达小模型的应用价值。这类模型专注于特定领域，能够深入挖掘该领域的数据特征和内在规律。因此，在处理相关问题时，它们通常表现出更高的精度和效率。此外，企业可以根据其在特定领域的具体需求，对这些垂直模型进行定制化开发。这种定制化不仅提升了模型的适用性，还增强了其灵活性，使其能够更好地适应实际业务场景中的各种需求和变化。

阿里云旗下的一站式模型构建平台PAI（Platform for AI）为很多企业提供了训练小模型的服务，诞生了很多经典的小模型应用场景，这些应用也让我们越来越理解小模型的价值，具体如下：

金融行业风险评估：在金融行业中，PAI被用于开发和部署用于风险评估的小模型。通过分析大量的交易数据，这些模型可以识别潜在的欺诈行为或信用风险，从而提高金融机构的风险管理能力。

零售业个性化推荐系统：零售企业利用PAI构建个性化的推荐系统，通过分析顾客的历史购买行为和其他相关数据来提供定制化的产品推荐。这种方法不仅提高了顾客满意度，还增加了销售额。

制造业预测性维护：制造业公司采用PAI开发预测性维护模型，通过对设备传感器数据的实时监控和分析，提前预测设备故障，减少停机时间，优化维护计划，降低成本。

医疗健康领域的疾病预测：在医疗健康领域，医疗机构使用PAI训练针对特定疾病的预测模型，如心血管疾病或糖尿病。这些模型可以帮助医生更早地发现疾病迹象，制定更加有效的治疗方案。

大模型和小模型各有优势，可以实现分工协作，前者提供通用能力，后者精细化解决具体问题。另外，大模型所生成的丰富多样的数据，包括文本、图像等，可以为小模型提供训练样本。

以一家正在进行数智化转型的零售企业为例，它可以用大模型来分析市场趋势、消费者行为预测等宏观层面的任务，帮助管理层制定战略决策；而在具体的门店管理中，则可以利用小模型进行库存管理、销售预测、顾客流量分析等具体任务，这些小模型经过对历史销售数据的深度学习，能够准确预测未来几天的销售情况，从而优化库存水平，减少缺货或积压现象。

通过合理选择和结合使用这两种模型，企业可以更好地应对多样化的业务需求，提升整体运营效率。

第 3 章

策略、规划、执行,企业如何应用智能升维体

第 1 节　策略:如何制定企业智能化策略

● 两种方法精确定位企业的竞争战略

智能升维体提供了企业管理新方法的框架和思路,更进一步,本章将企业管理拆解到策略、规划、执行的具体工作环节,借助大家熟悉且经历过岁月考验的经典管理理论,结合当下市场环境与企业管理挑战进行演进,详谈智能升维体在企业中如何落地。

不从大而全入手,要抓竞争优势——这是我们在前文已经讨论过并达成的共识,DI 和 AI 都需要架设在企业的关键领域和核心战略里面,将资源集中投入对客户感知价值影响最大、效率提升空间最显著的环节,而非全链条铺开。

那么如何制定企业的智能化策略呢?很多管理学理论之所以被称为经典,正是因为在商业的演变过程中,其内核已经过反复验证,本质在于其揭示了商业竞争与组织运作的底层逻辑。这些规律不因技术迭代或市场波动而失效,而是在不同历史阶段以新的形态重现。

尤其是在新的智能背景下,这些经典的管理学理论也可以结合新技术释放出新的动能,理论因为有了大数据可以实现技术增强,管理也可以因为算法加持而由思想变为具象化的指引。

在此,我们可以借助经典管理学方法,采用两种不同的方法,来帮助企业找出高优先级的业务场景,支撑竞争优势的建立,适应竞争需求。

一种方法是迈克尔·波特的价值链理论，用价值链为竞争优势找到战略发力点；另外一种方法就是，我通过总结企业管理文献以及结合自身多年的管理经验，归纳出的 7 种企业所选择的竞争策略。企业可以根据自身的需求和场景选择合适的方法，再在相应的环节部署 DI 和 AI，推进企业智能化。

● 方法一　价值链理论：找到战略价值点

哈佛商学院教授迈克尔·波特在其 1985 年出版的《竞争优势》一书中提出的价值链理论，是企业战略管理领域的重要工具。

该理论的核心在于通过系统性地拆解企业运营活动，识别哪些环节真正创造与传递客户价值，即企业的主要活动（Primary Activities），哪些环节消耗资源但贡献有限，即企业的支持活动（Support Activities），帮助企业优化资源配置并建立竞争优势。

主要活动是直接参与产品或服务生产、交付及售后全过程的环节，也是客户价值感知的核心来源。它一般包括以下几个方面。

内部物流：涵盖原材料采购、仓储管理、库存调度等上游环节，直接影响生产效率和成本控制。例如，汽车制造商对零部件的准时供应管理可减少生产线停滞风险。

生产运营：将原材料转化为最终产品的核心流程，如制造企业的装配线、互联网公司的软件开发。这些环节的效率往往决定企业的规模化能力。

外部物流：涉及成品存储、订单分拣、配送至客户等下游环节。高效的物流体系（如电商平台的次日达服务）能显著提升客户满意度。

市场与销售：包括品牌推广、渠道管理、定价策略等直接触达客户的活动，其核心目标是建立市场认知并促成交易。例如，快消品企业通过社交媒体广告精准触达目标用户。

服务：覆盖安装、维修、售后支持等客户全生命周期服务，是提升客户忠诚度的重要抓手。例如，家电企业的 24 小时客服热线可增强品牌信任感。

支持活动虽不直接参与价值创造与传递，但为主要活动提供必要的基础支撑，包括采购、技术研发、人力资源管理和企业基础设施等四大类。例如，技术研发既涉及产品创新（如手机厂商的芯片研发），也包含生产流程的自动化改造（如工厂引入 AI 质检系统）。这些活动的协同效率决定了企业能否以更低成本或更高差异化能力参与竞争。

但需明确的是，迈克尔·波特的价值链理论为企业提供了一种结构化分析工具，不同行业、不同类型企业的主要活动并不完全相同，理论中的五大主要活动（内部物流、生产运营、外部物流、市场与销售、服务）是一个通用框架，具体到不同企业时，这些活动的表现形式、重要性甚至存在性都可能发生变化。主要活动的本质是直接参与价值创造与传递的环节，而不能机械套用5个固定名称。

同时，企业的竞争优势并非来自单一环节的优化，而是通过价值链各环节的协同与战略聚焦实现的。例如，苹果公司通过整合硬件设计（生产运营）、软件生态（技术研发）和直营零售（市场与销售），构建了难以复制的闭环价值体系。

企业需根据自身特点回答以下问题：
（1）我们的客户是谁？他们最看重什么价值？
（2）哪些活动直接贡献于这些价值？
（3）哪些活动是行业竞争的关键战场？

采用这种思考方法后，即使两家企业同属一个行业，其主要活动也可能完全不同。例如星巴克与瑞幸，两者均属咖啡连锁企业，但星巴克的核心活动是门店体验（服务），而瑞幸更侧重数字化获客（市场与销售）。

● **方法二　7种竞争策略**

关于竞争策略，很多管理学大师和管理学经典都进行了描述，或从自身或从管理范式入手，总结起来不外乎以下7种。企业可以选择这7种策略的任意一种，找到企业的竞争主策略，再找出该策略相对应的核心业务场景。

1. 差异化竞争

差异化竞争是指企业通过创造独特的客户价值，使其产品或服务在市场中与竞争对手显著区分，从而减少价格敏感度，提升客户忠诚度并获取超额利润，本质是占据客户心智中的独特位置。

其核心逻辑包括以下几种：

（1）价值独特性。差异化竞争的首要前提是为客户创造独特的价值，这种价值必须是客户认为无法被替代的。换句话说，企业所提供的产品或服务在某些关键方面具有与众不同的特性，这些特性能够满足客户特定的需求或解决特定的问题，从而让客户感受到与众不同的体验。

（2）溢价能力。当企业成功为客户提供了独特的价值后，客户会因为这种价值的稀缺性和不可替代性，愿意为产品或服务支付更高的价格。这种溢价能力是差异化竞争优势的直接体现，也是企业获取更高利润的关键。客户支付的不仅仅是产品的成本，更是对其独特价值的认可。

（3）竞争壁垒。差异化竞争的可持续性依赖于企业能够构建难以被竞争对手复制的竞争壁垒。这种竞争壁垒可以是技术上的领先、独特的品牌文化、专有的知识产权，或者是高效的运营模式等。只有当企业的差异化优势难以被竞争对手轻易模仿时，这种优势才能长期保持。

差异化竞争的核心在于满足特定客户群体的独特需求。然而，如果企业在追求差异化的过程中过于聚焦于某一细分市场，可能会导致目标市场的过度窄化。这种窄化会使企业的市场规模受限，难以实现规模经济效应，进而影响企业的长期盈利能力。同时，差异化竞争要求企业深入了解市场需求，并据此开发出独特的产品或服务。然而，市场需求是复杂多变的，企业在进行需求分析时可能存在误判的风险。如果企业未能准确捕捉到目标客户的实际需求，或者市场趋势发生了变化，那么即使投入大量资源进行差异化开发，也可能无法获得预期的市场反馈。

为了避免这些问题，企业需要在追求差异化的同时，保持对市场的敏感性和灵活性，合理分配资源，控制成本，并建立有效的风险管理机制。通过综合运用多种策略，企业可以在不断提升差异化优势的同时，确保可持续发展和长期成功。

给管理者的参考资料：

同样是迈克尔·波特的经典著作，《竞争战略》一书提到了三种基本的竞争战略：差异化（Differentiation）战略、成本领先（Cost Leadership）战略和集中化（Focus）战略。这本书也成为学界研究、企业实践差异化竞争的经典范本。迈克尔·波特还特别强调，差异化并非单纯的产品或服务本身的差异，而是消费者识别与感知的利益差异化。

2. 成本优势竞争

成本优势竞争是指企业通过系统性降低产品或服务的总成本（包括生产、运营、销售等环节），以行业最低成本提供可比价值，从而在价格敏感型市场中占据竞争优势。企业目标是在保证质量的前提下，以更低价格吸引客户，或通过同等价格获取更高利润，同时建立竞争壁垒。

成本优势竞争的本质是通过系统性效率提升与技术变革，重构行业成本曲线。企业需根据自身资源与行业特性选择核心抓手，将成本优势内化为组织能力，正如迈克尔·波特所言："成本领先者必须成为行业游戏规则的制定者，而非跟随者。"

其核心逻辑包括以下几种：

（1）规模效应。规模效应是实现成本优势的基础逻辑之一。企业在生产过程中往往面临大量的固定成本，如设备购置、厂房租赁、研发费用等。通过扩大生产规模，增加产量，这些固定成本可以被更多的产品分摊，从而降低单位产品的成本。例如，汽车制造企业通过大规模生产，能够将高昂的模具制造成本、生产线建设成本等分摊到每一辆车上，使得单位生产成本大幅下降。这种规模效应不仅提高了企业的盈利能力，还增强了其在市场上的价格竞争力。此外，大规模采购原材料的举措还能带来采购成本的降低，进一步强化成本优势。

（2）效率提升。效率提升是实现成本优势的关键环节。企业通过优化内部流程，引入精益生产理念，采用先进的管理方法等方式，可以减少生产过程中的浪费，提高资源利用效率。例如，通过引入自动化生产线，企业可以减少人工操作带来的误差和效率低下问题；通过优化供应链管理，企业可以减少库存积压和物流成本；通过实施"零缺陷"质量管理，企业可以降低次品率和返工成本。这些措施不仅直接降低了生产成本，还提升了企业的整体运营效率，使其在市场上更具竞争力。

（3）技术创新。技术创新是实现成本优势的重要驱动力。企业通过采用新技术，可以从根本上改变生产方式和成本结构。例如，数字化技术的引入可以实现生产过程的智能化和自动化，减少人工成本；新能源技术的应用可以降低能源消耗成本；3D打印技术的使用可以减少模具制造成本和生产周期。这些新技术的应用不仅提高了生产效率，还可能创造出全新的商业模式和成本结构。

（4）战略协同。战略协同是实现成本优势的重要手段之一。企业通过整合上下游资源，可以减少交易环节中的摩擦和成本。例如，通过与供应商建立长期合作关系，企业可以获得更优惠的采购价格和更稳定的原材料供应；通过与经销商共享数据和资源，企业可以优化销售网络，降低销售成本。此外，企业还可以通过并购或建立战略联盟的方式，直接整合上下游产业链，实现资源的优化配置和协同效应。

在当今竞争激烈的市场环境中，许多企业选择通过成本优势来获取市场份额。这种方法的核心在于通过优化生产流程，降低原材料和生产成本，提高供应链效率等方式，提供更具竞争力的价格。然而，采用成本优势竞争的企业也需要注意过度依赖低价所带来的隐患，避免创新惰性和质量底线失守，在成本与价值间寻找动态平衡。

过度依赖低价策略容易导致企业的创新惰性。当企业将主要精力集中在降低成本上时，往往会忽视对产品和服务的持续创新。这种短视行为会使企业在技术更新迅速或消费者需求变化频繁的行业中逐渐失去竞争力。长此以往，企业可能会停滞不前，甚至被更具创新能力的竞争对手超越。因此，企业需要在追求成本优势的同时，保持对研发和创新的投入，确保产品和服务能够不断满足市场需求的变化。

过度依赖低价可能导致质量底线失守。为了追求更低的成本，部分企业可能会采取削减产品质量控制措施的做法，从而导致产品质量的下滑。一旦消费者发现产品的质量无法满足预期时，企业的品牌形象将受到严重损害，进而影响销售和市场份额。因此，企业在降低成本的过程中，必须严格把控质量关，确保每个生产环节都符合标准要求，从源头上杜绝质量问题的发生。

此外，企业在追求成本优势的同时，不能忽视为客户提供附加价值的重要性。如果一味地压低价格而忽视了产品和服务的价值提升，最终可能导致客户的流失和利润空间的缩小。因此，如何在成本控制与价值创造之间找到一个动态平衡点，是企业需要不断探索的关键问题。企业应以客户需求为导向，深入了解目标客户的需求和期望，提供既能满足基本功能，又能带来额外价值的产品和服务。

为了在成本与价值之间找到最佳平衡点，企业可以从多个维度进行努力：一方面，可以通过精益生产管理，减少浪费、提高效率，同时保证产品质量和交付速度；另一方面，可以通过品牌建设、售后服务、个性化定制等方式实现差异化竞争，提升产品的附加值。此外，企业还可以借助大数据、人工智能等新技术手段，提高运营效率，优化决策过程，增强市场反应能力。

给管理者的参考资料：

提到成本优势的理论，除了迈克尔·波特在《竞争战略》中的论述，大野耐一的《丰田生产方式》也广被追捧，其强调以消除浪费为核心的生产管理体系，通过 JIT（Just In Time，准时制）和自动化消除浪费的理念，为制造业立下效率标杆。

3. 速度优势竞争

速度优势竞争是指企业通过系统性缩短价值链关键环节的时间周期，如产品开发、生产交付、市场响应等，以比竞争对手更快的速度满足客户需求，从而获得市场份额、客户忠诚度或溢价能力。

其核心逻辑包括以下几种：

（1）时间压缩效应。时间压缩效应是指企业通过优化流程和提高效率，缩短从需求洞察到产品交付的整个周期。这包括从市场调研、产品概念化、设计、开发、测试到最终上市的各个阶段。通过时间压缩，企业能够快速响应市场变化和客户需求，从而更快地将新产品推向市场。

（2）敏捷迭代能力。敏捷迭代能力是指企业能够快速根据市场反馈和客户需求，对产品进行优化和迭代。这种能力要求企业具备高度的灵活性和适应性，能够在短时间内对产品进行调整和改进。

（3）先发优势锁定。先发优势锁定是指企业通过速度优势，抢占市场窗口期，从而在竞争中获得领先地位。这种优势可以帮助企业在市场中建立品牌知名度，吸引早期用户，并形成用户基础。

采取速度优势竞争策略的企业可能面临多方面的挑战。首先，质量控制问题可能导致产品质量的不稳定。为了追求快速推出产品，企业可能会压缩质量检测和控制环节，导致产品存在缺陷或不符合预期标准，进而损害品牌形象并引发客户的流失。其次，创新深度不足会使产品缺乏核心竞争力。企业在追求速度时，往往难以深入挖掘产品的独特价值和功能改进，导致产品在市场上显得平庸，难以吸引消费者的长期关注和支持。此外，过度依赖短期成功的行为容易使企业忽视长期战略规划。这种短视行为会让企业在面对未来市场变化时缺乏前瞻性，难以应对长期挑战。最后，资源分配失衡会影响整体运营效率。为实现快速响应和迭代，企业可能将大量资源集中在研发和市场推广上，而忽视了客户服务、供应链管理等关键业务领域,从而引发内部矛盾和管理混乱。这些问题都需要企业谨慎应对,以确保速度优势竞争策略的成功实施。

为了应对这些问题,企业应强化质量管理体系,确保每个环节符合高标准要求;平衡速度与创新深度,采用敏捷开发方法持续优化产品;制定明确的长期发展战略,提前布局未来方向;合理分配资源,确保各业务领域得到充分支持。通过这些措施,企业可以在快速响应市场变化的同时,保持高质量和创新能力,实现可持续的长期发展。

给管理者的参考资料:

"时间是商业竞争的下一个维度,企业可以通过比对手更快行动赢得市场。"斯托克与豪特在《与时间赛跑》中提出"时间战略",强调企业通过压缩价值链各环节时间(如研发、生产、交付),建立竞争优势;同时快速创新也是速度竞争优势的重要组成部分,企业需要具备快速开发新产品和改进现有产品的能力,以适应市场的快速变化。

4. 聚焦式竞争

聚焦式竞争(Focus competition)是指企业通过深度服务特定细分市场、客户群体或产品线,以超匹配需求的精准供给建立竞争优势,本质是在有限战场形成绝对统治力。其关键在于,避开与行业巨头的全域对抗,通过资源集中与需求深挖,在细分领域实现"压强突破",从而获取高客户黏性与溢价能力。

其核心逻辑包括以下几种:

(1)价值专注性。聚焦式竞争的首要逻辑是价值专注性,即企业需要识别并专注于特定的客户群体或市场细分,提供高度定制化的解决方案,以满足这些细分市场的特定需求。

(2)资源密度。企业需要在选定的聚焦领域内集中投入大量的资源,包括资金、人力、技术和时间等,打造专业化团队,持续技术投入,提高市场渗透等,以实现规模经济和专业化优势。

(3)壁垒效应。企业通过在特定领域深耕细作,建立难以复制的竞争优势,从而形成一种小而深的市场"护城河"。

由于聚焦于特定细分市场,企业的市场规模和增长潜力可能受到限制,一旦该细分市场趋于饱和,企业将面临增长瓶颈,难以实现持续扩张。同时,过度依赖某一特定市场或客户群体的行为会使企业暴露在较高的市场波动风险中,任何市场需求的变化或竞争对手的介入都可能给企业造成重大冲击。此外,专注于某一细分市场的行为可能导致企业在其他领域的创新机会被忽视,长期来看,这会影响企业的整体竞争力和发展潜力。

多元化细分市场布局、增强市场洞察力与灵活性、创新驱动发展、强化客户关系管理等都是突破聚焦式竞争局限的有效方式。

给管理者的参考资料:

企业管理者如果想深入了解聚焦式竞争,可以参阅迈克尔·波特在《竞争战略》中的描述。除此之外,菲利普·科特勒在《营销管理》一书中也通过 STP(Segmenting-Targeting-Positioning,细分-目标-定位)模型为聚焦战略提供了方法论。

5. 多元化竞争

多元化竞争(Diversification competition)是指企业通过拓展业务领域,分散经营风险、挖掘协同效应并捕捉新兴增长机会,本质是通过广度布局对冲不确定性,构建多引擎增长模型。其核心逻辑在于:突破单一市场天花板,利用资源杠杆与能力迁移,在多个战场形成互补优势,从而增强整体抗风险能力,提高可持续增长潜力。

多元化竞争包含两大核心维度:一是业务的多元化。通过横向拓展非相关或相关业务领域(如技术协同、市场协同),分散风险并捕捉增长机会。二是地理多元化。突破本地市场边界,以全球化布局对冲区域波动,实现规模经济与资源优化配置。其本质是通过多元化扩张,构建抗周期、多引擎的增长韧性。

其核心逻辑包括以下几种:

(1)风险对冲。企业通过构建包含不同业务领域的投资组合,来平衡各个业务领域的周期性波动,从而降低整体业务的风险。

(2)协同效应。通过跨业务领域的资源共享和能力转移,实现效率提升和成本节约,从而增强整体竞争力。

(3)增长突破。增长突破是多元化竞争的另一个核心逻辑,即企业进入新的市场或业务领域后,寻找新的增长点,从而突破原有业务的增长瓶颈。

随着业务领域的扩展,在多元化竞争模式下的企业管理复杂性也随之增加,这可能导致管理效率下降,决策过程变得缓慢且难以协调。企业还可能因为过度扩张而忽视了其核心能力的发展，导致在关键领域缺乏足够的投入，无法形成真正的市场优势，从而削弱了企业在这些领域的竞争力。此外，不同业务领域可能有不同的企业文化和价值观，这可能导致内部冲突和整合困难，影响整体运营效率。

企业应明确自己的核心能力，并在多元化过程中不断加强这些能力，以保持在关键领域的竞争力，确保即使在扩展新业务时也不偏离核心优势，在关键领域集中资源投入，避免资源的过度分散，保证相关业务都能获得必要的支持和发展空间。

给管理者的参考资料：
伊戈尔·安索夫在《企业战略》中提出的"安索夫矩阵"，是一种简单且实用的工具，能够帮助企业系统分析增长机会，其中包含的多元化竞争战略可以帮助企业评估进入新市场并开发新产品的可行性。

6. 网络效应竞争

网络效应竞争（Network Effects Competition）是指企业通过构建用户、数据或资源的互联网络，使每新增一个参与者（用户、供应商、开发者等）都能提升网络整体价值，进而形成"用户吸引用户"的自我强化循环，最终建立难以逾越的竞争壁垒。其本质是以连接价值重构市场规则，将规模转化为"护城河"。

其核心逻辑包括以下几种：

（1）临界点突破。当用户数量达到某个关键阈值时，平台的价值会迅速增加，吸引更多的用户加入，从而形成一种自我强化的正向循环。达到临界点的平台往往能够确立市场领导者的地位，因为它们能够提供更高的网络价值，吸引和保留更多的用户。

（2）边际成本递减。由于平台的许多成本是固定的，如软件开发、服务器维护等，随着用户数量的增加，这些成本可以分摊到更多的用户身上，从而降低每个用户的服务成本。随着用户基数的扩大，平台可以实现规模经济，进一步降低成本，提高效率。

（3）多边协同增益。平台通过连接供需各方，如买家和卖家、开发者和用户等，促进各方的互动和交易。开发者和合作伙伴加入生态系统，通过提供应用程序、服务和内容，进一步丰富平台的功能和价值。随着生态系统的扩展，平台能够提供更多的服务和产品，满足用户的多样化需求，从而吸引更多的用户加入。

值得企业注意的是，这种模式往往在初期时用户获取难度大，待模式成熟后企业又可能因为逐渐占据市场主导地位而导致垄断现象。这不仅会引发监管机构的关注，还可能损害消费者利益。

企业可以在初期阶段采用多种方式吸引种子用户，如提供免费服务、合作推广、奖励机制等，降低用户获取门槛；同时积极与监管机构合作，确保业务运营符合相关法律法规，并保持高度透明，避免垄断行为的发生。

给管理者的参考资料：

安德鲁·陈的《冷启动：如何通过网络效应实现用户病毒式增长》，通过对领英、Twitch、Zoom、Dropbox、Tinder、优步和爱彼迎等公司创始人和管理者的采访，解答了有关"网络效应"的基础性问题，并提炼了一套普遍适用的"冷启动理论"创新研究框架；《平台革命——改变世界的商业模式》也系统阐述了网络效应以及企业如何获取由网络效应所创造的价值，对网络效应模式感兴趣的企业管理者可以参考。

7. 生态构建竞争

生态构建竞争（Ecosystem Competition）是指企业通过整合互补性产品、服务、技术与参与者（用户、开发者、供应商等），形成相互依存、协同进化的价值网络，从而构建难以复制的系统级优势。其本质是将单一产品竞争升维为体系对抗，以"共生共赢"替代零和博弈。

其核心逻辑包括以下几种：

（1）互补性协同。互补性协同是生态构建竞争策略的核心，通过整合不同产品和服务来提升整体价值。它通过产品整合提供一站式解决方案，增强用户依赖；服务互补满足多场景需求，提高用户满意度和忠诚度；激发创新，推动新产品和服务的开发以适应市场变化。这一协同作用增强了生态系统的吸引力和竞争力。

（2）数据飞轮。这是生态构建竞争策略中驱动持续改进和增长的关键机制。它通过收集和分析用户行为数据，帮助企业洞察用户需求。这些洞察用于优化产品和服务，随后再次收集数据，形成一个反馈循环，促进不断学习和改进。此过程使企业能够提供个性化体验，增强用户满意度和忠诚度，从而推动生态系统的优化和扩张。

（3）网络效应倍增。随着用户基础的扩大，互动和交易机会增多，吸引更多服务提供商的加入，增强生态系统的吸引力。参与者之间的互动，如用户、开发者和服务提供商，可以创造新价值，并通过社交网络等渠道实现口碑传播。这种自我强化的循环随着生态系统价值的提升，进一步增强对新用户的吸引力，推动形成正向增长的反馈机制，从而实现生态系统的持续扩张和价值提升。

构建和维护一个复杂的生态系统需要大量的前期投入和时间，还需要协调多个参与方，包括用户、开发者、供应商等。不同的参与者可能有不同的目标和利益诉求，这增加了管理的复杂性和难度。企业对生态系统内某些关键参与者的依赖性较强，一旦这些参与者退出或表现不佳，就可能会给整个生态系统造成重大影响。此外，创新瓶颈也可能产生影响，生态系统内部的高度耦合可能导致创新速度减缓，因为每个新的功能或改进都需要考虑与其他组件的兼容性，限制了快速迭代的可能性。

在初期阶段选择一个小而专注的市场进行试点，逐步积累经验和资源，然后再扩展到更广泛的领域，这是企业逐步扩展生态系统的可参照路径。同时，企业需要建立有效的治理机制和清晰的合作规则，并尽量减少对单一关键参与者的依赖，鼓励开放式的合作和创新，加快创新速度，提高系统的适应性。

给管理者的参考资料：

詹姆斯·穆尔是商业生态系统理论的创始人，其著作《捕食者与猎物——竞争的新生态》和《竞争的衰亡——商业生态系统时代的领导与战略》对商业生态系统理论进行了系统阐述。他提出的"4P3S"框架，即顾客（People）、市场（Place）、产品或服务（Product/Service）、过程（Process）、结构（Structure）、利益相关者（Shareowner）和社会环境（Society），可供企业参考分析和构建商业生态系统。

第2节 规划：业务流程重组[①]的智能化升级

- **针对策略选定业务场景，分析企业具有的独特能力**

通过上一节的方法，企业可以确定自身要建设和加强的竞争优势，并据此确

---

① Business Process Reengineering，BPR。

定智能化策略的具体落地方向。接下来的步骤则是根据这些策略进一步选定具体的业务场景，分析企业具有的独特能力，并将它智能化，以实现更高效的运营，具有更强的市场竞争力。

举个例子来说明就更容易理解。假设一个企业推断出来其竞争策略是走成本优势的路线，而其之所以能够比竞争者们有更低的成本，进一步分析表明，该企业在采购环节具有强大的采购能力，能够通过优化采购流程、建立长期供应商关系等方式获得更低的成本，从而在市场竞争中占据优势。在这种情况下，采购环节就是企业根据其竞争策略选定的关键业务场景，也是企业的独特能力所在。因此，企业需要着重在这个领域部署智能化解决方案，如引入智能采购系统、自动化供应链管理工具等，以进一步提升采购效率和降低成本。

完整地确定路径，依然是用上述精确定位企业竞争战略的两种方法展开。

如果企业采用的是迈克尔·波特的价值链理论这一方法，其要重点智能化的业务场景逃不开五大主要活动的范畴，即内部物流、生产运营、外部物流、市场与销售、服务，企业在规划环节中所需要做的，就是进一步确认五大活动中的哪一方面更牵动企业运转，哪些环节要优先智能化。

如果企业采用的是选择 7 大竞争策略的方法，通常来讲，每种竞争策略也会有对应的核心业务场景来支撑，采用哪种竞争策略就尤其需要持续建设、加强企业在这部分业务场景中的优势。这些核心业务场景不仅决定了企业的竞争优势，还为企业提供了具体的改进方向。因此，企业需要根据所选择的竞争策略，持续建设和加强在这些关键业务场景中的优势。

七种竞争策略常规对应的核心场景与能力如表 3-1 所示，可供企业管理者参考。它一方面明确了每种竞争策略的核心业务场景与能力，另一方面增加了更多具体的实施建议和细节，帮助企业在实际应用中更好地理解和运用这些策略，选定核心业务场景。

表 3-1　七种竞争策略常规对应的核心场景与能力

竞争策略类型	核心业务场景与能力
差异化竞争	（1）市场洞察：深入了解市场需求和趋势，发现并利用差异化机会。 （2）研发创新：开发新产品或服务，实现技术和服务的创新。 （3）服务：提供高质量的客户服务，提升客户体验和满意度。 （4）品牌定位：通过独特的品牌故事和价值主张，建立鲜明的品牌形象

续表

竞争策略类型	核心业务场景与能力
成本优势竞争	（1）生产与采购：优化生产流程，降低原材料成本和生产成本。 （2）技术创新与自动化：通过技术创新和自动化提高生产效率，减少人力成本。 （3）供应链管理：优化供应链流程，降低物流和库存成本。 （4）规模经济：通过扩大生产规模，摊薄固定成本，进一步降低单位成本。 （5）采购优化：与供应商建立长期合作关系，争取更优惠的采购价格和条件
速度优势竞争	（1）产品研发与迭代：快速开发新产品并进行迭代，以适应市场变化。 （2）柔性供应链：建立灵活的供应链，快速响应市场需求的变化。 （3）品牌建设与营销：迅速建立品牌形象，通过有效的营销策略吸引客户。 （4）运营：提高运营效率，实现快速决策和执行。 （5）快速反馈机制：建立实时监控和反馈机制，及时调整产品和营销策略。 （6）合作伙伴网络：与供应商、分销商等建立紧密的合作关系，形成高效的协作网络
聚焦式竞争	（1）市场洞察：专注于特定市场或客户群体，深入了解其需求。 （2）资源管理：合理分配和利用资源，提高资源利用效率。 （3）运营管理：优化运营流程，提高运营效率和效果。 （4）深度定制化服务：为特定客户提供高度定制化的服务和产品。 （5）专业人才培养：培养和留住专注于特定领域的专业人才
多元化竞争	（1）并购整合与资源重组：通过并购实现业务多元化，整合资源，以提高竞争力。 （2）地理区位与政策套利：利用不同地区的地理优势和政策差异，实现业务多元化。 （3）跨行业合作：与其他行业的企业建立战略合作关系，探索新的商业模式和增长点。 （4）风险管理：对新进入的市场和业务领域进行全面的风险评估
网络效应竞争	（1）用户运营与用户增长：通过有效的用户运营策略吸引和留住用户，实现用户增长。 （2）品牌建设与营销：建立强大的品牌形象，通过营销活动吸引更多用户。 （3）生态运营：构建和维护一个健康的生态系统，促进用户之间的互动和合作。 （4）数据驱动的用户分析：通过大数据分析了解用户行为和偏好，制定个性化的运营策略。 （5）多边平台模式：打造连接多方利益相关者的平台，形成良性循环的生态系统
生态构建竞争	（1）平台产品设计：设计和开发平台产品，满足用户需求并促进生态发展。 （2）生态运营：管理和运营生态系统，确保其健康发展和持续创新。 （3）开放合作：鼓励第三方开发者和合作伙伴参与平台建设。 （4）创新驱动：不断推出新功能和新服务，保持平台的创新性和竞争力

● 评估各项独特能力与AI优越性的对应关系，用积分卡确定AI任务清单

下一步，是将上述评估出来的企业独特业务场景与AI特征进行匹配，分析场景中哪些关键任务适合进行AI化。

由于企业管理是一个复杂任务，其核心业务场景和优势能力也并不是依赖

某个单一环节的单独运作，需要进行进一步的拆解，其中适合用 AI 来加持的就 AI 化。总之，企业在确定业务流程智能化的路线图时，需要仔细分析每个子环节，识别出哪些环节是其业务优势的关键，并评估在这些环节中哪些可以通过 AI 技术得到改进。

判断一项工作是否适合被 AI 化，需要综合考虑 AI 的特性和企业自身的业务需求。AI 化适合那些具有重复性和规律性、数据驱动、需要处理大量数据、要求高速度和规模化、需要高精度和可高度自动化的工作环节。

为了更精确地识别哪些业务环节应该被 AI 化，企业可以采用一种结合 AI 特性和企业独特能力的评估工具——积分卡。这种积分卡以坐标图的形式构成，其中纵轴代表企业已经确定要进行智能化改造的核心业务场景子环节，这些环节因企业而异；横轴则是固定的，代表 AI 能够发挥优越性的六大方面：重复性和规律性、数据驱动、速度和规模、准确性和精度、可自动化程度。

通过横纵对比，企业可以对每个业务子环节进行评估。如果某个业务子环节在 AI 的相关优越性方面符合三个或以上条件，那么就可以在积分卡上对应位置打勾。打勾的数量越多，表明这个子环节越适合由 AI 来执行。这种方法可以帮助企业明确 AI 化的优先级，规划出一份详细的 AI 建设任务清单。

例如，如果一个企业的核心业务场景包括客户服务、库存管理和财务报告，那么可以分别评估这些环节在上述六大方面的表现。客户服务可能在重复性和规律性、速度和规模方面表现较好，适合 AI 化；库存管理可能在数据驱动、准确性和精度方面表现突出，也适合 AI 化；而财务报告可能在可自动化程度上表现优异，同样可以考虑 AI 化。

通过这种评估，企业不仅可以识别出哪些环节适合 AI 化，还可以发现自身在 AI 应用上的潜在优势和不足，从而有针对性地进行改进和优化。这有助于企业更有效地推进 AI 建设，实现智能化转型，提高整体运营效率和竞争力。同时，这也有助于企业更好地分配资源，避免在不适合 AI 化的环节上浪费时间和精力。

还是用采购环节来举例。当一个企业决定将采购流程智能化时，它必须首先对采购流程的各个子环节进行详细的拆解。这一过程的目的是识别出企业在采购方面的优势能力，并确定在这些能力中哪些可以通过 AI 技术得到增强或自动化。

采购流程一般涵盖多个关键子环节，包括但不限于需求确认、采购计划的制订、供应商管理、合同管理、订单执行、质量管理、结算管理以及评估与反馈闭环等。每个子环节都对整个采购流程的效率和成本产生直接或间接的影响，因此，对这些环节的优化可以显著提升企业的整体采购效能。

在完成流程拆解之后，企业需要进一步评估哪些子环节构成了其采购优势的关键部分。例如，在子环节中，供应商管理和质量管理方面已经是企业的优势部分，在此基础上，企业可以利用评分系统来进一步明确其是否适合引入 AI 技术。

再以通用的需求确认环节为例，该环节的主要任务是通过分析历史数据和市场趋势来预测未来的采购需求。AI 技术在数据驱动、速度和规模、准确性和精度方面的特性与这类工作高度契合，因此可以相对应地打上 3 个勾，表明在这个环节中引入 AI 技术是非常合适的。以采购流程为例，企业 AI 建设任务清单如表 3-2 所示。

表 3-2　企业 AI 建设任务清单

核心业务场景 / AI 优势领域	重复性和规律性	数据驱动	速度和规模	准确性和精度	可自动化程度
环节 1：需求确认		✓	✓	✓	
环节 2：采购计划的制订		✓		✓	✓
环节 3：供应商管理	✓	✓			✓
环节 4：合同管理	✓			✓	✓
环节 5：订单执行		✓	✓	✓	
环节 6：质量管理	✓			✓	
环节 7：结算管理	✓		✓	✓	
环节 8：评估与反馈闭环	✓		✓		✓

参照表 3-2，可以发现，不仅供应商管理和质量管理两大优势环节适合 AI 化，其他几大相关环节也具备很高的 AI 属性。很幸运，这家企业关于采购的 8 个子环节都可以考虑推进 AI 部署。

然而，并非所有业务流程都适合 AI 化。对于那些需要高度创造性和创新性的工作，如产品设计和艺术创作，AI 目前还难以达到所需的创造性水平。这些工作往往需要人类的直觉、情感和创新思维，这些都是当前 AI 技术难以模拟的。在这些领域中，AI 在重复性、规律性、数据驱动、速度和规模、准确性和精度以及可自动化程度等方面的得分可能都很低，说明 AI 还不适合接管这些任务。

因此，对于这些涉及创造性和创新性的工作，企业可能会选择继续依赖人工的专业知识和技能，而不是试图用 AI 来替代。这种平衡的策略有助于企业在利用 AI 提高效率和保持创新能力之间找到最佳结合点。

- **根据 AI 任务清单，升级业务流程**

在一个复杂的业务流程中，有的环节适合 AI 化，有的环节则更需要人工的推进，但从整体业务的视角来说，这些不同的环节并不是割裂的，整体业务流程需要重组，被 AI 化的、人工主力参与的都需要以新的方式匹配起来，以适应新的业务需求。

在管理学中，已经有个成熟的门类叫作 BPR，通常定义为通过对企业战略、增值运营流程以及支撑它们的系统、政策、组织和结构的重组与优化，达到工作流程和生产力最优的效果。

业务流程重组的目的是从根本上重新思考和设计企业的业务流程，以实现显著的性能改进。这种方法鼓励企业打破旧有的流程和结构，创建新的工作方式，以提高效率、降低成本、增强客户服务，并最终提升企业的竞争力和市场响应速度。

在企业智能化的背景下，企业 BPR 已从传统的效率优化升级为智能体驱动的价值网络重构。这一过程需要构建具有感知、决策、执行闭环能力的动态系统。

在智能 BPR 中，数据流和智能体的协作成为驱动流程改进的关键要素。这种方法强调利用数据和智能算法来优化流程，而不是仅仅依赖于人工经验。组织形态也从传统的部门职能导向转变为能力模块化封装。这意味着企业更加注重跨职能的协作和模块化的能力单元，以提高灵活性和响应速度。

在决策机制方面，智能 BPR 采用的是混合智能决策，结合了人类经验和机器智能，以实现更精准和高效的决策。这种决策方式不仅能够处理大量数据，还能够从数据中学习并做出预测，从而为企业提供更深入的洞察和建议。

进化速度是智能 BPR 的另一个显著优势。与传统 BPR 的年或季度级迭代相比，智能 BPR 能够实现实时动态调优。这意味着企业能够快速响应市场变化和内部需求，及时调整流程，以保持竞争力。

总的来说，智能 BPR 在多个方面都超越了传统 BPR。它不仅能够处理更复杂的数据和流程，还能够提供更灵活和快速的响应能力。智能 BPR 的实施需要企业具备强大的数据基础设施和分析能力，以及对 AI 技术的深入理解和应用。同时，企业还需要培养一种数据驱动的文化，鼓励员工利用数据和智能工具来优化工作流程。

智能 BPR 的实施也面临着一些挑战。例如，企业需要确保数据的质量和安全，同时还需要处理与现有系统和流程的集成问题。此外，员工可能对新技术和流程感到不适应，因此企业需要进行有效的变革管理，确保员工能够顺利过渡到新的工作方式。

尽管存在这些挑战，智能 BPR 仍为企业提供了巨大的潜力，可以帮助企业在快速变化的市场中保持竞争力。通过利用 AI 和数据分析，企业可以更好地理解客户需求，优化运营效率，并创造新的业务机会。随着技术的不断进步，智能 BPR 将成为企业转型和创新的重要工具，帮助企业实现长期的成功和增长。

传统 BPR 与智能 BPR 的区别如表 3-3 所示。

表 3-3 传统 BPR 与智能 BPR 的区别

维度	传统 BPR（20 世纪 90 年代）	智能 BPR（AI 时代）
核心目标	流程效率提升	构建自适应价值网络
驱动要素	标准化/规范化	数据流+智能体协作
组织形态	部门职能导向	能力模块化封装
决策机制	人工经验驱动	混合智能决策
进化速度	年/季度级迭代	实时动态调优

从确定业务场景、评估 AI 匹配性再到业务流程重组，至此企业智能化的规划环节才算基本完成。具体如何执行，我们将在下一节展开。

第 3 节 执行：让流程中最强的能力因 AI 而更强

● 推进 AI 化：打造多个 AI Agent 的业务工作流，放大企业优势能力

大家或许会问，落到执行环节时，什么是被 AI 化？要做到什么程度才算被 AI 化？在这一节中我们主要回答这个问题。

一个具象而直接的答案是，把上述确定要开展 AI 化的环节打造成不同的 AI Agent（智能体，一种能够感知环境并自己决策的实体）。这些 AI Agent 放在企业管理的环境下，具体做的事情也非常聚焦，就是基于数据和知识训练而不断强化

AI能力，它们能够将企业运营产生的数据转化为洞察，并根据预设的经验法则（知识）进行学习和决策。

如果把AI Agent想象成一个人，需要喂给它吃的只有两种食物，除了众所周知的数据，还有就是知识。例如，在采购议价场景中，训练能够智能执行议价任务的AI Agent时，不仅需要企业相关部门收集市场数据，更要输入匹配企业情况的采购专家经验和知识，设定相应招标流程规则。

了解AI Agent如何工作，可以帮助企业更好地部署它们和执行落地。

OpenAI安全团队负责人Lilian Weng在撰写的文章 *LLM Powered Autonomous Agents* 中详细探讨了AI Agent的组成部分和运作机制。一个有效的AI Agent中，充当"大脑"和核心控制器作用的是LLM，它负责感知环境、处理输入、生成响应、制定决策以及指导系统的其他部分完成任务。除此之外，AI Agent通常还包含以下几个关键组件。

1. 规划（Planning）

（1）任务分解：将大型任务分解为更小、易于管理的子目标。

（2）反思与提炼：通过自我批评和反思过去的行为来改进未来的表现。

2. 记忆（Memory）

（1）短期记忆：利用上下文学习的能力来记住当前会话的信息。

（2）长期记忆：使用外部存储解决方案来保存长期信息，并能快速检索。

3. 工具使用（Tool Use）

学习如何调用外部API或其他工具，以获取额外的信息或执行特定的操作，比如计算、数据查询等。

AI Agent = LLM+规划+记忆+工具使用，即三大组件在LLM的控制下循环作用，AI Agent的集成化系统得以运作。在这样的基础框架下，AI Agent形成了感知、思考/控制、行动与环境交互的运作链条，实现自主决策和执行任务的能力。

感知端像智能体的眼睛和耳朵一样，不断地从周围环境中捕获信息，这些信息可以包括文本、图像、声音等多种形式的数据。随后，感知端将这些零散的信息进行处理和整合，形成一个结构化的信息流，以便于智能体进一步分析和理解。

接下来，控制端作为智能体的大脑，承担着存储和决策的重任。它将收集到的信息与已有的知识库相结合，并进行深入分析，从而制订合理的决策。这一过程涉及复杂的数据处理和模式识别技术,以确保决策的准确性和有效性。

一旦决策制定完成,行动端便如同智能体的四肢,开始执行具体的行动,这可能包括生成文本回复、调用外部工具或执行特定的任务。行动端的行动直接影响着智能体与环境的互动。

环境对行动端的行动做出反应,并将这一反应作为反馈传递回感知端。这种反馈是智能体学习和适应的关键,它使得智能体能够了解其行动的效果,并据此进行调整。

最后,智能体进入一个循环迭代的过程。根据从环境中接收到的反馈,智能体不断调整自己的行为和策略,以期达到更好的性能。这一循环迭代的过程是智能体自我优化和学习的核心,它使得智能体能够随着时间的推移而变得更加智能和高效。通过这样的循环,智能体逐渐提升其在特定任务上的表现,实现持续的自我改进和成长。如图 3-1 所示。

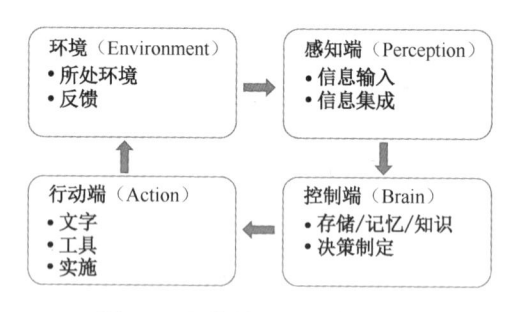

图 3-1 智能体的循环迭代过程

其中,有两大关键环节尤其需要企业关注其执行质量。

一是感知端的信息输入与集成。大模型可以展现出其独特的优势,通过采用前文所介绍的 RAG 的方式,显著提升数据处理和知识管理的效率。二是,RAG 是一种结合了信息检索和文本生成的技术,它能够在大规模的知识库中快速查找相关信息,并将这些信息整合到生成的内容中。这种方法不仅提高了内容的相关性和准确性,还极大地提升了处理速度。具体来说,当 AI Agent 需要做出决策或生成响应时,它可以利用 RAG 技术从大模型中检索最相关的背景知识,并将其应用到当前的任务中。这种机制使得 AI Agent 能够更智能、更精准地执行任务,同时减少了对大量手动标注数据的依赖。

延伸阅读

阿里云和赫力昂基于通义大模型 共同推出 AI 营养助手

赫力昂是一家消费健康公司，旗下品牌有善存、钙尔奇、芬必得等。在服务消费者的过程中，日益增长的个性化个人健康管理需求对赫利昂的服务能力提出了挑战，为了确保对健康专业领域问题的专业及准确回答，赫利昂必须通过持证营养师对客户的健康问询提供回答，并在合规方面有着高标准。

阿里云和赫力昂共同推出一款 AI 营养助手（iNutrition），为赫力昂旗下营养师提供咨询辅助功能，将营养师的咨询响应时间从几十分钟骤减到几分钟，并确保回复内容的质量达到较高的标准。

为保证 AI 营养助手具备专业知识，阿里云基于通义大模型，结合赫力昂在中国营养行业积累多年的专业知识打造的营养知识图谱，以及多种信息源进行再训练。

同时，AI 营养助手采用了生成式 AI 领域的 RAG 方案，保证 AI 营养助手能提供更准确、更科学且有出处的营养建议。

在 AI 营养助手的帮助下，营养师能够快速、准确、科学地回复消费者的营养问题，并提供专业的健康改善建议。

（案例来源：阿里云）

企业可以使用阿里云旗下的百炼平台，它是一个专注于大模型服务的一站式平台，集成了国内外主流的大规模预训练模型，并提供了全面的工具和服务来支持企业用户构建和部署自己的 AI 应用。

以零跑汽车为例，它与阿里云深入合作，通过阿里云百炼大模型服务平台实现智能座舱升级，提供开放式语音交互、文生图、车辆控制等功能，提升驾驶体验，助力零跑汽车销量创新高，展示了大模型在汽车行业的应用潜力。同时，阿里云帮助零跑建立了开放可扩展的应用架构，加快了创新速度并降低了成本。

AI Agent 发挥规划能力时，需要持续不断地运用企业自身的专家知识和经验，以保持其智能水平和响应能力，这一任务适合由具备专业属性的垂直模型（前文所提的"小模型"）来进行。

对于企业而言，训练自己的垂直模型意味着从特殊的数据集中找出适合自己业务需求的智能判断。这不仅能提高决策的准确性，还能增强系统的适应性和灵活性。例如，在医疗领域，垂直模型可以通过分析大量的病历数据来辅助医生进行诊断；在金融领域，垂直模型可以利用交易记录和市场数据来进行风险评估和欺诈检测。通过这种方式，垂直模型为企业提供了高度定制化的解决方案，满足了特定业务场景中的复杂需求。

训练垂直模型是一项复杂且资源密集的任务，但企业可以通过借助现成的平台能力来简化这一过程。阿里云旗下的一站式模型构建平台 PAI 就是一个理想的工具，它为用户提供了一整套完整的 AI 模型开发和部署解决方案。

PAI 提供了强大的计算资源和分布式训练框架，支持大规模数据集的快速处理和高效训练。用户可以选择不同的算法模板和预训练模型，根据自身需求进行微调，从而加快模型开发周期。在模型训练完成后，PAI 可以帮助用户将模型部署到生产环境中，提供实时或批量的推理服务。通过优化推理引擎，PAI 确保模型能够在高并发情况下依然保持较高的响应速度。

总结来说，基于上一节的规划，企业已经从自身优势业务场景和流程中确定了适合 AI 化的环节，AI Agent 就是帮助企业把优势持续积累、逐步放大的工具。企业使用的这些不同的 AI Agent，打个趣味些的比喻，就像一个个身怀不同绝技的"小黄人"（知名动漫电影中的角色）分布在企业不同的工作流中，按任务设定高效地智能化协作运转。

延伸阅读

钉钉和各行各业的超级助理

1. 金牌橱柜——"智习生 1.0"

金牌橱柜在全国有 4 000 多家线下门店和经销商，包括店主、导购、招商经理、运营人员等在内的各种角色，经常要把消费者提出的问题传递给总部。这些问题涉及交付保障、产品报价、订单流转、营销政策、三方运营、线上运营、招商见面、学习培训等场景，繁杂却又刚需。

金牌橱柜的总部先要安排客服对接，然后内部派出大量人力解决不同的咨询问题，有时一个交付保障的问题可能需要多个角色帮忙解决。客户体验不佳，员工们很累，解决问题的时效和水准也不确定。

2023年9月，金牌橱柜正式立项了AI助理项目。在此之前，金牌橱柜有数套垂直的系统，答案分散在不同的系统中，但AI助理提供了一个新思路。现在只需要告诉AI助理有什么需求，它就能输出结果。钉钉AI PaaS前期已经打通了各系统，包括ERP、WMS（Warehouse Management System，仓储管理系统）等，AI助理的思考能力和行动力更为强大了。

2．深圳航空营销委——"深航AI销售帮手"

深圳航空营销委使用钉钉AI助理、钉钉宜搭互动卡片以及业务接口搭建了"深航AI销售帮手"，专门针对深航营销场景的痛点进行了定制化开发，解决了销售系统保障、信息触达、经营监控、销售预警、知识管理等难点。

此前，深圳航空的机票分销系统"深航销售平台"在用户使用过程中虽然提供了培训以及使用了传统的手册和知识库，但是由于功能迭代频繁，营业部、坐席人员经常调整，每天仍需通过大量人工问答获取信息，效率不高，沟通成本巨大。同时，一线销售人员在查询订单票据信息时，需要登录深航销售平台系统，信息同步不够及时、便捷，系统中沉淀的大量数据没有最大限度地发挥价值。

而"深航销帮"（深航AI销售帮手）集成宜搭搭建的销售管理系统"云销平台"，打通多个内部销售相关系统，为员工触达和使用这些数据提供了非常人性化的入口。如用自然语言问问"系统最近的出票时间是什么？""近12小时出票情况如何？"等问题时，这个Agent就会调用接口，实时查询，并以图表形式显示相关数据，解答用户的常见问题。

这个Agent还能为非系统用户提供订单票据查询等服务。销售人员无须经过系统用户中转，就可直接向AI助理提问"×××机票/订单的出票代理人是谁？具体信息如何？"，AI助理会直接查询B2B系统的出票数据，返回所需票据信息。

3．浙江工商大学——"智能招生AI助理"

浙江工商大学教务中心使用钉钉宜搭应用让全校的教务业务在线化，搭配上AI助理，教授、同学、行政老师都有了自己的专属AI秘书，以聊天的形式就能吩咐AI助理完成招生咨询、课程答疑、课程数据分析等大量工作。

例如该校推出的"智能招生AI助理"集成了包含学校的招生政策、专业设置、录取分数线等信息的招生知识库，学生和家长以自然语言向这个AI助理提问，如"我的分数能报考哪些专业？"时，AI助理便会结合知识库智能给出合理解答，并且能够 7×24 小时在线。

基于宜搭的低代码开发能力和 AI 识别技术,该校还开发了一个集通知发布、活动报名、反馈收集的"智能填报应用"。该应用内置了 AI 识别能力,可以在识别聊天的内容后自动填充到表单。所有填报数据也会自动汇总,生成可视化报表,供辅导员和管理人员查阅。

在答疑的基础上,AI 助理还能对该应用内的各类数据进行智能分析。智能招生 AI 助理可以统计咨询问题的类型和数量等数据,智能填报应用可以分析活动报名的人数和完成度等。所有数据都可以由 AI 自动生成报表,为管理人员的工作和决策提供直观的数据支撑。

4. 百丽时尚——"货品数字员工"

2023 年 11 月,钉钉 AI 产品魔法棒上线后,百丽时尚又开始积极探索 AI 的使用。经过两个多月的探索后,钉钉群里便迎来了特殊的新员工——AI 助理"货品数字员工"。针对商品流通环节的收发差异问题,基于钉钉 AI 做了微场景的能力训练,让货品数字员工进行处理。

过去,如果出现商品收发差异(发货数目与收货数目不符)时,则需要数据管理人员介入并拉通收发方甚至第三方人员进行沟通定责。但现在,收发方可以直接和货品数字员工进行对话,流畅地处理从主动认责到完结单据的一整套流程。这进一步解放了人力,提高了业务效率。

2022 年下半年,ChatGPT 还没火起来之前,百丽时尚就在未来架构规划中加入了 AI。如今,百丽时尚的管理人员和一线店员都可以在钉钉里通过语音直接查询相应门店的销售数据。未来,门店的员工还可以通过语音直接查找和管理库存、订单,效率还会得到进一步的提高。

当销售员有新的成交订单时,助手机器人就会在销售群里自动播报,并触发专属表情雨,从而激发销售员的工作热情。

(案例来源:钉钉)

● **3I 原则:Insight、Intelligence、Inspection,衡量 AI Agent 有效运作的标准**

简言之,AI Agent 就是一个智能体,具有半自主性甚至完全的自主性,产出超越人力的结果。

评估每一个 AI Agent 的运作效果时，企业可以参考数据洞察力（Insight）、知识增强力（Intelligence）、目标自检力（Inspection）这三个核心原则。这些原则有助于确保 AI Agent 能够精准理解环境，做出明智决策，并持续优化其执行过程。

Insight：是指 AI Agent 能够从内外部的多源数据中提取有价值的信息，并将其转化为可操作的洞察。这意味着 AI Agent 不仅要具备强大的数据分析能力，还需要能够识别出对业务有直接影响的关键信息。通过数据洞察力，AI Agent 可以从海量的数据中发现潜在的趋势和模式，帮助企业预测市场变化、优化运营流程并制定更有效的战略决策。例如，一个电商平台的 AI Agent 可以通过分析用户的购买行为和浏览记录，提供个性化的推荐服务，从而提升用户体验，增加销售额。

Intelligence：是指通过 AI 技术，将企业的宝贵知识资源（如知识库、专家经验等）进行显化和强化，转化为可操作的智能。这种能力不仅提升了企业的核心竞争力，还使得企业在复杂环境中能够做出更加明智和高效的决策。通过知识增强力，AI Agent 能够将分散在企业各个角落的知识整合起来，形成一个统一的知识体系，并在此基础上进行深度学习和推理。

Intelligence 的直译原本是"智能"，但在这里表示以智能化加持的知识管理，因为通过 AI 加持的知识管理本质就是帮助企业逐步累积核心优势，不仅不因环境变化和人员变化而受到剧烈影响，反而能够形成滚雪球的优势放大效应。

Inspection：是指 AI 系统在执行任务过程中，能够根据预设的目标和衡量标准进行自我检查，并通过反馈机制不断优化其性能。这一过程确保了系统的操作符合预期，并且能够在复杂和动态的环境中持续改进。目标自检力的核心在于实时监控和反馈调整。AI Agent 在执行任务时，会不断对比实际结果与预设目标之间的差距，并根据差异进行调整。例如，在智能制造领域，AI Agent 可以通过传感器实时监测生产线的状态，一旦发现异常情况，立即采取纠正措施，确保生产过程的稳定性和高效性。

值得一提的是，3I 原则的实施离不开企业智能升维体的构建，即 OI、DI、AI 在此的相互作用。

OI 确保组织中的每一个人都能被智能加持。这意味着通过培训和技术手段，员工能够充分利用 AI 工具和平台，提升工作效率和决策质量。DI 负责在企业核心环节中加持数据驱动的决策。DI 不仅仅收集和存储数据，更重要的是通过先进的算法和模型，挖掘数据背后的深层次价值。AI 对企业战略层面的核心环节加强了优势，让 AI Agent 拥有更好的性能。AI 通过深度学习、自然语言处理等先进技术，赋予 AI Agent 更强的分析和决策能力。如图 3-2 所示。

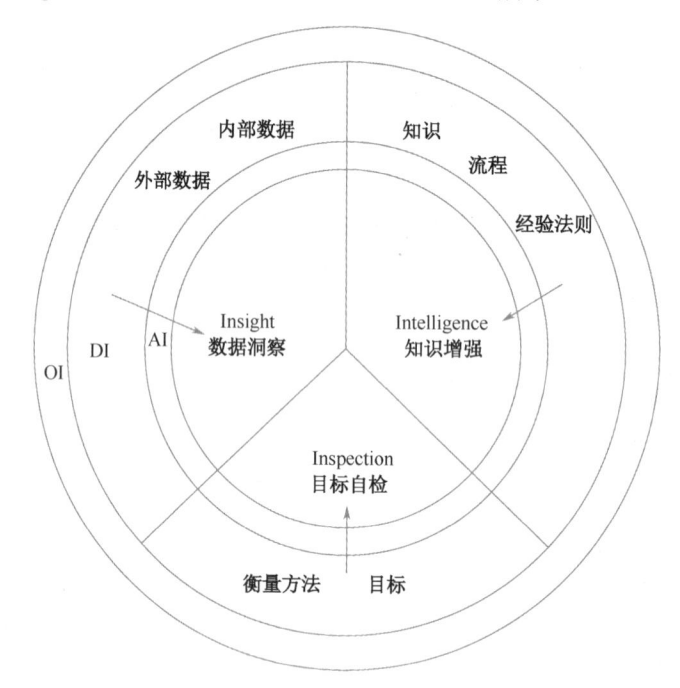

图 3-2　3I 原则衡量 AI Agent 的有效运作

- **AI Agent+人=AITU（AI Task Unit），形成企业的智能体工作单元**

在现阶段，AI Agent 的能力水平尚不高，想要完全实现自主性还有很长的路要走。即使未来 AI Agent 的自动化水平达到了足够先进的水平，也少不了与人的交互和配合。这不仅能够充分利用 AI 的高效处理能力和精准分析能力，还能发挥人类在创造力、情感理解和复杂问题解决方面的优势。未来 5~10 年，不同的行业会先后经历这段重要的演进过程：人机协同期。

管理者在企业战略的规划环节就已经考虑到"人机融合"工作模式，那么在执行环节，需要将 AI Agent 和人组合形成 AITU（AI Task Unit），即智能体工作单元。不是只有 AI，也不是只有人工，而是双方组成一个工作组，共同发挥优势来进行协作。

我们依然以"采购流程"这个业务场景为例来阐述采购被改造为"AITU"的

运作。上一节内容提到，一家企业把它自身的采购流程拆分成了八大步骤——需求确认、采购计划的制订、供应商管理、合同管理、订单执行、质量管理、结算管理、评估与反馈闭环，且通过对业务与 AI 优势的判断，发现这些流程都适合被 AI 化。紧接着，在 AI 部署时，企业根据业务相关性，把部分环节进行合并，打造出了四个 AI Agent，分别负责采购需求与计划、供应商选择、采购执行、采购评估与管理，它们与各个环节上的专业人才相互配合，形成 AITU 工作模式。图 3-3 是一个采购流程环节 AITU 的完整运作方式。

	需求确认 采购计划的制订	供应商管理 合同管理	订单执行 质量管理	结算管理 评估与反馈闭环
AI Agent	采购需求与计划 （1）历史数据分析，需求预测，生成采购建议； （2）优化采购策略，推荐最佳采购方式	供应商选择 （1）供应商智能匹配，风险评估，自动生成招标文件； （2）合同条款自动审查，风险提示	采购执行 （1）订单自动生成，物流实时跟踪，异常情况预警； （2）自动化质检，质量数据分析； （3）发票自动核对，付款自动化	采购评估与管理 （1）供应商绩效自动评估，流程优化建议
人工	审核 AI 建议，处理特殊需求	确认采购计划，处理例外情况	最终供应商的选择，处理复杂谈判	处理复杂条款谈判，最终确认合同	处理异常情况，协调供应商	处理不合格品，质量改进决策制定	处理差异，审核付款	战略决策的制定，供应商关系管理

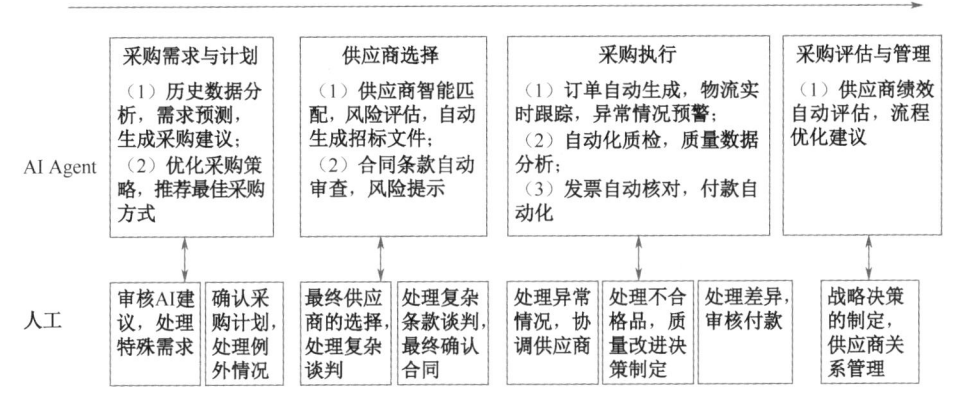

图 3-3 AITU 工作模式（采购流程环节）

通过在采购流程中应用 AITU 模式，企业能够实现自动化常规任务，从而显著提升效率和降低成本。更重要的是，AITU 通过知识的沉淀和实践的反馈，不断增强企业本身就具有优势的采购实力，尤其是关于采购多环节的决策逻辑。这些曾随人员的流动不断流失的"暗知识"，正通过 AITU 模式下 AI Agent 和人的不断协作被进一步提炼和保存了，这才是智能化时代竞争的核心所在。

值得注意的是，企业需要界定好 AI Agent 和人共同合作的工作范围，设计一个灵活且可扩展的 AITU 架构，确保它可以适应不同的应用场景。

（1）角色定义。企业需要为每个成员，无论是人类员工还是 AI Agent，定义清晰的角色和职责。这包括确定 AI Agent 将处理哪些任务，人类员工将负责哪些决策，以及他们如何相互协作以实现共同的目标。

（2）协作流程。企业应建立有效的沟通机制和工作流程，以促进人机之间的无缝合作。这涉及设计合理的工作流程，确保信息在人类员工和 AI Agent 之间的流畅传递，以及时调整和优化这些流程，提高效率。例如，可以设立标准化的接口和协议，让 AI Agent 能够及时向人类员工报告重要信息，并接收进一步的指令。此外，还应鼓励跨职能团队合作，通过共享知识和技能，加强人机结合的工作环境。

（3）技术支持。企业需要选择合适的工具和技术平台来支持 AITU 的操作。这包括但不限于人工智能算法、数据处理工具、用户界面设计以及集成开发环境等。技术支持不仅要能够满足当前的需求，还要有足够的灵活性和扩展性，以适应未来的技术进步和市场变化。

钉钉 CTO 程操红曾分享了一个案例。他此前是首批加入 GPT 开发者行列的成员，他开发的应用中有一款类似于德州扑克的 GPT 游戏。他设计了这个游戏的运转规则，包括需要找几个人一起玩，每个人初始有多少筹码等。然而，在游戏开发完成后，程操红遇到了一个显著的问题：这款 GPT 游戏仅能被分享给其他人，但分享的人与分享对象无法一同互动游戏。也就是说，他们不能在同一场游戏中互动，只能各自独立进行游戏，游戏中的其他参与者均为虚拟玩家。这个案例对于企业的警示就在于，AI Agent 与人是要交互的，组织与 AI Agent 也要有灵活的交互度。

企业优化最高效的人机交互要着重让员工在与 AI 的协作中发挥出协调者、监督者、管理者的角色和功能。每一个员工都是超级个体，严峻的事实不是 AI 要取代人了，而是不会使用 AI 的人要被其他人取代了，能高效指挥与配合 AI 的人才可以以一敌百。

AITU 运作的背后依然是 OI、DI、AI 的相互作用，这一协同进化的过程不仅增强了 AITU 的效能，也促进了整个组织向更高层次的智能化升维。

第4章

在智能升维体视角下的企业管理新原则

第1节　打破原有的组织概念

● 一个员工的独角兽公司

伴随着企业智能化的推进,企业的管理原则也将发生改变,从个体到组织都将迎来新的变化甚至洗牌。AI不只是处理重复性的规定动作,最重要的是理解与表达"知识",通过管理与运用知识不断为企业赋能。这个"以知识为燃料,以AI为引擎"的自我迭代管理逻辑会带来新一轮学习型组织的涌现。

OpenAI CEO Sam Altman 在回答 AI 未来对企业的影响时曾提到,未来可能会有企业只需要非常少的员工,甚至只有一个员工,就能达到独角兽级别的成就,即企业估值达到10亿美元及以上。这种情况的发生主要得益于自动化和AI技术的进步,使得小团队能够开发出具有高度影响力和经济价值的产品或服务。

当我们进一步用独角兽公司的特征来推演,就会发现 Sam Altman 的预言很可能成真。

独角兽公司以创新颠覆现有市场格局,甚至能开辟一个全新的市场,而智能化恰恰让创新这件事拥有了"屠龙刀"与"倚天剑"。智能化加持的创新能力可以让企业独辟蹊径、弯道超车,高速创造强劲的市场机会,并持续把握这样的机会。通过AI驱动的研发平台,小型团队可以快速迭代产品原型,进行市场测试,并根据反馈迅速调整方向,从而在短时间内推出具有广泛市场需求的产品。是的,增度正是智能化带来的最令人惊喜的效果,增度也是独角兽公司这类竞速选手的天赋使命。

高速成长的独角兽公司如何才能吸引源源不断的投资呢？除了市场表现，团队的质量也相当关键。传统上，投资者会关注团队的经验、执行力和稳定性。然而，对于独角兽公司来说，这些考量因素发生了根本性的变化，独角兽公司的吸引力如此强劲，使得投资人难以拒绝。还有什么样的团队能够保证像独角兽公司这样团结、忠诚、稳定，还具备可信赖的交付能力呢？那些惊心动魄的办公室斗争、"政变"都不会在独角兽公司上演，独角兽公司也不再需要抢夺人才，也因此不再需要破解变幻的人心所带来的挑战。由于所有核心决策都由一个人主导，减少了内部冲突和资源浪费，使得整个公司运作更加高效。

那么，独角兽公司能具备广阔的市场视野，处理好快速扩张中的各类任务吗？智能化可以帮助公司做到这一点，甚至比以往做得更好。无数专业领域的数字人、AI智能体都能提供最优质和可信的专业服务，帮助独角兽公司攻克各式各样的壁垒，直抵那些足以支撑10亿美元估值的领域，抢占高地并挖深"护城河"。

这样的独角兽公司可能仅仅剩下一个巨大挑战，那就是CEO本人是否能深度领悟智能化的管理逻辑，并驾驭好智能化工具。智能化时代的企业管理不仅仅是对人的管理，更是对数据、算法和系统的管理。CEO需要具备强大的学习能力和技术敏感度，能够快速掌握最新的技术和工具，并将其应用到实际业务中。

这样的公司需要的，就是那个在智能化时代善用AI的"神人"。这个人不仅要具备深厚的技术背景，还需要拥有卓越的战略眼光和执行力。他们能够将复杂的商业问题转化为技术解决方案，并通过数据驱动的方式不断优化业务流程。同时，他们还要具备出色的沟通能力，能够有效地协调外部资源，如合作伙伴、供应商和技术专家等，共同推动公司的发展。

- **大企业里的"海豹小队"**

如果说独角兽公司的设想太过极限，那么更贴近企业现实的组织创新突破，就是大企业里会出现越来越多的"海豹小队"。

这个概念出自《赋能》（*Team of Teams: New Rules of Engagement for a Complex World*）。这是由美国陆军四星上将斯坦利·麦克里斯特尔（Stanley McChrystal）和他的合作者撰写的一本书。书中主要探讨了在当今复杂且不断变化的世界中，传统的组织结构与管理方式需要如何进行革新，以应对现代挑战。

作者认为传统组织结构的局限性在于，传统的等级制和自上而下的指挥方法在面对高度动态和不确定的环境时，往往反应迟缓且缺乏灵活性。麦克里斯特尔通过反思在伊拉克战争中的经历，认为这些结构难以对抗分散的恐怖网络，而能应对复杂的新战局的方法来自如何发挥团队自身的力量：团队内部的高度信任和自主权使其能够快速适应和响应变化。书中强调，建立一个由高效"小团队"组成的"大团队"，可以提升整个组织的适应能力，这就是企业所需要的"海豹小队"。

企业在建设更灵活、战斗力更强的"海豹小队"时，有三个主要的原则，正好与智能化的组织特色完美契合：

（1）信息透明与共享。为了提高响应速度和决策质量，信息需要在组织内自由流动。书中指出，去中心化的信息共享能够促进更好的协作和创新。

这也是智能化帮助企业提效、提能的优势所在。每一个"海豹小队"都能高效获取所需信息，并将每一个业务动作相关的数据与信息反馈到系统中，在灵活的智能化体系中如鱼得水。

对企业的启示是，智能化技术可以帮助企业在各个层级实现信息的实时共享和透明化。使用大数据分析工具，企业可以实时监控市场动态、客户行为等关键信息，并迅速做出反应。AI 驱动的数据平台还可以自动整理和分析海量数据，提供有价值的洞察，帮助团队做出更明智的决策。

（2）赋能而非控制。领导者的角色应从传统的指挥控制转变为赋能和指导。允许团队在获得充分信息的基础上，在纪律的约束下自主做出最合适的判断，以提高效率和灵活应对变化。

智能化使组织更有弹性，领导者的角色由 AI 赋能的"神人"担任，在高 OI 化的企业组织中，每一个人都能在 AI 赋能下做出更明智的决策。

AI 不仅可以为领导者提供决策支持，还可以为每个员工提供个性化的培训和发展路径，提升他们的专业技能和综合素质。通过智能化的学习管理系统，员工可以根据自己的需求选择合适的学习资源，快速掌握新知识和技能。

（3）互信与目标分享网络的建立。麦克里斯特尔强调建立强大的信任网络，使各团队能够在一个互联互通的网络中彼此了解对方目标而协同工作，形成高度一致的行动力。

这些原则在山头林立的传统大企业中难以实施，在智能化时代中则容易实施。智能化与这些原则的结合可以帮助企业和组织在当今快速变化的全球环境中提高适应力和竞争力，尤其是对于企业战略一体化的快速推进。

延伸阅读

钉钉 Agoal，用 AI 管理企业战略推进

钉钉 Agoal 是钉钉推出的战略执行工具，覆盖企业战略落地过程中的"战略解码、战略推进、战略评价"三个核心环节。企业在钉钉 Agoal 上一站式完成拆战略、定目标、追进度、评绩效等跟企业战略落地相关的环节。

在钉钉 Agoal 管理后台，战略部管理员可为企业各个层级的部门设定战略解码模型，在启用后，部门负责人即可根据 OGSM——Objective（目的）、Goal（目标）、Strategy（策略）、Measure（测量）——制定自身的"一页纸计划书"，并选择相应的承接人，下属一键点击即可承接。此外，钉钉 Agoal 还支持指标绑定、划词标记等功能，承接逻辑和情况一目了然，方便管理者实时追踪战略的完成进度。

钉钉 Agoal 帮助企业在年初定好战略的同时，同步明确年末考核指标，让战略得以落到关键指标、关键项目上。

在项目管理环节，钉钉 Agoal 与钉钉项目管理工具 Teambition 实现了深度打通、相互嵌入，用户既可以在 Teambition 的"项目概览"或"具体任务"板块直接关联钉钉 Agoal 目标，也可以在钉钉 Agoal 中填写完目标后，快速创建或关联 Teambition 的项目或任务。用户可以根据目标快速查看不同项目/任务的进度情况，帮助企业做好战略跟进。

在绩效评定环节，以往由大量人力在线下反复测算、核对的工作，由钉钉 Agoal 用公式自动计算来代替，根据公式自动算出绩效总评分，省去人力投入成本。

例如，东呈酒店集团作为国内领先的酒店管理集团，2024 年引入钉钉 Agoal 后，借助其强大的战略执行工具，实现了战略解码、经营合约、组织绩效以及经营业绩的自动计算等功能的深度融合。在 2024 财年底，东呈酒店集团通过钉钉 Agoal 的组织绩效模块，对各组织的财务指标、业绩指标、效率指标和风险指标等进行了全面打分和校准，确保了年度经营评价的公正性和准确性。

（案例来源：钉钉）

● AI扮演不同角色后产生的三种组织类型及其管理逻辑

AI在组织中扮演不同角色时,可以催生三种主要的组织类型,每种类型对应不同的管理逻辑。以下是在这三种类型中AI扮演的角色及其管理逻辑。

1. 增强型组织(Augmented Organization)

AI角色:在增强型组织中,AI主要用来提高人类员工的能力和效率。

在这一类组织中,根据人与AI所完成工作量的不同比例,还有进一步细分的模式:

第一种是Embedding Mode(嵌入模式)。在这种模式下,AI被集成到现有的工具或软件中,用户通过拆解目标并提供明确的指示来引导AI完成任务。也就是说,在人类设立任务目标后,其中某几个任务由AI提供信息或建议,人类再自主结束工作,这强调了人类在决策和指导中的主导地位。

第二种是Copilot Mode(副驾驶模式)。与第一种模式不同的是,AI不仅仅提供信息和建议,而是直接完成一部分工作的初稿,由人类确认后最终完成任务。AI作为合作伙伴参与整个工作流程,人类与AI共同工作,互补彼此的能力。

管理逻辑:企业应关注如何利用AI工具来辅助决策和操作,例如让AI提供更好的数据分析、预测和优化方案。

这种组织类型依赖于人类对于AI工具环境的熟悉,强调持续学习和技能提升,使员工能够更好地运用AI技术。

2. 自动化型组织(Automated Organization)

AI角色:自动化型组织应用AI系统来自动完成大量重复性和流程化的任务,减少对人力的需求。

这也可以视作Agents Mode(智能体模式)。AI可以全权处理工作,独自完成该项目中的关键职能,人类员工为AI设立目标、提供资源和监督结果。

管理逻辑:企业关注流程优化和效率提升,确保AI系统的稳定性和精确性。同时,管理者需要制定策略来处理AI部署后的潜在影响,如员工再分配与再培训的问题。

3. 自治型组织(Autonomous Organization)

AI角色:在自治型组织中,AI不仅自动执行任务,还可以自主进行决策。

管理逻辑:企业着重于建立信任与监管机制,以确保AI系统的决策透明、公正和符合伦理。此外,治理结构可能需要适应新的模式,赋予AI系统一定程度的自主权，同时维护对关键决策的监督。人与 AI 协作的三种模式如图 4-1 所示。

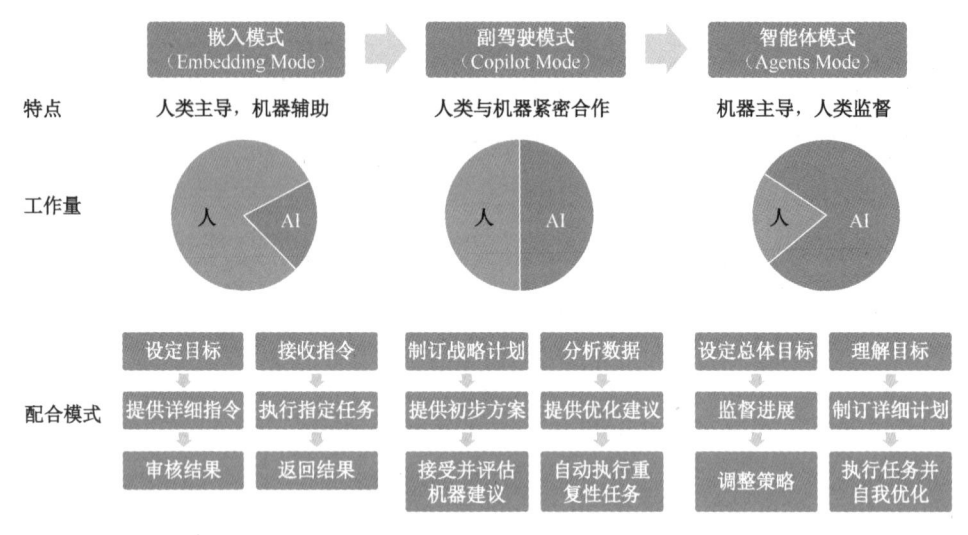

	嵌入模式 （Embedding Mode）	副驾驶模式 （Copilot Mode）	智能体模式 （Agents Mode）
特点	人类主导，机器辅助	人类与机器紧密合作	机器主导，人类监督
工作量	人 / AI	人 / AI	人 / AI
配合模式	设定目标 提供详细指令 审核结果	接收指令 执行指定任务 返回结果	制订战略计划 提供初步方案 接受并评估机器建议	分析数据 提供优化建议 自动执行重复性任务	设定总体目标 监督进展 调整策略	理解目标 制订详细计划 执行任务并自我优化

图 4-1 人与 AI 协作的三种模式

这些组织类型反映了 AI 技术不同程度的应用及其对管理实践的影响，从辅助工具到完全自主的决策系统，每种类型都要求有不同的管理策略和文化与其相适应。这些类型的出现也对经典管理学理论形成系统性挑战，更可能催生全新的管理范式。举例而言，对经典管理理论的颠覆性挑战至少有以下几种：

（1）泰勒科学管理理论的失效。泰勒科学管理理论（Scientific Management Theory）是管理学领域的奠基性理论之一，由美国工程师弗雷德里克·温斯洛·泰勒（Frederick Winslow Taylor）在 19 世纪末至 20 世纪初提出。该理论以效率最大化为核心目标，试图通过科学方法优化工作流程，提升工业生产效率。展望未来，AI 驱动的自动化系统将突破人类生理极限，传统工时研究、标准化作业流程被机器学习的动态优化取代。

未来应用场景举例：电商物流中心通过 AI 实时调整拣货路径，效率大幅提升，远超人类管理者的规划能力。

（2）韦伯科层制组织的瓦解。韦伯科层制组织（Bureaucracy）是德国社会学家马克斯·韦伯（Max Weber）在 20 世纪初提出的经典组织理论，旨在通过理性化、制度化的组织结构实现高效管理。它被视为现代行政体系的蓝图，深刻影响了政府、军队和大型企业的管理模式。而区块链+DAO（Decentralized Autonomous Organization，去中心化自治组织）正在构建无需管理层的决策机制。

未来应用场景举例：企业可以通过智能合约自动分配开发任务和报酬，项目交付周期大幅缩短，验证了扁平化组织的可行性。

（3）梅奥人际关系学说的重构。梅奥人际关系学说（Human Relations Theory）是管理学史上具有里程碑意义的理论，由澳大利亚心理学家乔治·埃尔顿·梅奥（George Elton Mayo）在 20 世纪 30 年代提出，首次揭示非经济因素（如情感、群体关系、社会需求）对工作效率的核心影响，为现代组织行为学奠定基础。但在 AI 时代，对这些因素的挖掘甚至个性化表达，都可能需要智能化重构。

未来应用场景举例：系统通过分析员工数字足迹，提前 14 天预测其离职倾向，并具有高准确率。传统的情感关怀需要与数据洞察结合，形成新的人本管理范式。

未来十年，新的管理原则或理论将从下面几个纬度展开，支撑一个全新的智能化管理时代：

（1）算法透明的监管。企业要建立可解释 AI 的决策审计机制，AI 必须在服膺企业的愿景与价值观之下，培养可监视、可溯源的业务决策能力。

如何建立企业内部监管 AI 的能力与制度，解决 AI 模型尤其是深度学习模型的问题，通常是"黑箱"、决策过程难以解释和难以追责的问题？如何避免 AI 模型在训练数据上表现良好，但在实际业务中因遇到未见过的场景而做出无效决定的风险？企业数据涉及客户隐私和商业机密，如何避免 AI 的使用可能引发数据泄露风险？

这些在"AI 管理学"中都是值得进一步深究的议题。可以预见，这个领域需要管理学、AI 技术、数据技术、法务法规甚至公共政策等专家深入研究。

（2）人机协同领导力模型。针对不同业务目的设计人机协同的最优任务分配与最佳交互体验，是未来商业咨询业发展的重大机会。具体的实践就像是航空公司开发的"副驾驶式管理"系统，AI 负责实时风险监测，每秒可以处理 10 万+数据点，人类管理者专注战略决策，决策质量提升 35%的同时缩短 58%的响应时间。

未来需要克服的主要挑战：① 组织变革阻力问题。AI 驱动的自动化可能改变工作流程和岗位职责，引发员工的抵触，使得实施阻力增大，导致项目失败。② 决策权分配的限度。本书为人机协同提出了一些方向性的落地指引，但是对不同的企业，AI 与人类在决策中的角色如何分配才是最佳解？这需要找到模型或理论来明确 AI 的参与边界。

（3）动态能力培育机制。在知识就是力量的 AI 时代，如果员工不能像 AI 一样自主进化迭代的话，员工的价值就会不断下降，因此在部署 AI 的同时，必须发展员工通过个性化 AI 的帮助，动态、实时获取最新知识的机制。企业可以建立 AI 驱动的"技能图谱"，实时扫描 2 000+技术趋势，自动生成员工学习路径，使核心技术迭代速度从 18 个月压缩至 3 个月。除了员工学习迭代问题，另一个突出的问题是人才荒，特别是 AI 的开发和运营需要跨学科人才（数据科学家、工程师、业务专家等），但这类人才稀缺，使得企业难以快速构建和部署 AI 系统。在 AI 时代，人力不见得重要（因为有 AI），但是人才更加重要。有很大命题等着未来的教育专家、人力资源专家来解决。

（4）生态化组织架构。在 AI 时代，会有越来越明显的"超能个体" 或"超能 Agent"形成头部效应，在"个体"当道的架构下，未来的商业只谈价值链是不够的，必须思考价值网。这个日趋复杂的架构需要清晰的平台思维和激励规则来支撑。

这种去中心化的网络，不论在 B2C 还是 B2B 的价值关系中，都可能打破原来的中心化平台架构，构建新的组织环境。这是商业生态演绎进程中释出的商业大机会。

第 2 节　重新定义 CXO 的职责

• 我们还需要这些 CXO 吗？

现代企业的精细化专业分工和规模化发展造就了一批 CXO：首席执行官（CEO）、首席人才官（CPO）、首席运营官（COO）、首席财务官（CFO）、首席市场官（CMO）、首席技术官（CTO），以及近年来快速增加的首席数据官（CDO）等。

在未来的智能化时代，我们还需要这些 CXO 吗？

需要的。资深管理人员决定业务发展蓝图，是最高运营策略的决定者以及 AI 管理体系的实践者。CXO 需要利用他们的经验和直觉，结合 AI 技术做出决策支持、优化决策行为，并广泛应用于实际工作中。

同时，智能化时代也对 CXO 的未来角色提出了更高的要求。他们需要掌握这些技术，其正面效应总会大于负面影响。CXO 必须适应新技术，引领企业在数字化转型中取得成功，确保企业在竞争激烈的市场中保持领先地位。

眼下，下定决心拥抱智能化的高管仍是少数。AI 对于企业如此重要，使得投资人和董事会成员已经在对 CEO 施压，而 CEO 也对高管团队提出了要求。

IBM 商业价值研究院相关研究显示，CEO 坚信生成式人工智能在整个组织中的好处，但其他高管则表示缺乏内部技能。74% 的 CEO 同意或非常同意他们的团队拥有整合新技术（如生成式人工智能）的知识和技能。然而，只有 29% 的高管认为，他们的组织内部已经具备采用生成式人工智能的专业知识，30% 的高管认为，他们的组织已准备好负责任地采用生成式人工智能。

当高管们犹豫、质疑、观望智能化时，一个重大的命题也在提出：在智能化时代，我们还需要这么多 CXO 吗？

前文关于未来智能化组织的推演提出了各种可能，例如一人公司，甚至 AI 原生组织中 CEO 被取代等，但大多数企业的管理团队仍然是被需要的。

在智能化时代，管理职能确实要经历显著的演变。资深管理人员，作为企业战略的制定者和 AI 管理体系的推动者，他们的角色变得更加多维和复杂。他们不仅需要规划企业的长远发展，还要确保这些规划与 AI 技术有效整合，以实现运营策略的最优化。

这些管理者必须具备前瞻性的思维，能够洞察 AI 技术如何影响业务模式和市场趋势，并将这些洞察转化为具体的行动计划。他们需要理解 AI 的潜力和局限，以及如何利用这些技术来提升企业的竞争力。同时，他们还要负责建立和维护一个能够支持 AI 应用的组织文化和结构，确保员工能够适应新技术，充分发挥其潜力。

此外，资深管理人员还需要关注 AI 技术对企业伦理和社会责任的影响，确保技术的应用符合道德标准和法律法规。他们的角色已经从传统的决策者转变为 AI 时代的领导者，不仅要推动技术创新，还要确保这些创新能够为企业和社会带来积极的影响。在这个过程中，他们需要不断地学习新知识，适应新环境，以引领企业走向成功。

• CXO 的未来角色

在智能化时代，CXO 的角色会被重新定义，他们的工作重点会随之发生变化。

CEO：理解 AI，带领智能化升级

麦肯锡在《卓越 CEO》（*CEO Excellence*）一书中，基于对全球 6 700 多位 CEO

的研究，系统性地定义了 CEO 的核心职责。这一框架被广泛认为是指导企业最高管理者角色的权威模型。

根据麦肯锡的定义，CEO 的六大核心工作包括设定战略方向、领导组织文化、管理资本分配、推动运营执行、建立外部关系和发展领导团队。

这六项工作构成一个动态闭环，其本质是通过战略聚焦、组织激活和外部连接，持续创造企业价值。

这些工作如果在智能化的框架下重新思考一遍，就需要灵魂拷问 CEO 以下六个问题：

（1）如何建设智能化的组织以有效推进既定战略方向？

（2）如何把智能化的创新思维嵌入企业每个员工知行合一的 DNA？

（3）如何有效投资智能化系统以拿到长期的业务红利？

（4）如何选定高优先级项目或部门，贯彻智能化运营的落地并不断产生引领性的标杆？

（5）如何保持与外界最佳智能化管理案例的同步，以及与顶尖 AI 人才的合作/咨询关系？

（6）如何建构一个智能驱动的员工成长平台？

事实上，越来越多的 CEO 正在把智能化纳入他们的工作重点。

IBM 商业价值研究院相关研究显示，3/4 的 CEO 认为，拥有最先进的生成式人工智能的企业将会获胜，他们表示竞争优势取决于这一点。在争夺人工智能优势的过程中，43%的 CEO 表示，他们的企业已经在使用生成式人工智能来指导战略决策，36%的 CEO 用于运营决策，50%的 CEO 正在将其整合到他们的产品和服务中。

然而，CEO 还必须考虑这种"立即行动"带来的压力与偏见、道德和安全等潜在危险。超过一半（57%）的 CEO 担心数据的安全性，48%的 CEO 担心偏见或数据准确性。CEO 在大胆进军新兴领域和谨慎行事之间挣扎，以免被甩在后面。

CEO 过去的职责主要围绕战略规划与执行、文化驱动、创新推动，未来这些工作的展开有了一个新前提，那就是要理解如何用 AI 辅助升级，并为企业画出蓝图及行动路线图。通过智能化的战略规划执行，CEO 能更好地把握企业航向，使之不偏离智能化快车道；反过来说，"智能化升级"本身就是一个重要的战略，需要 CEO 把这个战略和其他重要成长战略有机地结合起来。

在文化驱动方面，未来的 CEO 是让智能化思维深度沁入组织文化的旗手。智能化不仅要成为企业使命、愿景、价值观的一部分，而且要改变企业的工作流程、协作方式，以及企业在行业中的角色。像奥运会开幕式的选手进场仪式一样，这位旗手当然自己也必须是选手，会实际参与某些选定的智能化项目中，一起参与头脑风暴，一起复盘，一起总结经验。让"小项目的小胜利"积累成为"企业文化跃迁的大胜利"。

CEO 要勇于引领团队应对改变，并通过智能化创新助力企业更好地生存与发展。

CPO：使 DI×AI×OI 体系运转起来

CPO 或 CHO（首席人力资源官）的角色将会有天翻地覆的改变，甚至这两个职位在未来都将变得有些"名不符实"：管理机器人算不算管理人才呢？如果企业雇用大量的机器人和少量的真人，那么还需要照顾、培育"人"的 HR 吗？可以确定的两件事是：未来能够和机器人合作且带来管理价值的"人"，是更不可多得、值得 HR 好好照看的人才；未来管理上熟知的人才选用育留、绩效管理等工作，都要通过 DI×AI 的系统完成。

事实上，已经有企业这么做了。IBM 就用 AI 来给员工自动调薪。

延伸阅读

IBM 的 AI 薪资调整系统

IBM 开始筹备 AI 薪资调整系统的时间可以追溯到 2016 年，当时公司开始将 AI 技术植入薪酬系统，目的是实现基于技能的透明薪酬决策和持续反馈。

人工智能系统会综合员工的市场竞争力、技能、未来的职业发展、过去的绩效以及可开发的潜力等因素后给出一个建议的薪资调整方案。这个方案的发布时间点也不会受传统调薪周期的限制，相当于有一个特别了解员工的"大脑"，为员工量身定制薪资、福利结构，以及晋升、学习曲线。采用这种方式后，IBM 能够更加精准地进行人才管理和薪酬规划，同时也让人力资源部门的工作更加人性化，因为他们可以把时间花在更重要的事情上。

员工可以通过公司内部的平台对新系统进行反馈。IBM 采用了其独有的文本分析技术来梳理员工们的反馈，从而对系统进行多次迭代。而员工也在不断地参与新系统设计的流程。这种参与不仅包括对薪资调整的建议，还涵盖了对整个绩效管理系统的意见。管理层在创建下一个原型产品时直接吸纳他们的建议，确保员工的声音被听到并被整合到系统中。通过这种方式，IBM 能够确保其 AI 薪资调整系统更加透明、公正，并且能够反映员工的实际需求和市场的变化。

（案例来源：IBM 中国）

同时，OI 会成为 CPO 的主要 KPI，企业的 OI 化进程决定了 CPO 是否达成工作目标。从这个角度来说，CPO 会成为智能化体系运转的设计者和维护者。具体而言，CPO 的角色正在经历从"人才管理者"到"人机协同生态架构师"的深刻转变。随着 AI、大数据、神经科学等技术重塑组织形态，CPO 的核心使命已从传统的人力资源管控，转向设计人类与智能系统的共生关系，并在这一过程中重构组织价值体系。

未来的 CPO 需要同时担任以下几个重要角色。

（1）数字劳动力规划师。通过 AI 模拟预测人机分工的最优配比，管理人类员工、数字员工（如 AI 客服）、外包 AI Agent 的组合。

应用场景举例：假设一个公司打造了"数字员工占比模型"，该模型能够评估 RPA 在不同业务流程中的部署潜力和效益。该模型通过分析各个流程的工作性质、重复性任务的比例及可能的自动化程度，来确定 RPA 部署的优先级。之后，公司开始在那些高重复性、低复杂性的流程中部署 RPA 机器人，这些机器人能够自动执行数据录入、文件整理、报告生成等任务，从而把员工释放出来从事更有价值的工作。同时，公司为员工提供培训和教育资源，帮助他们提升技能，以适应新的工作要求，并鼓励员工学习数据分析、项目管理、创新思维等高级技能，这些技能在自动化流程中更为重要。

通过 RPA 的部署和员工技能的提升，公司能够减少对低技能劳动力的依赖，降低人力成本。另外，自动化流程减少了错误和重复工作，提高了工作效率，进一步降低了运营成本。

（2）认知增强教练。在人机协作的环境下，照顾人的认知健康的工作有趣而多元，包括部署 AR/VR 培训系统，提升人机协作能力；利用可穿戴设备与情感 AI 监测员工心理健康；优化员工与 AI 系统的交互逻辑，特别是主动"为员工请命"，突破某些人机互动窒碍难行的节点；在虚拟空间重塑仪式感，比如虚拟入职典礼、入职培训、远程会议的公司氛围等。当然，也必须帮助开发与认定人在组织里的价值，比如构建区块链技能护照。

应用场景举例：假设一家公司为了更好地关心员工的心理健康，决定采用一种创新的方法——利用可穿戴设备结合情感 AI 技术来监测员工的情绪状态和压力水平。这个系统的目标是创建一个更加健康、更有活力的工作环境，同时提高员工的工作满意度和生产力。

在这个未来场景中，公司为员工配备先进的可穿戴设备，如智能手环或智能眼镜。这些设备能够实时监测员工的生理指标，如心率、皮肤电反应、体温和活动水平，这些指标往往与个体的情绪状态密切相关。同时，这些设备还集成了微型麦克风和传感器，能够捕捉语音模式、语调和说话频率等声音特征，这些特征可以反映员工的情绪变化。

情感 AI 算法被用来分析这些生理和声音数据，识别员工的情绪状态，如快乐、悲伤、焦虑或压力。AI 系统通过机器学习和模式识别技术，不断提高其识别准确度，并能够根据员工的情绪变化提供个性化的建议和支持。

通过这种方式，公司不仅能够及时发现并解决员工的心理健康问题，还能够营造一个更加开放和支持性的工作环境。员工感到自己被关心和理解，从而提高了工作满意度和忠诚度。同时，这也有助于减少因心理健康问题导致的缺勤和工作绩效的下降，最终实现企业和员工的双赢。

（3）数字人权守护者。CPO 担任人机权责边界立法者与监督者，建立 AI 错误追责评审机制；开发算法审计工具，对于招聘、晋升、考评等重要人力资源工作，建立过滤 AI 偏见的警示功能；设计"认知带宽保护"机制，确保员工处在符合人体健康的工作模式中。

应用场景举例：设想一个公司为了提高员工的专注度和工作效率，推出了一项名为"静默时间"的功能。这项功能旨在通过技术手段帮助员工减少工作中的注意力碎片化，确保他们能够在特定的工作时间内保持专注，不受非紧急消息的干扰。

在这一场景中，公司为员工提供了一种可以集成到他们日常工作环境中的工具，比如工作软件插件、邮件系统设置或者日历应用。员工可以根据自己的工作习惯和需求，设定个人的"静默时间"。在这段时间内，所有非紧急的消息和通知都会被自动屏蔽或静音，只有那些被标记为紧急或重要的信息才能通过。

例如，员工可以在处理复杂项目或进行深度思考时激活"静默时间"。在这段时间里，他们的电子邮件客户端会暂停接收非紧急邮件，即时通信工具会将非紧急消息暂时存放在单独的文件夹中，而在移动设备上的通知也会被静音。这样，员工就可以全心全意地投入手头的工作中，不必担心被突如其来的消息打断思路。

此外，公司还会提供培训和资源，帮助员工学会如何更有效地管理自己的时间和注意力，以及如何在"静默时间"之外更高效地处理积累的消息和任务。

COO：运用 AI 管理的"首席创新官"

在过去，COO 的职责主要集中在企业的日常运营管理上，他们负责确保企业运营的流畅性，提高效率，降低成本。随着智能化技术的发展，COO 的工作内容和工作方式正在经历一场革命性的变革。

智能化带来的降本提效效应对 COO 来说具有极大的吸引力，因为它可以直接影响企业的盈利能力和市场竞争力。然而，未来 COO 的工作远不止于此。他们的角色正在从传统的运营管理者转变为智能化转型的推动者和领导者。

在运营层面，COO 需要在研发、生产、供应、销售和库存等关键节点部署 AI 辅助的决策能力。这意味着 COO 需要利用人工智能技术来优化各个环节的决策过程，从而实现全链路的运营效率提升。例如，在研发阶段，AI 可以帮助分析市场趋势，预测产品需求；在生产阶段，AI 可以优化生产流程，减少浪费；在供应链管理中，AI 可以预测供应链风险，优化库存水平。

COO 还需要在 CEO 和董事会的支持下，应用"智能升维体"的概念，部署推动智能化转型升级的工作。这涉及将 AI 技术深度融入企业运营的各个方面，从而实现企业的智能化转型。COO 需要制定智能化转型的战略规划，确定转型的目标和路径，以及所需的资源和支持。

此外，COO 还需要关注与 CPO 的协作，探讨智能化转型对企业文化、组织结构和员工技能的影响。他们需要推动建立一种支持创新和变革的企业文化，调整组织结构以适应新的运营模式，并为员工提供必要的培训和支持，以确保他们能够适应智能化工作环境。

总之，未来 COO 的工作将更加注重智能化技术的应用和智能化转型的推动。他们需要具备前瞻性的思维、深厚的技术理解以及强大的领导能力，以引领企业在智能化时代取得成功。这不仅是对 COO 个人能力的挑战，也是对整个企业适应新时代要求的考验。

COO 似乎不会被 AI 所取代，因为不管运用多少 AI 能力，企业总要有一个人为业务结果负责；在关键的决策点，所有的 AI 大脑也必须服从一个负责任的真实大脑的最高指挥。

CFO：像管理现金那样管理数据资产

智能时代的 CFO 角色正经历从财务管家到战略数据架构师的深刻转型。

在 AI、区块链、大数据等技术的驱动下，CFO 的核心职能将从传统的财务控制与报告，转向企业价值生态系统的设计与运营。过去，CFO 要照顾好企业的财务健康；未来，CFO 还有一项关键工作是保护好企业的数据资产。因为数据已经成为企业重要资产，也是 CFO 需要管理的核心资产。对数据资产如何评估价值，如何入表以及如何保障数据安全、数据质量等，都需要 CFO 负责。

最明显的角色改变发生在以下两个方面：

（1）决策中枢。从历史记录者转变为实时预测引擎，传统年度预算被 AI 驱动的滚动预测取代。例如使用机器学习分析上亿级的用户行为数据，实时调整投资决策，使现金流预测误差率大大降低。另外，业务场景模拟与预警能力的智能化，使得 CFO 不再依赖非常滞后的管理会计以分析周期位基础所提出的管理优化建议，而是根据企业的战略制定实时的智能财务分析机制和临界指标，一旦出现管理干预的机会，就第一时间主动管理。

在未来的商业环境中，一家全球性制造企业的 CFO 可能会利用数字孪生技术模拟全球供应链中断的场景。这项技术能够创建一个动态的数字副本，模拟供应链网络的实时可视化运营数据，从而预测潜在发展方向并判断未来风险。通过这种方式，CFO 能够提前构建应急资金池，以应对可能的供应链中断，如某地工厂的突发停工。

（2）数据治理。从账本管理者转变为企业数据资产化操盘手，这需要 CFO 主导数据价值链的构建；另一个先进的做法是利用区块链，将财务管理透明化。

想象一下，一家领先的零售商可能会要求其供应商接入区块链系统，以实现供应链的透明化和可追溯性。在这一场景中，CFO 将扮演一个关键角色，他们将利用区块链技术实时追踪数百万 SKU 的碳足迹成本。这项技术的应用不仅有助于企业履行环境、社会和治理（Environmental, Social, Governance，ESG）的责任，而且还能为 CFO 提供量化分析 ESG 的 ROI 的工具。

CMO：不懂数据智能就别做 CMO 了

在智能时代，CMO 的角色正经历从传统品牌管理者向数据驱动的增长架构师的深刻转型。这一演变不仅涉及技术工具的升级，更是对营销战略、组织能力和价值创造的全面重构。

以下是 CMO 角色变革的五大核心维度：

（1）从战略定位角度，CMO 作为全域增长指挥官，需利用 AI 预测模型锁定高潜力市场，推动业务的增长。同时，通过构建跨渠道归因模型，CMO 可以优化全域 ROI，提高广告预算的使用效率。

（2）从技术整合角度，CMO 将转变为 MarTech 架构师，负责智能营销中台的构建，以统一数据、工具与流程。在未来，例如部署生成式 AI 工具以原生方式生产内容，同时应用区块链技术以提高营销活动的透明度和反欺诈能力，这些可能都是由 CMO 来布局的。

（3）从客户运营角度，CMO 要考虑全局，设计超个性化体验，并需要基于实时行为数据动态调整客户触达策略；通过构建 CDP，CMO 将客户数据转化为资产，实现精准营销和提升客户价值。

（4）从组织能力角度，CMO 和 CPO 配合，负责设计市场营销领域的人机协作团队结构，以提升创意产出速度和营销效率。建立实时数据监控系统后，CMO 能够快速预测危机并做出响应，提高组织的敏捷性。

（5）从商业创新角度，CMO 将进一步推动 DTC（Direct-to-Consumer）模式，通过自营电商和体验店直接与消费者建立联系，提高毛利率；设计订阅制等深度服务，将一次性购买转化为持续的消费者关系，提升客户忠诚度，增加营收。

AIGC 巨浪在 2022 年 11 月以 ChatGPT 为首降临人世时，直接掀翻了营销界的大大小小"船只"，随后市场营销界随着文生文、文生图、文生视频、文生数字人等高效创造力而开启了一个停不下来的嘉年华。然而，当涉及营销领域的整体智能化升级时，未来的路途上仍然存在显著的挑战：首先，需要解决数据孤岛问题，即克服跨平台或跨业务的数据整合所面临的法律和技术障碍；其次，必须在人性化与效率之间找到平衡点，以避免因过度自动化而造成品牌个性的流失或产品的同质化；最后，组织认知需要升级，传统的营销团队必须经历向数据科学能力转型的痛苦过程。

智能时代的 CMO 正在进化为企业增长生态的总设计师，其核心使命从"传递价值"转向"创造价值"。这要求 CMO 兼具数据科学家的理性、艺术家的感性与哲学家的远见：既能用 AI 预测下一个消费浪潮，又能用元宇宙重写品牌叙事，更能用区块链守护数字信任。未来的营销战场不再是创意与媒介的比拼，而是认知效率与价值共振的终极较量。把握企业市场营销战略的 CMO 在未来面临的挑战是，必须成为 DI 高手。

在以客户渗透为主要增长动力的行业，CMO 与 CDO 可能成为同一人，因为客户数据的获取、管理、分析与使用是主要的市场业务能力。真正懂得数据，并且应用好 DI 能力的 CMO，会不断为企业在需求端创造商机。

CTO 与 CDO 的背靠背关系

2021 年 12 月 2 日的《华尔街日报》上刊登了一篇由麻省理工大学斯隆管理学院首席研究科学家撰写的文章，题为《是时候撤掉 IT 部门了》。文章的核心观点是，现有的企业内设置专门的 IT 部门的组织模式，阻碍了企业的创新、敏捷、以客户为中心的目标和数字化转型。

在这篇文章看来，传统 IT 部门的局限性体现在它通常被视为一个独立的支持单元，主要负责维护硬件、软件和网络基础设施，这种设置导致 IT 部门与其他业务部门之间存在明显的隔阂；另外，IT 部门往往专注于技术本身，而不是如何利用技术来推动业务增长和创新，这使得 IT 部门在企业中的角色变得相对被动。因此，这篇文章建议 IT 人员的角色要从单纯的"技术支持"转变为"业务合作伙伴"，更多地参与战略规划和业务创新中，帮助企业实现数字化转型。

实话说，从 2021 年到现在，几年过去了，IT 部门和 CTO 的角色与处境的变化并不大。但是智能时代来了，恰好带来了转变的契机。

在智能化时代，企业所有的运营动作都会产生数据，当细颗粒度的数据无时无刻不在产生时，CTO 最重要的工作（如果身兼二职）可能是 CDO，至少这两者是一个背靠背的亲密伙伴关系，要为企业构建 DI 系统，要针对业务策略发展数据策略和数据基础建设，做好数据采集、清洗、归拢、整合、标注、分析，以及与企业运营动作联系的一系列决策。这样的 CTO 不再是事后诸葛亮，而是支持企业实时决策的关键角色。

尤为重要的是，CTO 可以发挥好知识管理的作用：利用智能化时代的 AI、DI、OI，企业的知识变得有条件被更好地管理，而专属于企业特定行业及企业特色的知识正是关乎到战略层面的关键资产。这是本书的核心观点之一。在 CTO 的规划下，一方面，IT 部门可以帮助企业将数据和信息、经验转化为知识，并通过适当的系统进行存储和管理；另一方面，IT 部门可以建立和维护知识管理系统（Key Management Service，KMS），确保企业内部的知识能够得到有效传播和利用，助力企业资产和核心优势的扩大。

可以看到，在智能化时代，CXO 的工作需要 AI、DI、OI 层面的专业度，也需要彼此更紧密的协同。他们的角色可能融合，使得企业不再需要那么多 CXO，但他们围绕智能化的工作职能本身就在为企业造就"神人"，提升企业在未来的竞争优势。CXO 的传统角色与未来角色的对比如表 4-1 所示。

表 4-1　CXO 的传统角色与未来角色的对比

CXO 角色	传统角色描述	未来角色描述
CEO	负责企业的整体战略规划和执行，推动企业文化和创新	需要理解 AI 如何辅助企业战略升级，推动 AI 与企业文化的融合，利用 AI 推动创新
CPO	负责人才的招聘、培训、绩效管理等	通过 DI×AI 系统进行人才管理，OI 成为主要 KPI
COO	负责企业的日常运营管理	成为"首席创新官"，利用 AI 系统赋能内部创新项目，全链路提升运营效率
CFO	管理企业的财务和会计事务	管理数据资产，包括数据价值评估、数据安全和数据质量
CMO	负责市场营销和品牌推广	在数据驱动的营销领域，可能与 CDO 角色合并，专注于客户数据分析和应用，以及在企业的知识管理领域发挥独一无二的作用

第3节　AI 时代的"学习型组织"理论

● 重新定义"学习型组织"与"知识型员工"

现代管理学的奠基人之一彼得·德鲁克提出的许多理念至今仍对现代企业管理有着深远的影响。其中，建立知识型组织是他重要的管理思想之一。彼得·德鲁克认为，卓有成效的工作需要由掌握不同知识和技能的人所构成的团队来完成，现代社会的知识工作者（knowledge workers）不仅仅是执行者，更是创新者和决策者，他们通过自己的专业知识和技能为企业创造价值。同时，团队合作非常重要，团队成员之间的协作和知识共享是实现组织目标的关键。

通过建立灵活的组织结构、促进知识共享与交流、推动创新驱动发展，企业可以更好地适应快速变化的市场环境，实现可持续的成功。

另一位管理学大师查尔斯·汉迪（Charles Handy）以其对组织结构、工作方式和社会趋势的深刻洞察而闻名。他提出的一个重要观点是，组织必须不断变革，而学习型组织是首选，因为学习型组织的团队可以更好地行使责任，从经验中学习，付诸行动并获得成果、经验和成就感。这一观点强调了在快速变化的环境中，组织需要具备持续学习和适应的能力，以保持竞争力和创新能力。

随着"学习型组织"这一概念不断得到企业的认可与实践，一系列关于学习型组织的原则得以确立。例如：学习型组织鼓励员工持续学习，培养自我超越的意识，提倡建立学习文化，让知识与经验突破部门墙、实现共享，鼓励创新，以宽容的态度对待失败等。

智能化时代的企业管理也要求知识被大大智能化管理，这为企业带来了前所未有的知识经验积累、整合、传递和迭代的机会，也因此重新定义了"学习型组织"与"知识型员工"。

企业经验知识流失是个普遍难题：老员工退休时带走宝贵经验；在部门之间，知识难以共享；很多实际操作技巧都停留在老师傅的脑子里，新人培养全靠口口相传。这些问题让企业很头疼，但知识图谱技术可以帮上大忙。

知识图谱就像给企业知识建一个智能地图。首先，要把散落在各处的知识收集起来，比如设备参数、维修记录、老师傅的笔记，甚至是设备传感器的实时数据。然后，把这些信息整理成结构化的知识，比如"离心泵→常见故障→轴承过热"这样的关系链条。最后，用图数据库把这些知识存储起来，形成一个立体的知识网络。

有了这个知识网络，企业就能做很多有用的事情。比如当设备出现故障时，系统可以快速找到类似案例和解决方案；在培训新员工时，可以直接调出相关操作视频和 3D 模型；做采购决策时，系统能自动关联供应商评价和库存信息。生产制造工厂用了这个系统后，维护效率会显著提高，新人上手时间也会显著缩短。

在智能时代，要让知识图谱真正发挥作用，AI 技术大有可为。比如采用自然语言处理技术时，员工直接用口语提问，系统就能听懂并给出准确答案。机器学习算法可以分析历史数据，预测设备什么时候可能出故障，提前做好预防。智能推荐系统能根据每个人的岗位和经验，推送其最需要的知识内容。

在实际应用中，这些技术组合起来能产生很好的效果。如某电厂开发了一个智能诊断系统，不仅能识别 20 多种异常情况，还能提前三天预测故障，准确率接近 90%。还有企业把知识图谱和 AR 眼镜结合，工程师在维修设备时，眼前会自动显示操作步骤和注意事项，就像有位专家在旁边指导一样。

实施这样的系统需要循序渐进。建议先从一个具体场景开始，比如设备维护或客户服务，慢慢积累经验。要特别注意人机配合，在做重要决策时还是要有人把关。系统需要持续学习和优化，建立反馈机制。同时企业要做好权限管理，确保知识的安全。

总的来说，知识图谱加 AI 技术可以帮助企业把零散的经验变成系统的知识资产，让知识真正流动起来、用起来。这不仅能提高工作效率，还能降低培训成本，减少质量事故的次数。最重要的是，它能帮企业建立一个持续进化的"智慧大脑"，在竞争中保持优势。当然，要实现这些好处，不仅需要技术投入，还要在组织流程、人才培养等方面做好配套。只有这样，知识才能真正变成企业的核心竞争力。

在打造学习型组织的过程中，除了知识图谱工具，还有不少其他有用的工具和方法论可以结合 AI 技术来提升效果。这些工具和方法论可以帮助企业更好地收集、分享和应用知识，促进持续学习和创新。

首先，智能学习管理系统（Learning Management System，LMS）是一个重要的工具。传统的学习管理系统主要用于课程管理和培训记录，但加入 AI 技术后，它可以变得更智能。比如，系统可以根据员工的学习历史、岗位需求和职业发展目标，自动推荐个性化的学习内容。AI 还能分析员工的学习行为，识别出哪些课程效果好，哪些内容需要改进，从而优化培训计划。某家大型零售企业使用了这样的系统，该系统通过分析员工的学习数据，发现某些课程对提升销售业绩特别有效，于是重点推广这些课程，结果销售团队的业绩显著提升。

其次，协作平台也是打造学习型组织的重要工具。像钉钉、Slack、Microsoft Teams 等协作工具，在结合 AI 技术后，可以变得更智能。比如，AI 可以自动整理和分类聊天记录，提取出有价值的知识点，形成可搜索的知识库。当员工遇到问题时，系统可以自动推荐相关的讨论记录或文档，帮助他们快速找到答案。某家科技公司在内部协作平台上集成了 AI 助手，员工只需输入问题，AI 就能从海量聊天记录中找到相关讨论，这大大提高了问题解决效率。

社交学习平台也是一个不错的选择。这类平台鼓励员工分享经验和知识，形成一个互帮互助的学习社区。AI 技术可以识别出哪些分享内容最有价值，自动推荐给相关员工。比如，某家制造企业建立了一个内部社交学习平台，员工可以分享操作技巧和故障处理经验。AI 系统会自动分析这些分享内容，找出最受欢迎和最有效的经验，推送给新员工进行学习。这样不仅促进了知识共享，还提高了新员工的培训效果。

虚拟导师系统是另一个值得尝试的工具。通过 AI 技术，企业可以开发出虚拟导师，为员工提供实时的指导和反馈。比如，咨询公司可以开发一个虚拟导师系统，新员工在做项目时，可以随时向虚拟导师请教。虚拟导师会根据项目情况，提供具体的建议和参考资料，帮助新员工快速成长。这种系统不仅节省了人力成本，还能确保每位员工都能获得及时的支持。

知识挖掘工具也是打造学习型组织的重要帮手。企业内部的文档、邮件、报告等往往蕴含着大量有价值的知识，但这些知识通常分散在各个角落，难以利用。AI 技术可以自动挖掘这些隐性知识，整理成结构化的知识库。比如，某家金融机构使用 AI 工具分析了几年的项目报告，自动提取出成功的项目经验和失败的原因，形成了一套最佳实践指南，供全体员工参考。

智能问答系统也是一个实用的工具。员工在工作中遇到问题时，往往需要快速找到答案。传统的知识库搜索功能可能不够智能，难以准确匹配问题。AI 驱动的智能问答系统可以理解自然语言，准确回答员工的问题。比如，医疗设备公司开发了一个智能问答系统，工程师在维修设备时，只需输入问题描述，系统就能自动推荐相关的维修手册和操作视频，大大提高了维修效率。

最后，学习分析工具可以帮助企业更好地评估学习效果。通过 AI 技术，企业可以分析员工的学习数据，识别出哪些培训项目最有效，哪些员工需要额外的支持。比如，有家电信公司使用学习分析工具后，发现某些员工在特定技能上进步缓慢，于是为他们提供了额外的培训资源，最终提升了整体团队的能力。

总结来说，打造学习型组织不仅仅是引入知识图谱工具，还需要结合多种工具和方法论，充分利用 AI 技术的优势。智能学习管理系统、协作平台、社交学习平台、虚拟导师系统、知识挖掘工具、智能问答系统和学习分析工具，都可以在不同场景下发挥作用。通过这些工具和方法，企业可以更好地收集、分享和应用知识，促进持续学习和创新，最终提升整体竞争力。

智能化时代的"学习型组织"以更高效的方式来实现企业知识的沉淀、积累与表达,"学习"这件事嵌入每一个员工的行为,员工获取知识与经验的领域更加宽广,方式更为便捷。智能化系统本身突破了重重壁垒,让"学习"这件事不再寄望于个人努力,而是成为组织文化的底色。

当然,新时代的"学习型组织"与"知识型员工"并非一蹴而就,企业和员工有阶段性的任务要做。

● AI 时代的"学习型组织"的三大进化阶段

随着 AI 技术的不断发展,人类与 AI 的协作程度也在逐步加深。这种协作不仅改变了工作方式,也对组织的学习和发展模式产生了深远影响。根据人类与 AI 协作的不同深度,AI 时代的"学习型组织"可以分为以下三个进化阶段:

阶段一:人与取代人的操作型机器人的静态分工

在这个阶段,组织主要依赖于操作型机器人来执行特定任务,操作型机器人通常用于取代人类从事重复性、规程性和高精度要求的工作。例如,制造业中的自动化机械臂、物流中的自动分拣系统等。

许多龙头制造型企业的生产流水线上已经部署了大量的操作型机器人,在很多消费品牌的直播间里也出现了许多卖货的数字人主播。在各个行业,AI 取代人类的比例在未来 2~3 年内还会大幅上升。

亚马逊 CTO Werner Vogels 曾提到,自主机器人技术将在仓储中发挥更大的作用,一个可自主飞行的库存无人机实时更新库存数字副本,将大幅降低叉车操作员在产品检索环节花费的时间。此外,亚马逊还尝试让机器来帮人处理那些可以简单判断的任务,而把需要创造性和进行复杂决策的任务留给人类。这种自动化能进一步提高效率。比如利用 AI 来监测恶意活动,并自动响应,保护客户业务免受安全威胁。自动化不仅仅是解决常见问题的工具,还应该成为标准流程的一部分,只有在处理特殊情况时,才需要人工输入。亚马逊云科技内部通过对支持票进行自动分类和优先排序,有效减少了人工操作,提高了问题解决速度。

这种分工是静态的,即机器人承担固定的任务,而人类则专注于复杂的决策、创意性和管理控制等工作。机器人的引入旨在提高效率、降低成本和减少人为错误。然而,这种模式也可能导致一些岗位的减少或改变,因此组织需要关注职能再培训和人员的职业转型。

学习型组织在这一阶段的组织进化和员工提升重点工作有以下三类:

（1）职能再培训与职业转型。随着机器人和自动化技术承担起更多重复性和规程性的任务，一些传统的工作岗位可能会减少或转变。为了适应这种变化，组织必须积极推动员工参与职能再培训项目。这些项目旨在帮助员工学习新技能，使他们能够适应新的工作角色或探索新的职业路径。例如，一个在生产线上工作的员工可能会被培训成为机器人维护技师或数据分析专家。组织可以与教育机构合作，定制培训课程，或者建立内部培训中心，以确保员工能够获得必要的支持和资源，成功转型。

（2）效率和质量管理。机器人和自动化技术的引入可以显著提升工作效率和产品质量。然而，为了实现这一目标，组织需要不断优化机器人的使用和维护流程。这包括确保机器人的编程和操作符合最高效率标准，以及定期进行性能评估和调整。同时，组织必须建立严格的质量管理体系，监测和减少机器人操作中出现的错误。这可能需要使用先进的监控系统，跟踪生产过程中的关键质量指标，以及实施持续改进计划以解决任何出现的问题。通过这些措施，组织能够确保机器人和自动化技术带来的效益最大化，同时保持产品的高标准质量。

（3）人力资源战略调整。人力资源战略也需要相应调整，以保持员工的积极性和满意度。组织需要制定策略，确保员工感到被重视，并在组织中看到自己的价值和贡献。这可能包括提供职业发展路径、认可和奖励计划，以及建立开放的沟通渠道，让员工能够表达自己的意见和建议。此外，组织可能需要调整其绩效评估体系，以反映新的工作要求和期望。通过这些战略调整，组织能够确保员工的忠诚度和参与度，从而在竞争激烈的市场中保持优势。

延伸阅读

上海三菱×钉钉：让沉睡的文件化身为支持员工的知识库

上海三菱电梯有限公司（以下简称上海三菱）成立于1987年1月，是中国最大的电梯生产企业之一。

从2019年开始，上海三菱与钉钉全面合作，建立统一的业务平台，让及时沟通、跨部门协作、大项目合作等业务高效运转，还构建起机器人助手，解决过去的维保难题。

"三分制造，七分维保"。维保是电梯行业的业务大头。电梯作为复杂、精密的机电设备，需要专业人士的精准维保。但一个长期存在的客观现实是，电梯之间差异很大，维保人员的流动性也大，维保人员的经验和知识积淀通常都不够。

上海三菱积累了很多文件资料，如电梯的设计图纸、安装维保工艺、案例信息等。过去，这些资料以纸质形式保存，大量库存的纸质资料首先带来的是查询的难度，其次，存储也是问题，"库房的租金甚至比办公室租金还高"。而这些宝贵的资料本应创造巨大价值，如弃之不用，则非常可惜。

上海三菱信息部门将这些资料逐批数字化，形成钉钉文档，接入钉钉知识库。常年沉睡的文件被利用了起来。在钉钉上，通过产品条线和常用工具条线，这些信息全部活化，能够真正覆盖和赋能上海三菱全部业务场景。

这个知识库也接入钉钉机器人，帮助一线人员做维保工作。现在，如果维保人员在现场遇到问题，比如故障类型没见过、电梯型号不熟悉、不知道怎么修等，打开钉钉，机器人马上就会告诉他应该怎么办。这不仅为一线员工减了负，还让他们更加聚焦于复杂场景的应对。

（案例来源：钉钉）

阶段二：人与 AI、机器人的动态支援和成长

随着技术的进步和 AI 的发展，组织逐渐进入人与 AI、机器人的动态协作阶段。在这个阶段，AI 和机器人不仅承担重复性任务，还能够提供智能分析、决策支援和数据洞察。员工借助 AI 工具，可以提升自身技能、优化工作流程和进行创新。

例如，在医疗领域，医生可以使用 AI 系统帮助诊断和制定治疗方案，从而提高医疗质量和效率。这一阶段的关键在于人机双方的互补性和协作性，组织需要培养员工的技术素养和数据理解能力，以实现人与 AI 的双向成长。

延伸阅读

达摩院 AI 模型 PANDA 与人类医生的合作

PANDA（PAncreatic cancer Detection with AI）是由阿里巴巴旗下达摩院开发的人工智能模型，专门用于胰腺癌的早期筛查。此前，高发病率、高致死率的胰腺癌尚无有效的早筛查手段，多数患者在确诊时已为晚期。因其先进性，PANDA 被国际医学顶级期刊《自然·医学》(*Nature Medicine*)关注和报道。

PANDA 模型由人工智能技术与医学影像融合研发而成，突破性采用"平扫

CT+AI"的方式,既有 CT 检查的高普及度,又兼顾人工智能的高灵敏度,可以在患者的日常体检与医院检查中进行癌症筛查,辅助医生进行疾病筛查、诊断、治疗和随访全流程,提高临床医生的诊断准确率和效率。

相比传统的人力诊疗,AI 智能诊疗还实现了以下几个方面的提升:

(1)效率极大提升。从人工需 5~15 分钟判断单病种,提升到 2~3 分钟即可判断多个病种。

(2)准确性极大提升。AI 对各病种诊断的敏感性和特异性数据均满足相应病种的准确性要求。

(3)多癌综合检出。从单病种检查到一次胸部 CT 检查多个病种的提升。

(4)实现人类医生无法达到的能力。已实现对胰腺癌和食管癌的筛查,其中关于胰腺癌的相关论文被《自然·医学》发表,其对此评价称:"基于医疗影像 AI 的癌症筛查即将进入黄金时代。"

(5)数智化程度高。通过数据可视化,实现智能筛查、辅助诊断、量化分析。

PANDA 模型的推出是与多家医疗机构合作的结果,包括上海市胰腺疾病研究所、浙江大学医学院附属第一医院等十多家顶尖医疗机构。一方面,这些合作医院提供了大量的真实世界数据,用于训练和验证 PANDA 模型,确保了模型的实用性和准确性;另一方面,PANDA 模型在这些医疗机构进行了大规模多中心验证,显示了稳定的泛化性能。

与此同时,PANDA 模型成为医院医生的辅助工具。在实际应用中,PANDA 模型可以先对医学影像进行分析,然后提供给医生作为参考,帮助医生更快地做出诊断决策。这种合作模式不仅减轻了医生的工作负担,还提高了医疗服务的整体质量。

通过以上方式,PANDA 与人类医生相互成就,有助于更早地筛查出胰腺癌——这个被称为癌王的病症。获益的是患者,他们的生存率和生活质量可以大大提高。

(案例来源:达摩院)

李世石曾表示,AlphaGo 已经彻底改变他们下棋的方式,并把标准定得很高。而且,AI 时代的围棋教学与 AlphaGo 出现之前的围棋教学方法完全不同,如今学生们可以通过研究 AI 下过的棋谱学到更多有用的知识了。

学习型组织在这一阶段的组织进化和员工提升重点工作有以下三类:

（1）技术素养的培养。组织投入资源以提升员工的技术素养，这包括教授他们如何使用各种 AI 工具和进行数据分析。员工将学习如何解读复杂的数据集，运用机器学习模型，以及如何与 AI 系统互动以优化工作流程。例如，员工可能会参与工作坊和在线课程，学习如何利用特定的 AI 软件来自动化日常任务，或者如何通过分析工具来提取有价值的业务洞察。这些技能不仅使员工能够更有效地与 AI 系统协作，而且还能够激发创新思维，鼓励他们探索新的工作方法和解决方案。

（2）团队协作与知识分享。学习型组织强调跨职能团队的合作，鼓励具有不同背景和专业的员工共享知识与技能。这种协作方式能够打破信息孤岛，促进知识的流通和创新思维的碰撞。在这种环境下，员工不仅与同事合作，还与 AI 系统协作，形成一个强大的人机合作网络。一个项目团队可能包括数据科学家、市场专家和 AI 工程师，他们共同工作，利用 AI 分析市场趋势，制定策略，并开发新的产品或服务。通过这种方式，组织能够确保知识和技能在整个组织中得到有效传播和应用。

（3）决策支持系统的整合。组织正在整合 AI 驱动的决策支持系统，以提高决策的质量和速度。这些系统能够处理大量数据，识别模式，并提供基于证据的建议，帮助管理层做出更加精准的决策。一个 AI 决策支持系统可能会分析客户行为数据，预测市场变化，或者评估不同业务策略的潜在影响。这不仅加快了决策过程，还提高了决策的可靠性。员工将学习如何利用这些系统来辅助他们的工作，从而提高整个组织的决策能力。

阶段三：人与机器人共生共同成长

OpenAI 的早期成员和著名 AI 研究者 Andrej Karpathy 认为，未来通过某种形式的融合可以解决与 AI 或其他系统的潜在冲突。他形容道："这有点像大脑的外层皮质，我们是在新皮层上继续构建。只是这次，它是在云端，而不是在我们头脑里，但本质上，它是大脑的下一层。"未来 AI 模型可以小到让人意想不到，未来大模型的工作模式会像一个"大模型公司"。模型们会形成一个生态系统，里面有专门的角色和生态位。问题会根据难度自动上升到不同部分。

在一个后 AGI 的世界里，Andrej Karpathy 希望人们能像去健身房一样经常去"学习"，不仅是身体上的锻炼，还有精神上的。

在 AI 时代的较高进化阶段，人与机器人的关系从协作发展到共生。这意味着机器不仅是工具或助手，而是成为员工工作的延伸和智能伴侣。组织鼓励员工在技术和人际关系上共同成长，通过人机互动创造新的价值和商业模式。这要求建立一种开放的学习文化，其中员工被激励去学习新技能，与机器人协作，并从这种新型伙伴关系中发现新的机会。组织也将提供持续的教育和培训，帮助员工适应这种共生的工作方式，同时确保机器人的设计和应用符合伦理标准与组织价值观。

此外，随着机器人成为工作伙伴，组织结构可能会变得更加灵活和去中心化。项目团队可能会根据需要动态组成，包括人类专家和机器人成员，以实现最佳的工作效率和创新能力。绩效评估体系也将适应这种变化，不仅评价员工的个人贡献，还包括他们与机器人协作的效果。

在这种共生的工作环境中，创新和适应性将成为组织成功的关键。员工和机器人将共同探索未知领域，并快速适应市场和技术的变化。这种新型的工作关系不仅将提高生产力和竞争力，还将为员工带来更有意义和满足感的工作体验。

这需要建立开放的学习文化，促进创新，缩短适应的时间。此时，技术的发展将使得人类能够专注于更具战略意义和创造力的工作，比如通过数据分析发现新的市场机会，通过跨学科合作提出创新方案等。人在这种共生关系中也变得更加敏捷和具有前瞻性。

学习型组织在这一阶段的组织进化和员工提升重点工作有以下三类：

（1）开放学习文化。组织正在积极培养一种开放的学习文化，这种文化鼓励员工持续学习、自由探索，并乐于接受新思想。在这样的环境中，员工被赋予了更多的自主权，他们可以根据自己的兴趣和职业发展需求选择学习内容和路径。组织提供多样化的学习资源，如在线课程、研讨会、工作坊和导师制度，以支持员工的个人和专业成长。此外，组织还鼓励员工分享他们的学习成果和经验，以促进知识在组织内部的传播和应用。这种文化不仅增强了员工的创新能力，还提高了他们对变化的适应性，增强了组织的凝聚力。

（2）创造性和战略性工作重心。学习型组织正在引导员工将工作重心转移到更具创造性和战略性的任务上。这意味着员工将更多地参与需要创新思维和战略规划的项目中，如新产品开发、市场拓展和业务模式创新。组织利用AI和机器人提供的数据洞察和分析结果，帮助员工识别新的市场机会和客户需求。员工被鼓励运用这些洞察来设计和实施创新方案，从而推动组织的持续增长和竞争优势。这种工作重心的转移不仅提升了员工的工作满意度和成就感，也为组织带来了新的活力和创新动力。

（3）人机协作生态系统建设。在一个稳定且高效的人机协作生态系统中，员工和 AI、机器人等智能体共同工作，相互补充，以实现最佳的工作效果。组织通过设计合理的工作流程和协作机制，确保人机之间的协作顺畅无阻。员工被培养成为敏捷和前瞻性的工作者，他们能够快速适应新技术，有效地利用智能体的能力来提高工作效率和质量。同时，组织也注重保护员工的利益，确保他们在人机共生环境中的权益得到保障。这种人机协作生态系统的建设使组织能够持续适应快速变化的市场和技术环境，保持竞争力和可持续发展。在 AI 时代"学习型组织"的三大进化阶段对比如表 4-2 所示。

表 4-2　在 AI 时代"学习型组织"的三大进化阶段对比

阶段	组织进化和员工提升重点工作	详细描述
阶段一：静态分工	职能再培训与职业转型	当机器人承担重复性任务时，推动员工技能再培训，帮助他们适应新角色或职业路径
	效率和质量管理	优化机器人使用以提升工作效率和产品质量，同时监测和减少操作错误
	人力资源战略调整	制定策略，保持员工积极性和满意度，确保他们在组织中的价值与贡献
阶段二：动态支援与成长	技术素养培养	提升员工使用 AI 工具和数据分析的能力，优化工作流程并进行创新
	团队协作与知识分享	促进跨职能团队合作，通过知识和技能分享，加强人机结合的工作环境
	决策支持系统的整合	利用 AI 进行智能分析和决策支持，实现精准和快速的决策过程
阶段三：共生共同成长	开放学习文化	推动组织内的开放文化，促进学习和创新，使员工能自由探索新技术和工作方法
	创造性和战略性工作重心	使员工专注于战略意义和创造力的工作，运用 AI 和机器人生成的洞察推动新市场机会的发现和创新方案的开发
	人机协作生态系统建设	形成稳定且高效的人机共生环境，培养员工的敏捷性和前瞻性，使组织持续适应快速变化的市场和技术环境

通过表 4-2 中的直观对比，我们可以清晰地看到学习型组织在不同阶段的进化重点和员工能力提升方向不同，通过这样的阶段化发展，组织可以逐步实现人与机器人的高效协作，最终达到共生共同成长的阶段。

同时，在这三个进化阶段中，学习型组织的核心在于如何有效利用 AI 和机器人的技术优势，同时重视人类员工发展和文化建设，以实现技术与人本管理的平衡。

● AI时代"学习型组织"的挑战与超越

和提升OI的道理一样，进化组织在管理上是最具挑战性的。在打造学习型组织时可能会面临的关键挑战具体如下：

（1）学习与绩效的平衡。短期业绩压力可能挤压学习资源，需设计"学习-绩效"双赢机制，确保员工既能满足当前的工作需求，又能不断提升自身能力。比如亚马逊"逆向工作法"（Working Backwards）强调在项目过程中试错与学习的平衡精进。

（2）知识共享的文化障碍。员工可能因竞争或隐私顾虑不愿分享知识，此时需建立信任与激励机制，这种机制设计同样适用于内部员工。比如建立"知识积分"系统，用激励机制的设计来促进平台的知识共享与专业社区的建设。

（3）技术依赖与人性化回归。过度依赖数字化工具可能削弱面对面交流的价值，需平衡技术与人文。比如曾引起广泛讨论的Zoom疲劳症（Zoom Fatigue），是指在频繁使用视频会议工具（如Zoom、Microsoft Teams、Google Meet）后，用户出现的身心疲惫、注意力下降、情绪低落等现象。这一现象在远程办公普及后尤为突出，引发了广泛关注和反思。Zoom疲劳症的成因包括因为高频视频会议带来的行程密度和时间压力，以及机械式专注屏幕引起的身体疲劳、社交缺失和信息过载等问题。我们在推进智能化时不要忘记以人为本，要了解员工对数字新环境的反馈。

（4）全球化与本地化的融合。跨国企业需在统一学习框架下尊重区域差异，不要因为借鉴全球经验而失去在本地落地拿结果的可能性。"全球-本地"双轨学习计划的设立可以应对全球化与本地化双重挑战，通过全球视野与本地实践的深度融合，打造既能适应全球统一战略，又能灵活响应区域市场需求的项目制培训，这也不失为一种创新的人才培养机制。

总结来说，学习型组织理论从系统思维出发，融合知识管理与组织行为学，逐步发展为数字化时代的核心竞争力构建框架。其核心价值在于将学习从个人行为升华为组织能力，使企业能够持续适应环境变化、创造新知识并实现自我超越。未来的学习型组织将呈现以下三大特色：

（1）智能化：AI 驱动的个性化学习与知识管理。

学习型组织将利用 AI 推动个性化学习和知识管理。AI 可以根据每个员工的学习风格、能力和进度制订学习计划，确保学习内容的相关性和有效性。此外，AI 还能够自动化知识管理流程，包括知识的捕捉、存储、检索和共享，使得组织内部的知识资源更加易于访问和应用。通过智能化学习系统，员工可以更高效地获取所需信息，提高学习效率，同时也促进了知识的创新和应用。

（2）生态化：跨越边界的开放式学习网络。

未来的学习型组织将构建跨越组织边界的开放式学习网络。这种生态化的学习环境将促进不同组织、行业和地区之间的知识和经验交流。通过这种跨界合作，学习型组织能够获取更广泛的视角和资源，从而加速创新和解决问题的能力。开放式学习网络还将鼓励员工参与到更广泛的社群中，如在线论坛、研讨会和合作项目等，这些都能增加员工的学习和成长机会。

（3）人性化：技术赋能与人文关怀的深度融合。

技术赋能与人文关怀的深度融合将是未来学习型组织的另一个关键特色。虽然技术在推动学习和工作效率方面发挥着重要作用，但组织也将重视员工的情感需求和个人发展。这意味着在引入新技术的同时，组织将确保这些技术能够增强员工的福祉，而不是取代人性化的互动和支持。通过提供灵活的学习方式、关注员工的心理健康和鼓励工作与生活的平衡，学习型组织将创造一个既高效又充满关怀的工作环境。

这一理论的持续演进，不仅为企业管理提供了实践指南，也为组织在智能时代的生存与发展指明了方向。

第 ③ 部 分

AI 管理学的应用与未来

第 5 章

AI 管理学的三大应用场景

第 1 节　应用场景一：客户牵引，运筹帷幄

"Customer Engagement"这个英文单词很生动，但是中文不好翻译，这里我想把它译为"客户牵引"。传统概念中的"获客"是"客户增长"的关键步骤，而客户增长只是客户牵引的前半部，被包含于我所谈的客户全生命周期的关系建设中。品牌通过客户牵引获得目标客户从潜在客户到忠诚客户的关系增进，以获取最大的客户价值。

因为营销的本质是拟真化模拟实时互动过程，智能升维体恰恰可以帮助企业，将客户互动从线性、单向的路径，升级为非线性、实时双向的可持续循环。智能升维体当中的 DI 和 AI 两大要素可以为营销带来一系列增量价值，例如还原客户的真实意图，捕捉情绪与偏好；应用 AI 生成内容与自动化投放大幅降本增效，达成效率革命；驱动组织、合作与流量逻辑全面转向技术赋能，重构客户牵引赖以为生的生态环境。

当企业通过智能升维体获得深度理解客户的能力，真正摆脱对流量入口的依赖时，就能有效提升经营效率，成功地将客户培养成品牌忠实用户。站在智能升维体的视角，企业需要不断提升主动性，去深度理解客户的复杂性，将客户牵引升维到新范式下，最终实现高效的内容产出、成本控制、可持续拓展人群和数据等确定性价值，同时激发企业内部团建设、组织阵型设计与能力提升等方面的变化。

- 客户牵引是什么

在营销领域，客户牵引是一个复合概念，通常也被翻译为"用户参与"。在狭

义层面上，客户牵引是指企业通过运营不同的媒体渠道和内容去触达客户，带动客户产生与企业的互动。在广义层面上，客户牵引是指企业形成和培养客户与企业之间良好关系的过程，以及在此过程中，客户、企业、渠道和代理商等角色的一系列行为所造成的影响。

客户牵引在交易的前后链路上普遍存在。因为企业试图通过在不同的媒体渠道提供合适的价值，以此吸引客户进行交易和复购，最终达成目标——提升客户的品牌忠诚度。这里涉及的媒体渠道，既包含品牌媒体、效果媒体、社交媒体、KOL（Key Opinion Leader）、达人营销、娱乐营销、内容营销、电子邮件营销、短信营销等线上渠道，也包含零售店、口碑营销、线下活动等线下渠道。

在传统的数字营销观念里，是把"客户参与"作为主概念的，因此客户牵引的关键是将主动权交还给客户，让客户选择何时何地与品牌进行互动。所以，企业在各个媒体渠道运营的动作都围绕一个目标：让客户更容易选择和接纳这些动作，进而产生后续的互动行为。但是，过去这些客户参与行为通常是单一、单次、短暂的。

在智能化时代，企业需要强化一个新视角，那就是把客户牵引转变为不断引导客户与企业产生强联系，进而改变客户互动行为，形成一个可持续且不断增强的正向循环。这需要企业依靠在不同媒体渠道上的甲方优势，使用形式、技术、内容等不同手段，进行一系列有效的牵引动作，吸引客户产生互动。有了这种视角的转变，企业在实际应用中，不仅要重新设计和规划客户人群、媒体渠道、内容形式，也需要优化团队架构、运营和技术。

有一点值得注意的是，营销所依赖的技术手段虽然日新月异，但本质从未改变，那就是最原始朴素的人对人、点对点，可充分、完整地进行实时互动过程。在智能化时代，营销在本质上依然是这种实时互动过程的拟真化模拟。过去，企业认为，只要通过营销将客户对企业的投入变得更多，客户与品牌的联系自然就会更强，这种投入包括时间、购买频次、情感投入等。在智能化时代，这个逻辑依然成立。

DI 和 AI 技术的升级为营销带来两方面作用：一方面，基于对现实互动的拟真，互动营销为媒体渠道带来了客户行为和流量价值的增量；另一方面，传统渠道有限的点对点式沟通，能够以客户个体为单位，迅速地复制到无限的渠道及触点当中，使之可以瞬时、个性化地设计出企业和客户间的联系。这两方面的作用将持续较长的周期，直至 AI 能力发展到极致。到那时，AI 可以即时找到最符合客户需求的互动内容，而不需要再依赖企业对媒体渠道的设计与规划。

客户牵引对企业有多重要？

首先，企业能够持续进行高效的客户牵引，就构建了运用智能化技术来深度理解客户的能力。

例如，社交媒体和直播渠道是目前营销策划领域实现双向互动的典型渠道。过去，传统范式的客户参与设计通常是先研究已有客户群体的已有行为，再进行内容设计。但这些渠道往往缺少完善的数据体系，因为企业不得不把互动设计和规划的一部分主动权让渡给渠道和 KOL、达人等角色，也因此牺牲了一部分长期优化的可能性。很多企业认为这是保障项目顺利进行的必要代价。这从客户牵引角度来说并不可取。

事实上，原来客户行为大体是"线性"的、有先后顺序的，从曝光几次到点击几次，再到浏览商品或者参与等，链路越深，跟品牌关系越紧密，同时可以按线性逻辑分析客户处于哪个阶段，然后想办法强化客户和品牌的联系。

但是随着内容平台成为消费时长主要阵地，客户行为成为"非线性"的，客户现在跟一个品牌的互动可能不是按照这个线性逻辑关系来推进的：可能在 KOL 互动时，客户相信 KOL 的推荐，就买了，但客户对品牌并不了解；因为互动游戏的设置，客户主动转发、拉新，以获取更多的优惠。按原来的线性分析逻辑，这个客户已经深度参与互动和购买了，那么一定是忠实客户；但事实上，如果下次其他竞品品牌选择了同样的 KOL，这个客户可能就变成竞品的了。加上互动渠道积累的客户行为数据是跳跃的，不像电商是全链路的。

所以企业不能按照原来线性的逻辑来分析客户，设计牵引路径，而是要直接把客户的单个动作、客户彼时的心理和结果非线性的、跳跃性的联系起来（不完全依赖表现数据，而是用 AI 模型做分析和预测），在下次面对同一客户做互动设计的时候，才能更加准确、有效。也就是传统上守着某一平台"种草"的想法，要改为针对个体的"种心"。

企业必须重视数据的缺失问题，并通过 DI 和 AI 的技术升级，用非线性的预测模型替代线性分析的逻辑，将每次客户互动都视作 AI 模型能力训练的真实数据源，并用于选择 KOL、生产内容、设计互动形式，才可能实现短期销量和长期品牌忠诚度双双提升的效果。

其次，客户牵引是企业摆脱对流量入口的依赖，提升经营效率的必要条件。

随着淘宝、京东、Shopify、字节、拼多多、百度等平台兼媒体渠道的发展，如何获取高效的流量早已是各类企业的普遍难题。企业站在平台和媒体视角推出的任何产品在本质上都是为了高效利用这些渠道的流量，并不足以让企业的销量持续增长或长期留住客户。将渠道视为渠道，将流量还原为客户，寻找在购买链路上前、中、后阶段都能与客户产生互动的牵引方法，才可能加强他们与品牌的情感联系，帮助企业主留住现有客户，同时业务才能可持续发展。

最后，驱动客户牵引是企业能够将客户真正培养成品牌忠实用户的关键。

客户与企业和品牌的关系并不仅仅发生在媒体渠道的客户牵引过程中，还存在于客户的生活中。客户作为自然人，在生活中可能接触方方面面的信息。例如，客户阅读的一本书中记载了某一时期的居民生活状态，客户因此自发形成对他们生活方式和艺术风格的向往，此时客户既可能更容易被潜移默化地影响，也可能主动将这种向往落实到自己的消费行为中。企业如果使用传统的品牌和效果广告，则很难捕捉到客户的偏好，在营销过程中会不可避免地出现错位，但在新的客户牵引逻辑下，企业可以将渠道触点升级到客户可能接触的所有信息中，由 DI 和 AI 计算牵引触发的时间和形式，例如非固定广告位文字的自动广告触发。

● 客户牵引的主流模式

市场上对于客户牵引的研究与应用关注其中的三种主要角色，即企业、渠道、代理商。根据出发点的不同，企业可以定义为甲方视角，渠道和代理商可以定义为乙方视角，甲、乙双方共同作用后形成第三种视角。

1. 甲方视角的客户牵引

甲方视角的客户牵引可以认为是在另一个概念 CRM（客户关系管理）的基础上生发出来的，然后独立演化。CRM 本身也在拓展，从已成交的客户关系拓展到社交平台上，获得潜在客户的 SCRM。在现阶段，客户牵引与 CRM 形成了螺旋交互影响的关系。

这两个概念在本质上相通，都在保障企业持续为客户提供价值，以此提高客户品牌忠诚度和客户盈利能力。两者的区别在于以下几点。

CRM 虽然是企业为了与用户进行交互、双向交流迈出的第一步，但其内核依然是企业先明确标识出用户身份，随后将收集到的客户信息和行为补全，便于企业进行产品、营销和互动的后续优化。这就意味着它的双向互动有时间差，而且大部分客户关系仍然是单向的，通常由企业主导推送，而非客户。

客户牵引则是企业依托技术和渠道的发展，例如数据监测、数据追踪、数据处理等技术，在社交媒体、直播平台、视频弹幕等渠道，将客户无时无刻不在主动发生和表达的自身信息、行为，以一种可以被结构化解读的形式汇聚起来。这些信息、行为越来越多被用在互动中实时调整和优化。在这一路径中，企业才真正开始把传统的单向营销变成大规模但又个性化的双向互动模式。

Forrester Research 曾经定义了让客户互动发挥作用的四个关键要素，可以作为这一视角下的最好注解。这四个关键要素即参与（Involvement）、交互（Interaction）、亲密关系（Intimacy）和影响力（Influence）。前两者是基础和表象，仅有它们不足以影响到甲方视角的长期规划；而后两者只能从更频繁的客户互动中获得，重点在于允许客户主动与企业互动，并及时得到回应。

在这一视角下的客户牵引过程中，企业会大量投入人群分层、数据标签体系建设、互动营销活动设计等基建中，并在渠道选择和内容生产时，更多依赖于自有数据和资源的协调应用。这样做的好处无疑是能够更加有效地协调和调动内部全链路的资源和力量，但不足之处也很明显。

受限于线上环境的隐私属性以及系统、渠道、平台之间长期存在的区隔，目前企业在以线上渠道为主的营销之后，仅能知晓有客户在进行客户互动，但并不能真正知晓单一客户具体是谁，以及为何他会产生对应的具体互动行为，也很难与 CRM 逻辑匹配。CRM 尚且还能在知道客户姓名、地址和邮编等基础属性的基础上，给单一客户赋予一个 ID（Identity）识别号，进而建立单一客户视图（Single Customer View，SCV），但线上的客户牵引却更难实现。

目前，仅有平台型企业能够解决这个问题，因为它们拥有足够多客户数据。对绝大多数企业，尤其是那些拥有不同系统的企业来说，甲方视角的客户牵引仍然是一个挑战。举个不完全恰当的例子，业界讨论已久的生命周期价值（Life Time Value，LTV）这一概念迟迟无法在企业视角的客户牵引中落地，其中一个根源也来自于此。

2. 乙方视角的客户牵引

乙方视角的客户牵引以渠道和代理商为代表。这个视角并非完全没有企业参与，只是在具体落地时，更多是基于企业定义的"客户"视角。甚至极端来说，乙方视角可以暂时忽略甲方的具体诉求，仅考虑客户需求。只要客户互动为甲方企业带来能够满足甲方的品牌忠诚或者效率的本质诉求即可。

这一视角下的客户牵引是跟具体渠道强相关的，只要符合以效率为原则的大前提，任何互动的形式都可以被接受，因此对于客户牵引形式的设计，各个渠道可谓五花八门。

比如社交媒体上发展起来的活动抽奖玩法"砸金蛋"、趣味游戏"消消乐"、裂变引流玩法"组队助力砍一刀"等，直播渠道上发展起来的明星直播、企业高管和内部员工直播，以此把客户导向活动报名、线下体验预约等，传统内容营销渠道上发展起来的软文、新闻稿、SEO（Search Engine Optimization）等，EDM（Entity Data Model）营销渠道上发展起来的订阅、问卷等，还有知识问答、投票、测评等诸多形式，在某些阶段都有过现象级的表现，为渠道带来了极大的收益。但这些互动对于企业来说，是否起到了客户牵引的作用，答案就见仁见智了。

乙方视角下的客户牵引有两大痛点：

（1）乙方视角下的客户牵引可能与甲方提升品牌忠诚度的真实目的渐行渐远。目前，在乙方视角下，渠道方普遍有商业化压力，而代理商则需要为企业承诺投放效率，这两者也大多是基于项目、节点进行考核逻辑的设定，那么这两者不管是技术的应用，还是内容的设计，都不可避免地走向短期的效率最大化。而企业对渠道数据和渠道人群的认知缺失，在很长周期内仅能通过有限的数据维度对客户牵引效果进行直接衡量，缺乏品牌忠诚度提升相关联的长期衡量手段。

（2）乙方视角下的客户牵引强依赖于渠道的流量构成，一旦流量端出了问题，再成功的互动形式也很难达到真正的效果。在全网各个渠道有过媒介投放经验的企业往往会发现，好的客户牵引或者说用户互动形式，大概率诞生于小流量渠道，特定客户人群在这一渠道上的表现都很好，一旦企业将小流量渠道玩法复制到大流量渠道，却经常"得乎其形，不得其神"。究其根源，还是在于渠道流量构成的不同，或者说这样的客户牵引设计把流量这一客户的行为表现当作客户这一复杂自然人来思考，以为线性表现能够代替人，这显然是不可取的。

3. 甲、乙双方视角共同作用的客户牵引

鉴于上述两方视角的局限，目前市场上更加主流的做法无疑是双视角共同作用——由甲方视角先将难以数字化表达的品牌忠诚度转化为相对更为清晰的用户黏性，挑选甲方能认可而乙方又能进行优化的内容，建立合适的数字指标，构成

衡量客户牵引的方式。这样一来，甲方可以按照一套标准，对各个渠道的数据表现进行收集，并通过运营进行优化。

但即使有甲、乙双方的共同努力，在客户牵引的另一端，即客户端本身也具有复杂性，在实际执行时依然存在诸多交互沟通上的问题。这也是在这一视角下客户牵引做法的最大不足所在，其表现为以下三种现象：

（1）信息过载。目前企业普遍还不能通过客户牵引有效抓取客户所需的信息，保险的做法是尽可能做全，这就导致客户在接受同品类信息时面临信息过载的问题。例如洗衣粉有上百个品牌和功能，客户不可能真的理解这些信息，仅能凭借过往的经验进行判断。

（2）数据与真实人的差距。互动和数据能够表达客户的行为，但难以表达客户的情绪。而客户当下的情境和情绪对互动效果的影响却非常关键。在解决了如何挑选渠道、互动形式和内容等空间属性的问题后，企业如何考虑在与客户沟通时，基于客户当下的情绪，挑选何时出现这一时间属性的问题，目前普遍还没有解法。

（3）人类学差异巨大。语言、性别、地域等人类学差异将导致互动能够带来的效果出现极大差异。而一个客户作为一个自然人是由诸多人类学分类构成的，如何判断不同的差异最终对客户可能造成的不同权重的影响，选择合适的互动表达，根据目前的主流做法也难以解决。

如果用更简洁的语言表达，所有问题的根源在于人的真实意图被自觉和不自觉地掩藏了，这种掩藏是无时无刻、主动或被动、难以杜绝、持续发生的，例如一个人每次看到一个明星代言的广告时都会点击，甚至购买，并非因为他喜爱这个广告背后的品牌和产品，而只是因为他喜欢这个明星。任何企图完全依赖正向路径理解用户意图并找到解法的范式都注定存在缺陷。

智能化为解决以上这些问题提供了新的可能性。

• 在智能化时代，DI 和 AI 驱动客户牵引新范式

在智能化时代,应用价值为导向的 DI 为分布式解决非结构化数据向真实人还原提供了解题思路，而基于生成式框架训练的 AI 大模型使得基于海量跨时空数据构建起来的实时双向交互有了技术支撑。为便于理解，我们将此分为人群运营、渠道/触点选择、内容生产、系统搭建和数据管理五个次级范式具体阐述。

（1）人群运营的新范式，是智能化时代客户牵引的锚点。

在传统主流范式中已经有一些效果比较好的实践，比如统一的 ID 识别体系、生命周期价值、客户一方 CDP 与乙方 DMP（Data Management Platform，数据管理平台）的联动等，但要真正解决人群运营中的困境，必须正视一个事实，即目前的每个人群，不管是以什么维度和标签体系构建的人群，在进行客户牵引时，一定是新客户的获取和老用户的留存同时发生，因此必须从数字人向自然人、真实人还原，实现 PV（Page View，页面浏览）→UV（Unique Visitors，非重复访客）→TAUV（Target Audience UV，目标受众中的非重复访客）的价值转变，真正做到将客户在互动的主动性上进行完全激发，或者是在主观意义上认为的主动激发。

人群运营新范式分析目标人群在客户 CDP 和乙方 DMP 数据，通过统一的 ID 识别体系，将结构化数据还原出来，形成在数量意义上的人群生命周期价值。

这个方法将目标人群在搜索行为和社交媒体、KOL 及直播渠道上的行为数据，与当下的内容数据结合，将行为还原为内容，以 AI 对内容的理解还原出用户的非结构数据，如情绪、偏好、时空节点等，构建出目标人群的瞬时情绪价值和行为价值，以生命周期价值结合瞬时情绪价值为锚点，还原人群运营所需的周期和瞬时行动、内容、形式、产品等信息。人群运营新范式如图 5-1 所示。

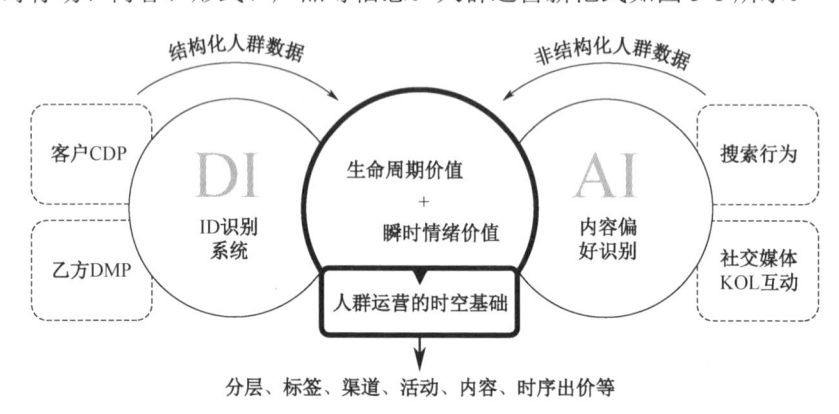

图 5-1　人群运营新范式

（2）渠道/触点选择的新范式，是智能化时代客户牵引的落脚点。

在过去的逻辑中，选定人群后的渠道/触点选择受限于人群认知能力，往往虽号称做 360°立体化选择，但实际选择过程是以人群为圆心向周围辐射的一个面，乃至是以人群中的一个典型目标人，做一天 24 小时的线性表达，并不能做到真正意义上的立体化触达。举例来说，在极限状态下，仅可以做到当目标人群在搜索过某些关键词后，在其后续触达的效果广告位上展现相关创意内容，进行二次触达。

在智能化时代，真正基于时空属性的序列化投放成为可能。在渠道/触点选择的新范式下，在某时点 1，TA-UV 通过渠道 1 和渠道 2 被动接收到信息 1 和信息 2，在几乎同一时点 1，TA-UV 又从渠道 3 和渠道 4 主动获取了信息 3 和信息 4，信息 1 和信息 2 未必能够 100% 获取，但信息 3 和信息 4 几乎可被完全识别，将信息 3 和信息 4 内容作为当下时点的 TA-UV 关注点，由关注点挑选投放内容，由内容适合展现的形式，集合对 TA-UV 的渠道偏好选择，挑选渠道 5。在某时点 2，TA-UV 打开渠道 5 时，推送相关信息 5，如 TA-UV 在某时点 2 前，又增加了多个有渠道/触点行为的时点，则按上述逻辑重复计算。

在新范式下，即便受限于目前跨平台的物理区隔和广告位的购买逻辑，很难在完全意义上实现渠道与内容 TA-UV 当下价值预测的实时匹配，也需要具有在通过分析选定高概率基础上用户选择的渠道后，进行内容的序列展现的能力。渠道选择新范式如图 5-2 所示。

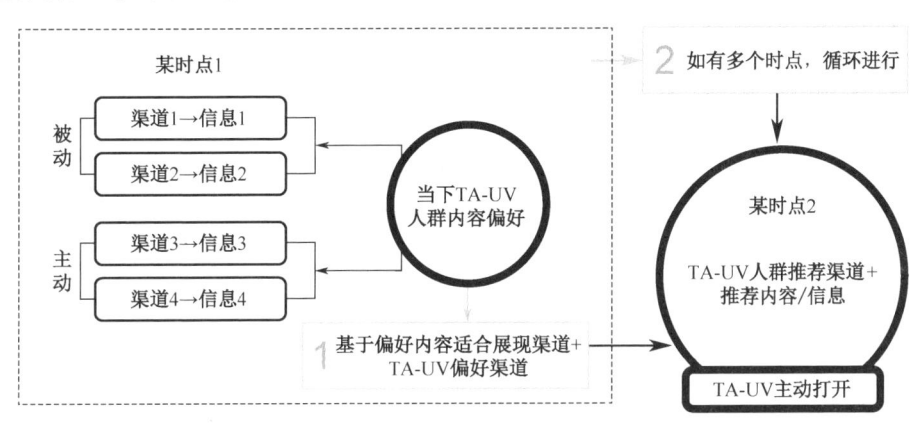

图 5-2　渠道选择新范式

（3）内容生产的新范式，是智能化时代客户牵引的关键点。

从严格意义上来说，过去的内容生产有以下两个传统路径。

第一种是从企业/品牌自身出发，从偏品牌的 TVC 和偏活动、偏效果的标准、动画、短视频广告，在生产相应内容时，固然考虑了人群的偏好，但受限于创意内容数量的限制，无法在有效的用户互动渠道产生反馈。

第二种是从用户偏好出发，利用企业/品牌/活动元素，以效率为导向，即时生成创意。这部分的实时效果表现较好,但也被普遍诟病与企业最终想要达成的用户忠诚度背离。

问题的关键还是在于过去没有可用的技术路径和新范式,无法同时满足品牌效果化和效果品牌化的双重需求。即便有了明确的人群和适合的渠道,由于没有合适的内容生产,所以结果也仍旧不佳。

而智能化提供了内容生产的新范式,它可以让客户产生牵引行为时的主动性和牵引权控制在企业手中,企业不是一味地迎合,而是在对自身产品的极致化表达后,通过 DI 加持,利用 AI 实时生成海量内容。例如在 KOL 领域,按照传统路径需要企业出需求、选 KOL、出脚本、拍摄、剪辑、分剪投放测试、推广等各个环节,因为成本有限、数量有限,所以在传播过程中,客户可参与、可互动、可被牵引的空间有限。但以目前的 AI 技术,已经完全可以做到将链路精简为选 KOL、拍摄基本动作和表情元素,随后,需求→脚本→剪辑→投放均由 AI 产品完成,极大地降低了单条片子出脚本和单独拍摄的成本以及做创意测试的成本。

同样,在搜索领域也可以借助 AI 工具,自动完成海量的拓词、分类、选词、出价等步骤,缩短链路,提升效率。内容生产新范式如图 5-3 所示。

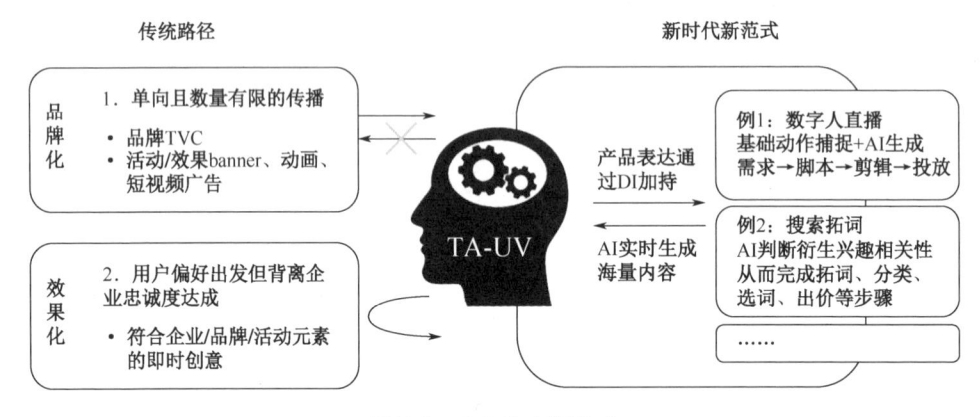

图 5-3 内容生产新范式

(4)系统搭建的新范式,是智能化时代客户牵引的保障点。

为了将上述人群、渠道、内容和企业本身的数据、活动等管理起来,营销领域已经存在海量的各式各样的系统,并且与日俱增。单独来看,每个系统都有存在的必要。例如随着渠道复杂性的增加,个性化要求的日益增高,营销活动以及选择的数量多且复杂。活动管理和规划工具都是必需的,管理自动化的能力更是必需的。每个系统有各类沉淀出的操作选项，这些选项可以被存储和复用，然后还需要保留添加更多的功能升级、测试应用的空间，仅仅这一步便可导致相当复杂的市场活动和反馈回路管理。

但事实上，不管是依托于渠道的能力，还是大平台依托自有数据自建的能力，都很难把所有节点的系统搭建得非常完善。即便是平台内部的各个系统之间，由于组织上和实际执行上的种种原因，也很难做到真正意义上的有效融合，因此智能化时代系统构建的新范式既不能依赖于渠道，也不能完全自建，而是应该通过类似思维链的方式，在 AI 模拟生成较多的能力模块，通过云端或模型 agent 串联的形式，搭建相关能力，形成管理界面的统一但能力模块的云化、端化、agent 化。系统搭建的新范式（以 DSP 投放系统为例）如图 5-4 所示。

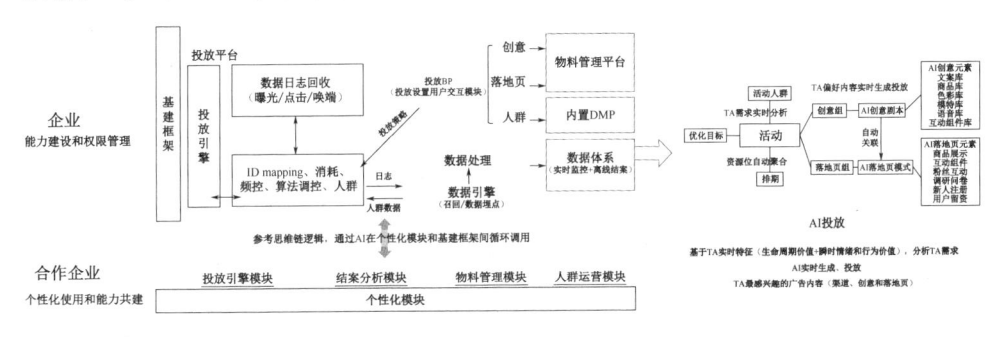

图 5-4　系统搭建的新范式（以 DSP 投放系统为例）

（5）数据管理的新范式，是智能化时代客户牵引的基础点。

除了上述四个新范式，数据管理更加是支撑客户牵引，乃至是新时代营销所有范式的基础点。

如前文所述，数据管理要能识别人的结构化数据和非结构数据，还要具备不断丰富真实人、还原真实人的能力，甚至更进一步是创建和演化 AI 人的能力，最终才能真正通过数据，把人和企业品牌力与销售 ROI 等关联起来。

在新范式之前，使用现有的数据库、数据采集、数据清洗、分析等方法，数据自动化工程技术当然是必需的。唯一需要时刻注意的是，这些工具和技术需要被纳入更大范围的框架当中，即从管理营销领域的数据到人类世界的数据转变，除了人群行为通过互动产生的数据和人群本身数据，人类世界已知的知识体系的数据，尤其是心理学、社会学、人类学等学科领域的数据，同样在数据管理的新范式中。

因此这一领域的数据管理的新范式最终将在原始数据管理向标签式的数据管理转变的基础上，经历人群知识图谱式数据管理、人群应用数据中心式管理等阶段，最终向拟真人转变。每个阶段的数据源和能力积累都是下一阶段发展的重要组成部分，且前一阶段的数据积累将在下一阶段获得爆发式的应用。数据管理的新范式如表 5-1 所示。

表 5-1　数据管理的新范式

分类	原始数据管理	大数据管理	人群中心应用数据管理	真实人 AI 拟真数据管理
数据源	自有数据、CRM 数据	渠道数据、客户基础数据、客户行为数据	用户偏好数据、人类社会科学数据	AI 数据、人类世界已知数据
核心数据技术	1. 数据清洗与预处理 使用 ETL 工具进行数据抽取、转换和加载。 应用数据质量检查工具进行数据校验。 2. 数据存储 应用分布式文件系统处理标记未处理但能处理的非结构化数据。 部署关系型数据库，进行结构化数据存储。 数据仓库技术。 3. 数据治理 建立数据治理框架，确保数据质量和合规性。 实施数据审计追踪数据使用情况。 应用自动化工具进行数据治理流程管理	1. 数据识别与链接 搭建数据 ID 识别体系，基于算法进行匹配数据归一。 利用知识库进行实体链接与消歧。 使用图数据库存储实体及其关系。 2. 数据标签化 用自然语言处理技术进行文本数据标注。 通过机器学习算法实现自动标签分类。 使用数据标注工具辅助人工进行精确标签化。 3. 数据分类与检索 应用数据挖掘技术进行识别与分类。 实现全文搜索引擎以支持快速数据检索。 构建用户行为分析模型，优化数据推荐与搜索结果	1. 数据知识推理与融合 采用逻辑推理算法进行知识推理。 实施数据融合技术，整合多源异构数据。 建立知识图谱索引以支持复杂查询。 2. 数据集成与流转 应用数据总线技术，实现数据集成。 实施数据流转监控与调度。 使用数据加密技术，保障数据安全。 3. 数据分析、决策和应用工具 利用数据分析工具挖掘数据价值。 开发应用场景的数据可视化仪表板。 建立决策支持系统，辅助业务决策	1. 虚拟数据人格化 开发具有个性特征的用户数据模型。 利用 AI 实现数据的自我学习和优化。 创建数据驱动的虚拟角色以提供定制化服务。 2. 虚拟数据环境构成，模拟演算技术 建立虚拟数据模型以模拟真实世界环境。 使用云计算技术提供可扩展的数据存储和计算资源。 利用数据加密技术保障虚拟数据环境的安全性。 3. 真实人样本数据模拟，批量拟真数据 应用真实样本数据模拟。 利用大数据分析技术，模拟真实人行为模式。 借助机器学习算法，预测用户行为。 应用自然语言处理技术，理解人类语言习惯
关键代表产出	可读的数据报表	ID 识别体系 数据标签体系	人群知识图谱 人群应用方案	AI 拟真人

延伸阅读

客户牵引新范式的案例实践

案例1：4A 正在积极推进 AI 应用

各大 4A 广告集团公司早已纷纷下场进行 AI 的开发及应用。

如 WPP 集团推出 Production Studio，这是一款使用 NVIDIA Omniverse 开发的支持人工智能的端到端制作应用程序，可简化和自动化文本、图像与视频的创建，为广告主和营销人员改变内容创建方式。

阳狮集团则将其企业知识连接到名为 CoreAI 的实体下。CoreAI 整合了阳狮所有的专有数据，包括全球 23 亿人的领先消费者数据，数万亿关于内容、媒体和业务绩效的数据点，以及阳狮过去发布在人工智能平台 Marcel 上的近 1 PB 的资产，CoreAI 还使用结构化和非结构化数据，整合了来自阳狮集团的基础人工智能模型，包括 Publicis Sapient 的 Bodhi 机器学习平台，以及众多人工智能代理和 API 层。CoreAI 还拥有包括 OpenAI、Adobe、亚马逊、微软在内的十几个第三方人工智能服务合作伙伴。其他第三方供应商包括 Hug Face、RunwayML、Midjourney 和 Pika.AI 和 Bria。

案例2：某平台型企业的人群中心应用数据管理体系

作为业内领先的互联网平台企业，其集团市场团队利用之前在大数据管理阶段积累的数据优势以及平台在市场上和全渠道长期大预算体量的合作优势，研发了一套基于 ID 识别体系，能够精确识别到个人的人群中心应用数据管理体系，为平台下各个业务线提供了具有针对性的人群应用解决方案、闲置流量的流转方案、生命周期用户的拉新→留存→促活解决方案、渠道选择优化方案等，为业务带来了亿元级别的成本节省，实现了 20 倍以上的人群增量空间提升、10% 左右流量变现率提升等确定性价值。其系统接口还保留了通过 API 打通企业内部所有系统的可能性，深受业务运营、财务、产品侧的好评。

案例3：某全球大型化妆品企业在直播、短视频领域的探索

近年来，短视频平台快速崛起，成为品牌内容投放和市场营销的重要阵地。某全球大型化妆品企业希望利用科技的方式赋能内容的生产、分发和投放，包括将在新生态中手工操作的工作逐步转变成自动化或半自动化，启动了数字人直播项目，通过 AI 数字人直播提高品牌直播效率，打造日不落直播间，利用真人做 1∶1 的复刻，让 IP 形象成为品牌的核心资产；通过对海外大量爆款短视频的拆解，利用 AI 能力快速生产出具有爆款特质的短视频，助力品牌跨境营销，降低品牌海外营销成本；利用算法逻辑或模式让内容投放更为定制化，为消费者提供更适合、更匹配的个性化产品等；单周可产出千余条可用于内容投放的 AIGC 视频，不但在效率方面更快，在质感方面也同样表现优秀，如图 5-5 所示。

图 5-5　AIGC 逻辑下的内容投放模式

案例 4：某新晋咖啡机品牌的新品打造玩法

该品牌旗下一款新的电动磨豆机成功地在某社交渠道上筹集了超过 500 万美元的资金，打破了咖啡品牌的众筹纪录。其原因不止是产品本身独特的毛刺研磨机芯的差异化设计，还在于其在社交平台上使用 AI 生成的"评论区创作"。具体流程大概是，通过 AI 垂直营销机器人工具，搜集咖啡大类关键词，模拟真实人格回复评论。这些 AI 评论不仅高度融入所在社区/平台的语言风格，契合评论区上下楼语境，还会贴心地@官方账号，附上 Youtube 的评测视频，并提供购买链接。

在此之前，类似的评论区维护一般只停留在品牌账号，大部分要么是成型的模板文案，要么依赖运营人员的大量浏览和回复。该品牌的打法则是出自官方账号所在的内容生态，并且在公私域间切中评论区这个成本最低、用户信任成本也最低的阵地，同时结合 AI 生成提高了整体引流效率，节省了时间和人力成本。

- **智能化客户牵引新范式的优势和确定性价值**

在智能化时代，企业使用和运用这些新范式时带来的确定性价值是多方面的：

（1）将原本看似不可能的动作变成可能。例如，企业可以通过一次性投入 AI 开发人群管理 agent，利用大模型基础数据能力，打破人群数据积累过少的障碍。企业还可以通过 API 串联，实现不同渠道间的行为数据匹配等。

（2）高效的内容产出、有效的成本控制。例如，企业可以通过提前对素人演员的拍摄，通过类似动捕演员的方式，在取得 KOL 授权的必要元素后，进行 DI 和 AI 结合的内容生产，产出一支 KOL 短视频的周期缩短，也不用排 KOL 档期，且可实现一次投入后的海量剪辑。投入成本降低 70% 以上，产出内容数量达百倍以上。

（3）可持续拓展和运营的人群与数据。例如，企业通过建立 TA-UV 视角的人群数据，实现与品牌力和销量相关联的评估体系，推动可落地的生命周期价值体系。

（4）免费为企业获得在新时代更多的可触达客户和商业化变现的机会。例如，企业将代用应用属性但又基于 DI 和 AI 生成的拟真人样本，替代真实人样本进行商业化应用等。

- **在新范式下客户牵引的管理逻辑和 KPI**

基于智能化时代客户牵引的目标，在新范式下企业内部团队定位、考核逻辑将发生良性的变化。

（1）市场／品牌／媒介团队：品牌整体形象、消费者品牌忠诚度的维护有了明确可优化的路径和手段，媒介投放除了关注短期效果，还有更为长远的用户价值体系。相关团队的考核范畴可以根据不同企业对 CMO 的价值考核需要，进可以与更直接的产品销售 ROI 挂钩，退可以明确地定义为企业积累更多的数字化资产，将营销从花钱逻辑转变为赚钱逻辑。

（2）产研和数据团队：所有工作都可以紧密围绕业务展开，团队的每个成员应具备查看相应数据的权限，不再用 SLA 来保障产品的可用性，而是以产品真正产生的价值为考核。

（3）销售／运营团队：销售和运营团队可能合并，由于每个成员在具体面对客户时，可能已经拿到非常详细的客户信息及定制化的 Q&A（Question and

Answer）手册，因而用户转化率可能成为更直接的考核指标。

（4）财务团队：除原本管理好预算的本职工作外，管理好数据产生的价值，进行数据资产入表、数据资产化运营，将成为新的考核内容，甚至将是CFO层面必要的核心工作内容。

在企业内部组织阵型与能力上，也会有相应的升级变化。

当客户牵引领域所需要的能力被充分地DI和AI化之后，组织除了按职能进行划分外，按项目划分时可以从原先的虚线变成实线，因为理论上每个项目中不同职能的成员所付出的时间和精力可以集中在同一个项目中，按照一套标准进行数字化考量。因此，项目负责人同时承担对应项目期间成员的实现考核者，是有可能实现的。

判断每个组织成员优秀与否的标准，可以由本职工作的完成率、参与项目的贡献率、创新项目的发现和落地率构成，针对不同层级有不同的权重比。本职工作可借用AI工具进行客观衡量，创新项目的发现和落地率的评价可由职能线主管主导，参考创新涉及的业务线的业务主管的建议，参与项目的贡献率由项目负责人主导，避免对人员考核的单方面评价。组织成员从事的哪部分工作多，考核就以哪部分的负责人为主。

组织有了这样灵活的机制，可以更加有效地激发组织成员的活力，组织成员可以经由多个面向的尝试，具备从各类职能线到业务负责人的转变，也可以实现从传统业务线向新业务线的良性转变。因为稳定的业务线的能力将在不断被DI和AI的加持下变得工具化，从而变成本职工作，除了一些基础性岗位可以仅从事本职工作外，资深的成员如果仅仅从事本职工作，则在组织的考核和晋升中将不占优势。

为了满足如此设计的组织阵型，组织必须具备对组织成员能力进行立体识别和迭代识别的能力，迅速定义哪些是本职工作的能力，让项目组成员迅速认可的数据指标体系能力。这就要求组织在对组织成员的选育用留和汰换上具备战略定力，在招聘和入职培训阶段就加强对成员的标准化教育。

当然，标准化不是目的，而是为了让成员把更少的精力消耗在对不同考核逻辑的理解上。未来企业对组织成员的培养不是一蹴而就的，一定是有一年以上的培养周期的。如果企业需要即插即用型的员工，则可以通过产品技术接口的路径与外部配合来实现。

同时，企业外部的生态合作也会发生一系列变化：

（1）企业与外部公司，尤其是 4A 公司的合作从以项目型和职能性合作为主，转变为以技术型和能力型为主。这主要是由于项目型和职能型的工作将被 DI 和 AI 工具化所替代，但基于技术和能力打造的系统合作始终存在合作可能性。

（2）企业与纯人力型外包公司的合作可能将会减少。同理，对基础可替代人力的合作方式不是找外包，而是通过 AI 工具。

（3）企业与上游流量方、达人、创意生产方的合作将由项目制转变为不受节点限制的日常合作。因为在新范式下，与此类合作对象的合作可以避免受单个项目的干扰，且可以提前以较低的成本，以流量库、素材库等形式进行日常合作，实现企业的能力储备。

（4）企业可能不断有内部的成熟团队被孵化出来，在外部成立小而美的公司与企业进行日常合作。虽然企业内部可以有支持组织转型的机制，但具有高自主性的高级岗位始终还是有限的，除非企业转为咨询公司或者执行律所的合伙人制度，否则有能力的资深成员必然会选择带领小团队在外部成立小而美的公司，同时在技术上保持与原企业的合作链路。

（5）有数据和工具能力的企业将可能成为各类代理公司的能力提供方，外部合作可以因为技术和能力成为企业的合作方，企业也可以基于内部的数据优势和能力优势，成为代理的外部合作方。

（6）集团型企业与集团型企业的合作可能性增加。集团型企业的合作基于 DI 化后，可以有更加立体的合作空间，尤其是在不同业务下不同层级的人群转化将是集团型企业合作的重要命题。在用户生命周期价值和实时情绪价值双重体系下，通用的人群在不同集团企业间流转，并不会损害单个集团企业的价值。

（7）企业也更加有可能成为流量提供方，吸纳更多代理公司帮助进行商业化变现。企业可以通过 DI 将人群行为和数据变成资产，通过合适的互动牵引，产生有别于广告点击的另外一种形式的流量，乃至上文提到的 AI 拟真人的表现，都是无中生有的流量变现逻辑。

第2节　应用场景二：产品创新，出奇制胜

产品创新是企业成功的关键驱动力，也随着营销理念、创新技术的变化而不断迭代。我们已经见证了 1.0 时代技术迭代驱动的产品创新，2.0 时代聚焦市场需求的产品创新，目前正处于从 3.0 时代跨入 4.0 时代的变迁，也就是从洞察深层需求变为全面的智能化产品创新，这次跨越的关键变量就是智能升维体。

传统产品创新方法存在周期长、反应慢、成本高、风险大等缺陷，在技术创新、市场调研、设计思维等环节都有不足。智能化产品创新范式带来了一系列变化，包括规模化的实时洞察（利用电商购物行为数据和社交媒体讨论数据）、常态化的闭环创新（AI 与 DI 融合构建闭环机制）、AI 辅助设计与虚拟原型、个性化定制以及开放创新。

在新范式下，智能升维体助力产品创新通过 AI+DI 的深度融合，从数据驱动、实时洞察到闭环优化，重构了传统范式，推动企业实现更敏捷、精准、低成本的持续创新，并获得强化数据驱动、拓展洞察能力、提升创新效率等诸多优势。此外，智能化产品创新还影响着企业的管理逻辑与 KPI，涉及数据驱动决策、敏捷管理流程等方面，更加关注创新的过程，也使企业从中获益。

同样，智能化产品创新需要特定的组织架构与能力提升，包括设立相关数据与智能部门、扁平化敏捷组织架构等，员工需具备大数据分析能力、AI 技术应用能力等。同时，智能化产品创新在外部合作方面也带来了一系列趋势，例如数据资源共享互通、内部专家与外部 AI 深度协同、价值链生态共创以及合作目标从短期利益转向长期价值等。

● 产品创新是什么

产品（包括服务）对绝大多数企业来说都是核心竞争力的来源，也是企业各种职能和运营展开所围绕的核心。在营销领域，不管是经典的 4P 框架，还是创新的 7T，产品都是首先要深度解决的要素。

产品创新是指企业为满足市场需求、提升竞争力和实现可持续发展，通过引入新技术、新材料、新工艺或新的商业模式，研发新产品或改进现有产品和服务

的过程。这一过程既反映了市场需求的变化，也受到技术进步和竞争环境的影响。

产品创新作为企业成功的关键驱动力，其重要性体现在以下六个方面：

（1）**满足消费需求**。企业随着消费者偏好和需求的变化，及时适应市场动态，提供符合消费者需求的产品。成功的产品创新甚至会超越消费者的期待，引发新的消费趋势和市场需求。

（2）**建设品牌价值**。产品创新往往能够给消费者留下深刻印象，提高品牌知名度、忠诚度、美誉度，进而构建品牌价值，积累品牌资产。

（3）**开拓市场机会**。创新的产品往往能够占据市场先机，引领行业的发展趋势，从而吸引更多的消费者，提高市场份额。

（4）**提高盈利能力**。创新的产品通常具有更高的利润率，尤其是在产品生命周期的初期。产品创新也可以通过优化产品设计、提高生产效率等方式，降低产品的成本。

（5）**分散经营风险**。企业不断推出新产品，避免过度依赖单一产品或市场，可以降低因市场和竞争变化带来的风险，确保企业在面对挑战时具备应变能力。

（6）**塑造竞争优势**。在激烈的市场竞争中，差异化是企业成功的关键，而产品创新是企业实现差异化竞争的核心抓手。

从不同的视角出发，可以更好地理解"产品创新"这一概念，其涵盖了广泛的范围，而不仅仅是创造一个新的商品。

视角1：新产品开发 vs 现有产品的改进

新产品开发涉及从概念生成到上市发布的全过程，强调原创性和独特性。新产品可以是全新产品（例如智能手机）或是针对现有市场的创新（例如低糖饮料）。

现有产品的改进侧重于对现有产品的改良，如功能增强、设计优化或性能提升。

为了区分这两类产品创新，在营销管理的专业语境下，新产品开发称为"Innovation"，而现有产品的改进则称为"Renovation"。

视角2：技术创新 vs 市场创新 vs 用户体验创新 vs 商业模式创新

技术创新：新材料、新工艺或新技术的应用，如电动车领域的电池技术进步。

市场创新：企业根据消费者需求进行的市场定位调整，如推出0添加食品以响应健康消费趋势。

用户体验创新：企业改善用户与产品或服务交互的方式。这涉及设计、易用性、服务等方面，如简化移动应用的操作流程和界面设计。

商业模式创新：重新设计企业的运营和盈利模式，通过新的价值创造和交付方式来满足消费者需求，如流媒体服务和共享经济。

视角 3：颠覆性创新 vs 延续性创新

颠覆性创新可能是一个被过分使用的概念，很多对行业产生颠覆性影响的企业，比如星巴克，都被贴上"颠覆性创新"的标签。然而，在克莱顿·克里斯坦森（Clayton M. Christensen）教授的理论体系中，颠覆性创新有其特定的内涵："它往往从满足低端市场或未被充分关注的市场需求起步，初期产品的性能和价格都较低，但由于进化速度远超消费者需求的增速，进而逐步满足更多消费者，最终颠覆主流市场。"

颠覆性创新理论的震撼之处在于，它揭示了一种通过创新来颠覆行业发展的机制（mechanism），这种机制如宿命论般一次次重塑各个行业。主流市场的头部企业持续强化现有的产品（延续性创新），以追求更优质的客户和更高的利润率，从而忽略低价值的边缘市场。与此同时，颠覆性创新企业悄然在低端市场提供廉价的替代方案，随后逐步向主流市场渗透。当它们威胁到主流市场时，头部企业会警觉，并期望用相同的技术手段或者商业模式予以反击。

然而，颠覆性创新需要一套与之适配且差异巨大的业务流程、组织架构和企业文化，这都阻止了曾经主流的头部企业真正融会贯通颠覆性的新模式，最后只能被逐步蚕食。中国电子商务行业可能提供了一个近年来的经典案例：淘宝追逐更高利润而重点发展天猫，拼多多和抖音以颠覆性创新切入低端市场，淘特的反击尝试并无具体效果，淘宝、天猫至今在低价和内容两个电商的新领域中依然处于竞争弱势。

延续性创新与颠覆性创新相对，指的是那些能够持续改进现有产品或服务的创新活动，目标包括降本提效、改善用户创新。企业中绝大多数技术创新在本质上都属于延续性创新。

● 产品创新的主流模式

随着市场营销在过去几十年的快速发展，产品创新也经历了四大发展阶段：

1.0 阶段：技术迭代驱动（技术升级）

（1）技术推动产品创新。

（2）品牌的重要性很低。

（3）企业内部主导流程。

2.0 阶段：消费需求发现（市场调研）

（1）满足市场需求成为创新的核心。

（2）品牌的重要性迅速提升。

（3）开始通过市场研究的方法了解消费者。

（4）创新范式：产品生命周期管理、STP（Segmentation, Targeting, Positioning）理论。

3.0 阶段：深层需求理解（深度洞察）

（1）从产品功能的表层需求，走向探索深层的潜在需求。

（2）品牌的重要性达到峰值。

（3）跨界融合设计和人类学等学科，更深地理解消费者。

（4）创新范式：JTBD（Jobs-To-Be-Done），Design Thinking。

4.0 阶段：基于大数据和人工智能，敏捷洞察产品和人群趋势，持续闭环创新（智能化创新）

（1）产品不仅仅是完成任务的工具，更是满足情绪价值和自我表达的媒介。

（2）品牌忠诚度低，新品牌生命周期短，无法支持品牌建设的投入，市场进入无品牌的恶性循环。

（3）以特定生活方式／兴趣而聚集的社群／人群认同感高且持续，分享转化效率高。

（4）社交媒体提供了消费者生活方式的大数据，电商平台反映了行业的发展趋势，AI 提供了敏捷分析这些大数据的 AI 技术。

（5）创新范式：TBD。

我们现在正处于 3.0 向 4.0 升级的过程中，但目前更主流的方法依然是 1.0 的技术创新和 2.0 市场调研的方法，3.0 的方法论很成熟，但使用场景聚焦在一些特定的重要的项目类型，并逐步融入 1.0 和 2.0 的方法论中，设计思维在产品创新中，JTBD 在需求调研中，都是成熟和常见的了。

不同的行业和场景也更侧重不同的创新方式，比如高科技企业，尤其是 B 端的行业，企业的竞争优势和产品创新依然围绕技术的进步（1.0 的技术升级）；快速消费品行业大多处于成熟市场并且非常依赖品牌和营销，更需要通过经典市场调研去持续理解消费者需求，即 2.0 的市场调研；高价值消费品常常需要功能和审美上的卓尔不群，尤其在这个普通商品过于拥挤的时代，设计思维是创造极致用户体验的重要工具；复杂而抽象的 App，则能通过 JTBD 有效支持重大的功能升级和场景拓展。

产品创新的演变并非线性，而是一个多维度的复杂过程。企业根据自身的行业特点、目标市场等因素，灵活运用不同阶段的创新方法，以实现最佳的产品创新效果。

虽然传统方法依然有效，但在当前快速变化的市场环境中，两个主要缺陷越来越显著：

（1）周期长、反应慢。主流的传统产品创新方法流程复杂冗长，对市场变化的反应速度较慢，企业需要数周到数月才能完成产品概念的生成。如果是有显著技术革新的产品创新，则常以年计。随着社交媒体的发展，消费趋势的形成、传播和消亡都越来越快，要求产品创新来自对市场需求的持续监测和迅速反应。

（2）成本高、风险大。传统的产品创新需要大量的资金和人力投入，而且成功率难以保证，市场反馈不佳时造成大量的资源浪费。高风险使得企业在进行产品创新时往往比较谨慎，不敢进行大胆的创新尝试。这也限制了企业的创新能力和市场竞争力的提升。

● 智能化产品创新的范式演变

产品创新方法论的演变清晰地反映了市场营销从技术驱动到消费者需求驱动，再到深层次情感和趋势洞察的变化。随着我们进入 4.0 阶段，DI 和 AI 的力量越来越重要。尽管传统方法仍然是市场上的主流，具备较强的理论基础和实际应用经验，但这些方法在快速变化的市场需求中也暴露出了一些明显的不足。未来，产品创新将更多依赖于 AI+DI 驱动的实时洞察的个性化设计，以持续、精准的规模化敏捷创新，更快响应消费者需求和市场趋势，提供从功能属性到情绪价值上都更具差异化的产品。

随着数字技术的迅猛发展，AI 与 DI 正展现出重塑产品创新的巨大潜力。电商平台和社交媒体等来源的大规模消费者数据提供了更加及时、广泛且客观的洞察，使产品创新更加贴近用户需求。AI 技术不仅能高效处理和分析海量的数据集，尤其大语言模型对非结构化数据的分析，更能揭示深层需求和情绪表达，从而为产品创新提供前所未有的洞察力。AI 与 DI 融合的智能化产品创新，尽管仍在初期并面临诸多挑战，但已经体现出重构颠覆性的产品创新范式的趋势。

（1）规模化实时洞察的新范式，是从种草到拔草的全景捕捉。

DI 的海量信息与 AI 的强大分析能力相得益彰。通过实时收集用户的海量数据，并通过 AI 进行敏捷且低成本的规模化分析，可以快速识别市场趋势和消费者需求变化，挖掘潜在的产品创新机会。而电商购物行为和社交媒体讨论是目前最主要的洞察来源。

1）电商购物行为数据如下：

天猫新品创新中心（Tmall Innovation Center，TMIC）是业内最成功的大数据产品创新平台。基于海量的消费偏好和用户行为数据，TMIC 能够准确捕捉市场的趋势和热点，帮助品牌预测消费者需求的变化方向，为新品研发提供具有前瞻性的指导。

TMIC 支持大数据分析和小样本调研结合的模式，深入了解不同消费者群体的需求、偏好和购买行为，使品牌可以精准定位目标人群，有针对性地开发满足消费者需求的新品。TMIC 也整合了产业链信息，为品牌提供全面的产业视角，帮助品牌在新品研发中把握产业动态和创新机会。

2）社交媒体讨论数据如下：

社交媒体平台的数据主要由第三方数据公司提供，有社交聆听和数据 SaaS 两种模式。

社交聆听模式通常围绕特定主体（比如品牌或者活动）监测全网讨论，提供定制洞察报告，收费较高。国内具有代表性的公司有数说故事、秒针系统、仟传等。

数据 SaaS 模式则提供极其标准、丰富甚至烦琐的在线数据平台，让用户基于自己的需求检索分析数据，因各个社交媒体平台有其独特的业务模式，所以供应商会为每个主流社交媒体平台开发独立的数据 SaaS，从而保证数据的深度和广度。

例如，抖音数据 SaaS 不仅包含社交聆听类的内容数据，还包括直播和短视频的带货数据，甚至抖音商城的商品数据、本地生活的打卡和团购数据，并且在达人和店铺维度上打通。国内具有代表性的公司有新榜、果集、禅妈妈等。

总体来看，电商购物行为数据提供了货品的成分、属性、功能、场景信息，社交媒体讨论数据则反映了人群的生活方式、情感共鸣和自我表达等。目前，业内产品创新的研究咨询呈现"洞察驱动"和"数据驱动"两种割裂模式，"洞察驱动"型以 KANTAR 等主流市场研究公司和 IDEO 等工业设计公司为代表，"数据驱动"型以 TMIC、数说故事等社交媒体数据监测公司和 Nint（情报通）等电商平台商品及销量监测公司为代表，深度融合两者的模式仍是空白。

"数据洞察"类公司基本围绕电商数据，因其结构化数据容易清洗和分析，且有 TMIC 的平台级基建。社交数据受限于海量非结构化文本数据，只能通过预设关键词和标签体系的方式处理（业内称之为做码表和打标签），并没有发挥出社交媒体所蕴含的新兴需求、生活方式、情感表达的数据优势。大语言模型的出现则提供了新的技术路径，使深度分析社交媒体数据并整合经典洞察方法论成为可能，从而涌现出洞察驱动与数据驱动融合的新蓝海。

（2）常态化闭环创新的新范式，是产品全周期的迭代优化。

尽管 DI 已历经多年发展，但在落地应用方面仍面临诸多挑战，而随着近期 AI 的迅猛发展，AI 与 DI 的融合正在突破这一瓶颈，形成常态化的闭环创新机制。从技术应用的视角，DI 为 AI 提供丰富的训练数据，有力推动 AI 的能力进化，同时 AI 的生成结果也依赖 DI 的数据验证，从而有效减少 AI 的幻觉问题。

未来，企业甚至有望基于这个闭环构建类似 ChatGPT-O 的强化学习机制，逐步重塑和颠覆现有的产品创新范式。从商业应用的视角，DI 可以追踪产品全生命周期的数据，这不仅包括新产品的设计阶段，也涵盖产品推出后实时收集用户的使用和反馈数据，AI 则通过沉淀了不同知识和思维模式的模型与智能体，在价值链的每个环节实时分析 DI 的海量数据，持续提供优化建议，动态满足市场需求，形成智能化的产品创新闭环。

消费者之声（Voice of Customer，VOC）是一个在本轮 AI 热潮中重获广泛关注的应用案例，在新品的概念设计和上市追踪中都发挥着越来越重要的作用。VOC 融合了外部的电商购买评价和社交媒体讨论，以及企业一方的客服系统记录等，并且可以同步监测分析竞争品牌的商品和策略。更进一步，前沿企业会将分析结果和改进建议集成到数字化系统中，实时传输给产品、营销、客服等各个协同部门，从而推动整个价值链闭环的持续提升。

AI 辅助设计与虚拟原型的新范式，是大量产出带来成功概率的提升。

AI 辅助设计可以快速生成大量具有差异化的设计方案，帮助设计师激发创作灵感和拓展创新边界。虚拟原型技术则推动产品在实际生产前进行全面的测试与优化。设计团队可以通过模拟不同的使用场景，快速识别潜在问题，甚至与目标客户在直接互动时收集反馈，在上市前就对产品进行多轮迭代优化。这降低了开发成本和风险，同时也为创新提供了更大空间。

（3）个性化定制的新范式，是更小人群的更大满足。

DI 提供了个体消费者级别的精准数据，AI 则提供了分析这种海量数据的能力，两者相结合，使得个性化定制的产品概念创新成为可能。然而，在产品设计之后的生产阶段，尽管 3D 打印等技术快速发展，完全实现个性化定制还面临技术和成本的挑战。反而是 AI 与 DI 在供应链优化上的应用正在推动生产流程的灵活性和敏捷性迅速提升，从而促使产品创新不断满足更细分的市场需求。

（4）开放创新的新范式，是更多人才的共创。

在智能化创新时代，开放成为大趋势。企业通过共享数据、技术和平台，与外部合作伙伴建设生态系统，从而达到优势互补、合作共赢，共同推动产品创新和行业发展。例如，一些企业开放自己的 API，让开发者利用其数据和技术开发创新的应用程序。政府也在积极推动官方背书的数据平台建设，促进数据的流动和应用。

● AI 与 DI 融合的智能化产品创新拥有独特优势

在新范式下，AI 与 DI 融合的智能化产品创新相较于传统方法展现出了很多独特优势：

（1）强化数据驱动。相较于传统市场调研基于有限样本的主观回答，智能化的创新覆盖大规模消费者的真实数据，更为全面和客观。

（2）拓展洞察能力。智能化产品创新减少了对人工分析的依赖，通过算法和模型进行快速、准确、深度的分析，揭示海量数据中隐藏的深层洞察和前沿趋势。

（3）提升创新效率。实时数据收集与敏捷 AI 分析相结合，大幅提升了消费者洞察的效率。AI 可以实现快速的概念设计和原型制作，并通过仿真和虚拟现实技术，提前识别潜在问题，缩短产品研发周期。

（4）形成持续优化。智能化创新通过全链路的闭环数据反馈，可以不断发现新的创新机会和问题，推动产品创新成为持续的优化过程。

（5）细化目标受众。DI 以更细的颗粒度监测个体用户行为，AI 则以更低成本实现更个性化的分析,进而服务越来越细分的目标市场和独特需求。

(6)降低成本投入。智能化创新的数据采集与分析不再是孤立重复的单次项目投入,其生态基建完成后,长期的运营成本远低于传统市场调研。

(7)突破创新边界。综合以上优势,智能化产品创新将在多个领域展现出远超传统方法的性价比和成功率,从而促进企业更激进的探索创新边界。

● 智能化产品创新的管理逻辑与 KPI

在智能化时代,AI 与 DI 的深度融合不仅重塑了产品创新的范式,还深刻影响了企业的管理逻辑和 KPI,并与传统管理模式形成了鲜明对比。

(1)数据驱动决策:传统管理往往依赖历史数据和周期性报告,决策过程相对迟缓。而在 AI+DI 的框架下,企业实时监测和分析海量数据,快速获取市场洞察,识别潜在问题,预测各个决策的结果。

(2)敏捷管理流程:智能化产品创新在实时洞察的基础上,可以迅速设计与评估大量差异化产品创新方案,推动企业快速响应市场趋势与消费需求的变化,提速决策和执行过程。

(3)持续迭代优化:常态化的持续创新闭环推动管理逻辑化整为零,以持续迭代的方式,管理产品的全生命周期和全价值链路。

(4)跨部门协作:通过建立共享数据平台,打破部门壁垒,实现信息的高效流通。市场、研发和销售等不同部门能够基于共同的数据基础进行协作,极大地提高决策效率和创新能力。AI+DI 驱动的管理鼓励多学科团队合作,整合不同领域的专业知识,形成更全面的视角,为解决复杂问题提供多元化的思路和方法,提升管理决策的质量。

(5)管理层的角色转变:作为创新推动者,积极鼓励员工尝试新的技术和方法,营造创新的文化氛围,要为创新项目提供支持和资源,容忍失败,并及时给予反馈和奖励;作为合作伙伴关系建立者,积极推动 AI 与 DI 的生态系统共创,拓展组织的创新机会。

随着 AI+DI 的应用,企业的 KPI 也需要进行重新设计,以适应新的管理逻辑。

(1)弱化传统指标。评价产品创新的传统指标主要围绕销售额和市场份额,这些静态结果指标也是评估企业经营活动的终极指标,它们始终重要。但在智能化驱动下,随着产品创新从主观判断的玄学转向数据驱动的科学,众多动态的过程指标开始进入 KPI 体系，并体现智能化创新快速响应市场需求和深度依赖生态共创的特征。

（2）强化过程指标。持续而敏捷的创新闭环推动以过程为中心的指标体系的发展，比如市场响应速度、产品迭代频率、研发周期时长、有效创新测试量等。

（3）关注用户指标。消费者洞察能力的跃升使以用户为中心的指标体系越发重要，比如用户的参与度、满意度、忠诚度、NPS、CLV（Customer Lifetime Value）等。

（4）引入协作指标。数据与技术的生态共创趋势推动以协作为中心的指标体系进入 KPI，比如跨部门协同效率、合作伙伴的满意度、共创新品的占比、信息共享程度等。

相应地，智能化产品创新相对应的组织架构会发生很多改变，具体如下：

（1）数据与智能部门的设立。企业可以设立数据科学、人工智能和数据治理三个核心团队。数据科学团队负责收集、清理、分析和挖掘数据，为产品创新提供数据支持和洞察。人工智能团队专注于开发和优化 AI 模型，开发适应各个业务场景的智能体，链接基座大模型等外部 AI 能力与内部的独特优势和需求。数据治理团队确保数据的质量、安全性和合规性，制定数据管理策略，建立数据标准和流程，监督数据的使用和共享。

（2）扁平化的敏捷组织。智能化的持续创新闭环要求组织架构更加灵活，以快速响应市场和技术的变化。企业会趋向采用更扁平化的组织架构，减少管理层级和决策链条，推动敏捷创新循环的实现。

（3）跨部门的协作团队。价值链上数据收集与 AI 分析的整合将反向推动部门间的人员协作，组织架构需要打破部门壁垒，促进信息流通和资源共享。产品创新团队需要由多领域的专家组成，比如产品经理、设计师、工程师和数据科学家等，甚至产品、运营和营销的核心价值链团队都需要远超传统的深度协作，共同推动产品生命周期的持续创新。

能力升级则体现在以下几方面。

（1）大数据分析能力。员工需要掌握基本的数据分析方法和工具，能够从数据中提取业务洞察，并运用数据可视化技术提升沟通效率。管理者需要具备更广泛和敏锐的数据理解力，从而在更高屋建瓴的层面支持数据驱动的管理决策。

（2）AI 技术应用能力。员工需要了解 AI 的基本概念、技术和应用场景，掌握一些常用的 AI 工具和平台，有能力利用这些工具来解决实际问题，提升工作效率和成果。

（3）持续学习能力。智能化技术日新月异，员工需要不断迭代相关知识和能力。更重要的是，智能化创新推动的持续闭环和敏捷自适应对所有工作都提出了更强学习与应变能力的普适性要求。践行"第五项修炼"，构建学习型组织，将成为企业成功的核心要素。

（4）结构化与创新思维能力。AI 使得"回答"变得简单而廉价，价值产出的关键在于如何"提问"，这也是为什么提示工程和思维链在具体业务应用中如此重要。有价值问题的提出的背后是结构化思维与创新思维能力的提升，这就要求员工具备系统性和创造性地拆解业务问题的能力，提出严谨、清晰、有创造力的问题，从而发挥 AI 技术的最大潜能。

（5）协同共创能力。AI 与 DI 的融合大幅提升了对内外部协同的要求，相应地，员工要有在多方合作中协调资源、建立共创关系的能力，确保跨部门、跨企业的协同创新能够顺利进行。

（6）用户理解能力。智能化创新从技术层面实现了对市场趋势和用户需求的快速响应，这也需要员工培养出更敏感的用户洞察力，才能将技术升级转化为业务应用。

另外，在智能化时代，产品创新的模式发生了深刻变革，外部合作成为推动创新的关键力量，引发一系列外部合作趋势：

（1）数据资源的共享与互通。传统产品创新主要依赖企业的核心技术或有限目标消费者的市场调研，而智能化产品创新则高度依赖丰富的数据资源。这些数据来自消费者数字化生活的方方面面，单一企业能覆盖的消费者场景越来越有限，即便是大型互联网公司曾经封闭的"围墙花园"，也已经转向开放与合作。

（2）内部专家与外部 AI 的深度协同。类似研究咨询或者数字化服务的乙方公司，企业外部的专业 AI 公司在与大量不同甲方的合作中，形成行业顶尖的能力沉淀，提供强大的通用性 AI 解决方案。然而，内部专家熟悉企业的业务流程、技术特点和用户需求，内部专家与外部 AI 的互动将融合双方的优势，推动更具针对性和创新性的产品开发。

（3）价值链的生态共创。在数据资源与 AI 能力深度外部合作的基础上，AI+DI 的持续性、敏捷性和闭环性特点必将推动内外部在价值链上的生态共创。

企业与外部的生态合作将不再是为了推动单个产品的创新，而是致力于建设一个互联互通的生态系统，形成持续闭环的反馈机制，确保在不断变化的市场环境中快速响应并实现创新。

（4）合作目标从短期利益到长期价值。随着外部合作的深入发展，其目标也不再局限于追求短期利益，而是关注生态能力的长期建设。在智能化产品创新中，一个产品的成功不仅仅取决于其自身的性能和市场表现，还取决于它在整个生态系统中的价值贡献。即使一个产品创新失败了，企业也可以从合作过程中积累经验、提升能力，为未来的创新奠定基础。这样的价值共创不仅关注结果，更重视过程中的学习与成长，确保在合作中形成持久的竞争优势。

第3节　应用场景三：出海竞争，兵贵神速

中国企业出海竞争的风险与机遇并存。当企业出海目标从扩大市场到谋求创新，以及寻求全球优质资源以提升竞争力时，势必面临更多挑战。同样，企业积极建立智能升维体，就能改写出海竞争的旧叙事，书写智能化时代出海竞争的新篇章，这也是本书构建的一个新的分析框架——智能化+3A全球战略。

智能化时代带来出海竞争新范式，潘卡吉·盖马沃特的3A全球战略框架（适应、聚合、套利）在智能化的加持下更强大。智能化可助力企业的本地化适应，降本增效、聚合资源，弥补套利策略中的短板，帮助企业高效攻克文化差异、法规合规、供应链管理等诸多风险痛点。

在新范式下的出海竞争管理逻辑包括制定智能化驱动决策，建立灵活的扁平组织结构，智能化技术赋能员工，制定整体化长期化全球战略等。

- **中国企业出海竞争趋势**

全球化依然是企业发展的新空间，全球化使得世界经济联系日益紧密，各国不断加大投入，开展贸易、投资、技术等领域的合作。我国政府的"一带一路"倡议为沿线国家和地区提供基础设施建设、贸易便利化等支持，也为企业出海提供了丰富的机遇和广阔的平台。我国政府还出台了金融支持、加强知识产权保护、简化审批流程等利好政策，鼓励企业"走出去"。

多方力量为中国企业提供了广阔的国际市场空间和资源配置机会，使企业能够在全球范围内寻求更高效的研发、生产、营销、销售和服务布局。

随着国内市场竞争日益激烈，海外市场成为中国企业挖掘发展机会的新空间，尤其是在一些海外市场还处于空白或发展初期的领域。越来越多的中国企业意识到全球化布局的重要性。在科技、新能源汽车、电子商务等领域，中国企业通过技术创新、本地化运营和品牌建设等方式积极拓展国际市场，提升国际竞争力。

全球化可以助力企业应对变化和风险。根据产业梯度转移理论，全球已进入第五次国际产业转移。此前，第一次产业大转移由第二次世界大战期间的英国转移至美国。在20世纪60年代发生的第二次产业大转移中，日本和德国创造了战后经济奇迹。20世纪80年代，第三次产业大转移导致"亚洲四小龙"的崛起。第四次产业大转移的主角是21世纪初的中国。

现在，中国从高增速转向高质量发展，推动产业结构升级。企业出海可以获取国外先进技术、管理经验和品牌资源，有助于提升自身的技术水平和创新能力，加快产业升级的步伐。中国供应链因逐渐强大而溢出的产能以及在劳动密集型产业等方面优势减弱的态势，都在促使企业向成本更低的地区转移部分产业。而全球经济复苏的乏力，贸易保护主义的抬头，地缘政治风险的上升，更加促使中国企业加快海外布局，以分散风险，开拓多元化市场。

因此，中国企业拓展了传统欧美成熟市场之外的新兴市场，如"一带一路"沿线国家和东南亚等地。同时，为了突破关税壁垒，一些企业还将产能转移到"连接器"国家，如越南、墨西哥和匈牙利等地。

出海还可以凸显企业产品与技术优势。从中国制造到中国智造，中国企业在产品和技术领域不断进步，如人工智能、新能源、云计算、物联网等智能化实践。产品和技术优势不仅帮助企业在海外市场上获得认可，也为企业的全球化布局提供了支撑。

例如，阿里云、华为云、腾讯云等企业的大数据、AI和云计算领域的技术优势已经成功进入中东、非洲和拉美等新兴市场，为当地企业提供基础设施和解决方案。

在早期，中国企业主要依赖于低附加值的产品出海。现在，越来越多企业更加注重品牌建设和提升品牌形象，以期在全球市场上占据更有利的位置。中国企业从单纯的产品出口转向品牌出海，通过打造有辨识度的品牌与消费者建立更紧密的联系。

安克创新（Anker）就是一个成功的案例。从在亚马逊销售移动电源起步，安克创新逐渐发展成一个国际品牌，在北美、欧洲、日本和中东等发达国家和地区，通过与沃尔玛、百思买以及贸易商合作，线下收入增长快速。现在，安可创新进一步拓宽业务领域，包括AIoT、智能家居、智能声学、智能安防等领域，拥有全球140多个国家与地区超1亿用户。

同时，中国文化创意产业的崛起也推动了文化出海。《2024年中国网络文学出海趋势报告》显示，截至2024年11月底，仅阅文集团旗下海外门户起点国际就已上线约6 000部中国网文的翻译作品，累计海外访问用户近3亿人次，阅读量破千万作品数同比增长73%。数据显示，2024年短剧海外应用的下载量已经突破千万量级，有望形成百亿量级市场。2024年7—9月的《中国游戏产业季度报告》显示，在中国首款3A（高成本、高体量、高质量）游戏《黑神话：悟空》的助推下，2024年第三季度中国自主研发游戏海外市场的实际销售收入达到51.69亿美元。

此外，中国企业还逐步构建起覆盖全产业的生态体系，实现了产业链的协同出海。名创优品和一些新能源汽车企业就是采用这种模式的代表，它们带动上下游企业共同开拓海外市场，形成了完整的供应链体系。

随着时代的变化，出海本身也在发生变化，在一定限度上帮助企业从扩市场到谋创新。

过去，中国企业出海的主要目标是扩大市场，"卖更多"，随着全球化的步伐把业务越做越大。现在，越来越多企业的出海目标变成了"谋创新"，不断寻找世界各地的优秀人才和优质资源，从资源、人才、资本的最佳配置来考虑全球化布局和区域间的协同创新，以此提升自身的全球竞争力。出海企业比出海前更大、更强，除了生意盘子越变越大，覆盖更多国家和地区，还实现了更好的成长。

● AI为出海竞争带来新机会

一直以来，角逐全球市场的中国企业都面临一系列风险。追求本地化的企业要应对当地的文化差异和沟通障碍、法规差异与合规风险、政策风险、知识产权保护难题，还要应对复杂供应链的管理与运营，品牌认知不足，本地品牌强势竞争，渠道拓展困难，基础设施或劳动力不足，本地服务／外包成本太高，跨境交易金融管理与汇率风险等挑战。

为了解决这些问题，企业都在努力建立全球化的管理体系，不断学习当地市场与文化，提升自身的技术创新能力，并注重品牌的长期建设和维护，积极寻求外部合作伙伴的帮助。其中最为主流的做法是把企业管理者派到国外，管理在本地化市场雇佣的团队。但是，企业一旦招不到靠谱的团队和合作伙伴，就会让人才问题成为出海发展的瓶颈。

"AI 是否能为出海企业降低成本，管控投资风险？"凡是企业管理者，都会想到这个问题。AI 技术可通过数据驱动决策、流程自动化和资源优化，显著降低企业出海的成本与风险，更重要的是，可以有效缓解人才瓶颈和运营效率的问题。具体应用场景有以下这些方面。

1. 帮助企业进行市场分析与决策优化

（1）智能市场的洞察。

1）NLP。AI 可自动抓取海外社交媒体、新闻、评论等非结构化数据，分析消费者情感倾向和需求趋势，替代传统人工调研，一般可降低 50%以上的成本。

2）预测建模。基于历史数据和机器学习算法，预测目标市场的产品需求、价格敏感度，帮助企业制定精准的定价和库存策略。例如，某家电企业通过 AI 预测东南亚市场对空调的季节性需求，将库存周转率提升 30%左右。

（2）动态风险的评估。

AI 驱动的合规平台通过知识图谱技术整合全球法律数据库，实时监测目标国家的政策变化（如环保法规、关税调整），自动生成合规报告，减少法律咨询成本。

2. 供应链与运营效率的提升

（1）智能供应链的管理。

1）需求预测与库存优化。AI 算法结合历史销售数据、天气、节假日等因素，动态调整全球仓储布局。例如，某跨境电商商家通过 AI 优化欧洲仓库分布，将物流成本降低 20%。

2）自动化物流调度。AI 可实时分析交通、港口拥堵等数据，规划最优运输路线，降低延误风险。

（2）劳动力成本的控制。

1）AI 客服与营销自动化。用聊天机器人（如 NLP 驱动的多语言客服）替代基础客服人力，支持 24 小时服务，节省人力成本多达 70%以上。

2）AI培训系统。为海外员工提供个性化培训（如文化适应、产品知识），缩短上岗周期，降低培训成本。

3. 本地化风险管理

这主要是进行跨文化营销与产品适配，一方面，AIGC利用AI生成符合当地文化的广告文案、视觉设计（如TikTok短视频脚本），减少对本地创意团队的依赖。例如，快消品牌可以通过AI生成特殊文化市场（如中东）的节日促销内容，广告点击率一般有机会提升40%。另一方面则是进行产品本地化仿真，通过虚拟现实（Virtual Reality，VR）和AI模拟当地用户对产品的使用场景，快速迭代设计，降低实物测试成本。

4. 进行汇率与财务风险管控

AI外汇对冲模型基于机器学习，预测汇率波动趋势，自动执行外汇对冲操作，减少汇兑损失。

以上都是AI如何助力出海管控成本与风险的可能性，演示了智能化管理是中国企业出海增强战斗力的"重型武器"，可以说中国企业出海成功的理由又多了明显的一条：除了原来的制造管理优势、技术工程人才优势、市场规模成本优势以外，中国还有运用云计算平台建设企业应用级AI的优势。随着云计算平台的全球化，其所承载的AI中心化能力会在世界不同的角落加持中国企业的上述各项需求，使得企业的优势能积累、能迭代、能配置，成为中国企业在各区域市场中竞争获胜的法宝。

相对的，当我们决定将企业拓展到海外市场，并计划大量运用AI技术和云计算平台来复制总部的优势竞争力时，确实会面临不少风险和困难：

首先，技术落地并不是一件简单的事情。虽然AI和云计算在总部已经运行得非常成熟了，但到了新的市场，可能会遇到完全不同的技术环境和基础设施。比如，某些国家的网络基础设施可能不够完善，导致云计算平台的性能大打折扣，甚至出现延迟或中断的情况。这样一来，原本依赖云计算的自动化流程可能会受到影响，导致运营效率下降。

其次，数据隐私和合规问题是一个巨大的挑战。不同国家对于数据存储、传输和使用的法律法规各不相同，尤其是在欧洲、美国等对数据隐私要求非常严格的地区。如果我们没有充分了解并遵守这些规定，就可能面临巨额罚款甚至法律诉讼。比如，欧盟的GDPR对数据的收集和使用有非常严格的要求，企业稍有不慎，就可能触犯当地法律法规。此外，某些国家可能要求数据必须存储在本地，这就会增加我们的技术复杂性和成本。

文化差异也是一个不容忽视的问题。AI技术虽然强大，但它依赖于数据的输入和模型的训练。如果我们对新市场的文化背景、消费者行为习惯等没有足够的了解，AI模型就可能产生偏差，导致决策失误。比如，我们在总部开发的AI营销工具可能非常精准地预测了国内消费者的喜好，但到了海外市场，由于文化差异，同样的工具可能会失效，甚至引起消费者的反感。这就需要我们在进入新市场时，投入大量资源，进行本地化的数据收集和模型调整。

人才短缺也是一个现实问题。虽然AI和云计算技术在全球范围内都在快速发展，但在某些新兴市场，具备相关技术能力的人才可能非常稀缺。我们可能需要从总部派遣技术人员，或者投入大量资源，进行本地人才的培训。这不仅会增加成本，还可能导致技术落地的时间延长。此外，语言和文化差异也可能影响团队之间的沟通和协作，进一步增加管理的难度。此外，AI模型的训练和优化需要大量的数据支持，如果在新市场的数据量不足，就会导致模型效果不佳，进而影响业务决策的准确性。

总的来说，虽然AI和云计算技术为我们提供了强大的工具，但在海外拓展过程中，我们需要面对技术落地、数据合规、文化差异、人才短缺和数据依赖等多重挑战。企业管理者需要在战略上做好充分的准备，确保技术能够顺利落地，同时也要灵活应对各种突发情况，推动企业在全球化的道路上稳步前行。

- ### 在智能化时代出海竞争的新范式

著名经济学家、全球战略家潘卡吉·盖马沃特（Pankaj Ghemawat）提出的3A全球战略框架是帮助企业在全球市场中定位和竞争的一个模型。这个框架包括三个核心策略：适应（Adaptation）、聚合（Aggregation）和套利（Arbitrage），它们共同构成了"3A三角形"。

智能化时代为出海企业带来了技术、人才之外的第三个关键要素：智能化，也就是出海时不要重复造轮子，要把国内的优势know-how复制为当地市场智能化的"优势能力"，并且建立智能化系统，支持新市场的关键执行的质量与效率。拿战争的"攻城略地"做比喻，我们应该携带最先进的武器进入战场，快速掌控战局，减少伤亡。通过"3A三角形"的视角，我们会看到智能化所加持的出海竞争新范式有多强大。

1. 适应

适应（Adaptation）策略提倡出海企业增强本地响应能力（Local Responsiveness），来更好地适应差异（Adjusting to Differences）。

这个策略强调企业需要根据当地市场的特定需求、文化和偏好来调整自己的产品和服务，以增加销售收入，扩大市场份额。这意味着企业可能需要在不同的国家或地区提供不同的产品线、营销策略以及服务方式。

当企业尽可能提高当地响应度时，就能实现增加销售收入和扩大市场份额的目的。其中最极端的一个做法是，在每个国家都设立本土公司，每家本土公司都有比较完整的供应链。许多企业在刚开始走出本国市场时，采用的都是这一策略。

智能化可以让适应策略如虎添翼。想象一下，当企业用 AI 工具连接当地社交媒体来做消费者洞察时，可以高效地充分了解消费者需求、生活方式和文化偏好的不同，并且建立 CDP 级别的 DI 基础设施，把数据系统化存储运用配上洞察分析团队工作的 OI 工具升级，这样的智能升维体将大大降低建立本地化营销成本，或者降低对于本地化合作团队的选择成本。这一切都在助力企业的适应策略，打好企业本地化战略的基础。

目前已经有企业在做这一块市场。一家帮助出海企业进行本地化社交媒体投放的中国广告代理商服务了很多企业，但其 90%服务海外业务的团队都在中国。该代理商借助 AI 工具，可以高效地根据客户对于人群、媒体和投放的需求进行远端操作，其中很多投放行为都直接由 AI 完成。

可以想见，在智能化时代，企业不管是在本地部署还是在远端总部部署，都可以用 AI 来复制自身最强的竞争力，而不必到处找人，重复做一遍在国内已经做得很好的事。

2. 聚合

聚合（Aggregation）策略指的是企业通过获得规模经济和范围经济（Scale and Scope Economies），来克服差异（Overcoming Difference）。

例如，出海企业建立区域公司或者全球公司，以获得规模经济。采取这个策略的企业通常会对产品或者服务实行标准化，并把开发和生产流程集中在一起以降本提效。例如，一家跨国公司可能会在全球范围内统一品牌和产品质量标准。

DI 可以助力采用这个策略的出海企业降本增效。例如，阿里云可以帮助出海企业实现数据同步、数据处理、数据分析、数据落地。企业能够应用 DI 能力建立一张网，在远端汇聚不同市场的运营数据，进行数据分析后捕捉到聚合策略的机会点，打造在聚合策略下全球运营的融合模型。

例如，企业可以用这个系统搞清楚在哪些范围获取原料最省钱，在哪些节点建立物流通路时效率最高等。

3. 套利

套利（Arbitrage）策略建议企业利用国家或者区域市场之间的差异来谋取最大利益，比如劳动力成本、税率、原材料价格等。在这个过程中，企业可以通过绝对的专业化经济（Absolute Economies of Specialization）来开发差异（Exploiting Differences）。

在这个策略下，企业常见的做法是把供应链的各个环节部署在不同的地方，比如将生产设施设在成本较低的国家，或者将客户服务部门设在语言技能较高且工资水平较低的地方。因此有企业把客服中心设在印度，把生产工厂建在中国，把零售店开在西欧。

智能化如何强化这个策略呢？假如企业到一个人工成本比较低的区域建立工厂时却要应对产品质量风险，那就可以利用总部的质检能力。例如，用摄像头做计算机视觉质检，或者应用 AI 能力建立质检模组，以此弥补当地工厂的短板。

因此，如果在套利策略下企业有得有失，那么"失"的部分就可以用 AI 补强。

4. 3A 策略组合拳

潘卡吉·盖马沃特认为，在理论上企业可以同时应用这三个策略，但在实际操作中往往难以做到，因为在这些策略之间可能存在冲突。因此，企业需要根据自身的业务特点、市场环境和长期目标来选择最适合自己的战略组合，并适时调整优先级。

一个进行智能化实践的出海企业有机会从系统化、数字化的视角来精准衡量不同策略的差异，并应用 AI 和 DI 系统测算策略组合的效能，在策略实施的过程中进行实时调优，帮助企业提升出海竞争实力。

例如，阿里云在五个国家投资新建数据中心，并推出百炼国际版大模型服务平台，提供一站式、全托管的大模型定制与应用服务。这不仅提升了其全球范围内的服务能力，还促进了 AI 技术的应用和发展。

- **在新范式下出海竞争的管理逻辑**

在新范式下，企业出海战略旨在通过扩大业务规模和地理覆盖，实现成本节约与运营效率的提升，同时借助 AI 技术进行智能化决策与资源优化，尤其在市场适应、资源聚合与套利策略实施方面展现出巨大潜力。

出海不仅关乎物理扩张，更是企业利用全球市场机会，借助数字化转型手段，如 AI 工具进行消费者洞察、数据管理优化及质量控制，以增强竞争优势，促进市场与创新成长的过程。因此，出海企业应该围绕智能化重铸管理逻辑。

（1）**智能化驱动决策**。智能化技术可以帮助企业快速处理海量市场、客户等数据，因此出海企业不再单纯依赖管理者经验，而是依据智能化系统分析结果进行决策。企业可以应用 AI 分析目标市场消费数据，进行趋势洞察，决定产品投放与营销策略，还可以实时监测海外市场动态、业务状况、供应链动态等信息，从而提前布局、配置资源和及时调整策略。

例如，企业在国际物流业务中应用 AI，根据实时路况、天气等调整运输路线，提高物流效率。

在出海过程中，企业需要建立全球统一标准，同时考虑本地化市场的特点，在两者之间找到平衡。智能化系统可以帮助企业快速适应不同市场的法规要求和文化差异，比如通过智能翻译服务或定制化的 AIGC 生成工具来高效生产真正本地化的营销内容。

此外，智能化技术有助于企业识别海外市场的潜在风险因素，并提供预警机制，帮助企业在财务、法律、市场等多个维度进行有效的风险管理。

（2）**出海团队与本土团队建立高灵活度、扁平化组织结构**。智能化系统可以帮助企业突破不同地域空间和时间上的障碍，因此出海企业的组织架构需要更加灵活和扁平，适应智能化系统高 OI 化的特点。

例如，海外基层员工可以通过智能办公系统直接向国内高层汇报关键信息，以减少信息在层级间的传递损耗，提升决策与执行效率。应用 AI 工具后，团队可以实现跨地域、跨部门的海内外协作，提升应对复杂任务和市场变化的能力。在这样灵活、扁平的组织中，出海企业甚至可以推动不同国家的研发、营销团队共同打造新品、创新服务。

（3）**智能化技术赋能海内外员工**。企业应该根据海外市场拓展计划储备智能化人才，加大对员工的智能化技能培训的投入，推动人机协同进程，积极应用智能化技术帮助国内员工深度洞察海外市场，适应海外环境，也帮助海外当地员工深度理解企业文化，传承企业经验，学习企业知识库内容。

同样，出海企业应该积极应用智能化技术为员工减少重复性劳动、跨越语言和文化障碍，使团队能够根据不同市场环境的特点，进行高价值的创新工作。

（4）制定整体化和长期化的全球战略。智能化系统为企业带来系统化视角和更加契合实际的远见，因此出海企业要有雄心制定整体化和长期化的全球战略，让企业不再局限于短期的、局部的市场竞争，而是通过智能化技术制定长期战略，拓展海内外、上下游协作资源，在尺度更为宽广的框架里拓商机、谋创新。

第6章

一个更智能的世界

第1节 AI 驱动下的商业演变

AI 势必带来全面且深层的改变,在企业里,这样的改变如何发生呢?本书对于企业主要组织部门的演变做出了预测。这些预测针对的是近期的未来,可能很快就会发生,希望能启发企业不要故步自封,而是多往前走一点。以下的演变最为明显。

- **市场营销:从人工智能生成内容(AIGC)到人工智能生成体验(AIGE)**

现在,AI 为市场营销部门带来的改变集中于一个领域:为触达不同触点的消费者,高效、低成本地生成大量富有创意的素材。这些素材包括内容、语料、视觉等,支持企业的广告和内容,大 V 大号日日更新以维持粉丝成长的大量内容,以及客户服务能够更高效和精准地与来电来访的顾客互动,把每个服务的机会转化成销售或品牌好感。

未来,AI 将更多地被企业用来为消费者制造体验,成为 AIGE(AI Generated Experience),因此也助推市场营销部门不断往前走。AI 在市场营销领域的应用场景会嵌入消费者试用、赏玩产品,甚至共创与优化产品的环节。

例如,为了更好地抓住消费者的眼球,静态的语料会在 AI 加持下变成动态的体验。以往,在客户服务场景中,智能客服根据客户的反馈识别并回复设定的信息,这种形式往往过于死板,也往往局限于单一图片、文字间的交互,无法像真人一样进行交谈。未来,AI 可以更新客户同步在线观看的网站,做个性化的产品功能演示，也可以产生多模态的即时回复和应答内容，让客户有印象更深刻的体验。

未来的购物体验是，客户不仅在线上网购服饰时可以用客户自己的孪生数字人做线上试穿，观看逼真的 3D 效果，就算在线下旗舰店，也可能用 AI 穿衣镜获得服饰／首饰箱包／彩妆的搭配建议，从大量的产品目录中找到刺激购物需求（冲动）的组合。而在家居装修、家居购买、汽车内饰的个性化设计上，线上 AI 助手会是个人设计助手，确保每个人的生活空间是符合个性、独一无二的。 未来线下的饮料商店，不论是咖啡店、奶茶店，还是鸡尾酒吧，如果启用了 AI 吧台，那么大家都将享受到真正属于自己的个性化口味，或享受到朋友推荐或网红版的饮料 IP 配方。

- 运营：从节约成本（提高生产力）到创造收入（产品创新）

在商业运营部门，AI 最先被用于提高生产力，降低成本，多见于帮助员工解决重复性的工作。例如，停车场的运营需要识别车牌、计费、收费，为进场和出场的车辆自动升降道闸，当这些工作都交给 AI 时，就大幅减少了员工的重复性劳动。

在某种限度上，AI 起到的作用是被动的。未来，AI 会扮演更加主动的角色。因为 AI 具备的不断学习和大量适配的能力，可以带来个性化的解决方案或提出满足不同客户群许多需求的新产品方案，这大大拓展了产品和服务的宽度，在为客户带来更好产品和服务的同时，也让企业的商业运营部门有机会创收。也就是说，未来，AI 的考核应该是用户价值的创造和企业的创收。

美国最大的百货超市克罗格（Kroger）早在 2017 年就宣布了"克罗格货品重整"战略，并在其中引入了 AI。其内部机构为此提出了数据、分析和 AI 密集型的举措，例如在其第二个战略性目标"扩大合作伙伴关系以创造客户价值"中，克罗格还提到要扩大物联网传感器、视频分析和机器学习网络，通过机器人技术和 AI 进行互补创新，以改变客户体验。时任 CEO 斯图尔特·艾特肯介绍，他们还在打造一个精准营销平台，来增强个性化并创造替代收入来源。

我们可以看到克罗格不断将 AI 引入运营转型战略的决心。2022 年，克罗格联手英伟达（NVIDIA）来打造 AI 实验室和演示中心，旨在扩展其新鲜度计划，改善运输物流，并通过数字孪生仿真（虚拟模型，用于准确反映门店的布局和其他运营信息）在门店中打造最佳购物体验。

未来将有更多企业将 AI 改变运营部门的实践瞄准"解决问题并且创收"的目标，以此满足雄心勃勃的投资人和管理团队。过去，他们不断在这条路线上失败，而 AI 会给他们带来前所未有的成功。

- **信息技术：从"BI"到"BNN"（连接代理和团队的神经网络）**

过去，IT 部门引以为豪的成果包括为企业带来了 BI（Business Intelligence，商业智能）能力，能够从各式各样维度的运营数据、客户数据中找到商业运营和策略的机会点。事实上，BI 是一位事后诸葛亮，往往不能即时推动改变，并且不同等级的专业分析能力决定了驱动策略的可能性；不同的组织动机也决定了 BI 是一个帮助纠错的监察检讨部门，还是一个积极贡献战略指导意见的参谋部。而未来，有 AI 能力加持的 IT 部门可以提供 BNN（Business Neural Network，商业神经网络）能力，成为企业实时的智囊。

这要从 AI 的神经网络语言谈起。我们的眼睛通过好多层神经来看到东西，能够越看越清楚。AI 用 10 层以上的逻辑规则去推理，相当于用神经网络去运算，通过向量化来知晓事物。例如，人们用一支笔来训练 AI 机器时，机器能够在 10 层的向量化中不断记录笔的特征，以此得到"模型训练"，当它再次看到一支笔时，会发现每层神经的特征反应跟记录一样。除视觉层面，AI 还会在文本层面进行关联和推理。当 AI 发现"笔是书写工具"这一信息被大量的数据所记载时，通过大量的数据以神经网络的方式进行交叉对比以后，AI 会输出答案："这是笔，是一个书写工具。"在整个过程中，AI 依靠推理运算进行输出。所以我们常常说，AI 其实不理解事物，但它会给你正确答案。

当 AI 的神经网络算法加载到商业系统时，就会生成 BNN 能力，而企业的所有知识和信息织成了这张 BNN。以往，一次采购的信息可能仅仅实时给到采购部门，延迟很久才进入财务报告，经过更久的时间才会被管理者看到，而其他部门可能永远不会知道这个信息。通过 BNN，所有部门都可以在采购实现时，实时汲取"采购费用、采购物品、质量"等一系列采购信息，并很快消化它，创造新的价值。

例如，餐厅采购买到了很大的活鱼，市场部门实时了解到这个信息，马上可以生成广告"今日，大活鱼来了"。以往，采购部门可能永远不会跟市场部门合作。

所以，与针对一个项目的资料做事后分析，进行一对多被动服务的 BI 不同，

BNN 是一张多点连接的神经网络，可以让企业所有的"器官"，也就是不同的部门实时汲取应有的知识和信息。如果说 BI 像是生病后由医生问诊、抓药，那么 BNN 就是那个实时示警、防患于未然，甚至发现新生机、身体新机能的利器。

BNN 将为 IT 部门带来全新的使命，从"对数据分析的定期报告"变为"主动预警 / 决策制定"。AI 可以让 IT 部门真正地一展身手，成为企业的关键角色。

- **客户服务：从客户代表助手到客户 1 对 1 的专属管家**

有 AI 的帮助后，客户服务将变得前所未有地贴心。当消费者通过各种各样的方式唤起客户服务时，获得的体验不会再局限于单次的购买。因为 AI 可以马上调用各种各样的记忆，包括客户买过什么，喜欢什么，平日的生活方式是什么。它是管家，而不是过去的售后。它不仅可以解决问题，甚至能预判问题，与消费者深度沟通。

这样的客户服务发生于 AI 对于人的深度理解，同样会重塑这个企业部门，使得 Dynamic UI（动态用户界面）成为现实。

动态用户界面指的是能够根据用户交互、数据变化或环境条件自动调整其布局、内容和功能的用户界面。与静态用户界面相比，动态用户界面具有更高的灵活性和适应性，可以根据用户的特定需求提供更加个性化和高效的体验。

当这项技术用于客户服务时，客服专员（不论是真人，还是仿真的数字人）与客户之间的互动会非常生动有趣，客户会得到更加有用甚至超出想象的服务。例如，消费者联系客服时，想要了解如何使用产品，Dynamic UI 客服会立刻同步将使用视频、产品匹配测试等给用户，这些动态的、与消费者需求同步的服务，使得服务更加深入且友好，为客户服务部门带来的新价值。

未来 AI 必须突破的技术瓶颈将是对用户的记忆（memory）。Google 已经推出能"记得"客户长时间对话和浏览等行为的付费 AI 服务，这是一个很关键的 to C 端 AI 产品突破，有了记忆，才能进行有意义的上下文对话，产生真正"知根知底"的个人化服务，这才是真正"以人为本"的服务。在个人 memory 被捕捉、存储、建模、调用成为产品后，客户服务会成为 1 对 1 的专属管家，真正能服务每个单一客户的"个人 AI 助理"也会应运而生，这个助理有机会成为新的互联网入口，或是整个元宇宙的入口，这些就超越本书的讨论边界了。

● 生产制造：从"制造机器人"到"机器人制造机器人"

在制造业中，制造工厂的运作方式正在经历一场深刻的变革。AI时代前的数字化制造和深度使用AI的未来制造之间，有着显著的差别。我们可以从多个角度来理解这些差别，包括生产效率、质量控制、供应链管理、设备维护以及员工角色等方面。同时，未来AI赋能的制造案例也为我们展示了这种变革的巨大潜力。富士康在深圳的"用机器人制造机器人"案例，就是一个典型的例子，它让我们看到了AI技术在制造业中的实际应用和未来发展方向。

首先，AI时代前的数字化制造主要通过计算机和自动化设备来实现生产过程的数字化和部分自动化。比如，工厂会使用CAD和计算机辅助制造（Computer Aided Manufacturing，CAM）软件来设计和生产产品，还会使用自动化设备如机器人来完成一些重复性的任务。这些技术确实提高了生产效率，减少了人为错误，但它们更多依赖于预设的程序和规则，缺乏灵活性和智能性。换句话说，这些系统只能在特定的条件下运行，一旦遇到复杂或未知的情况，就需要人工干预。

而深度使用AI的未来制造则完全不同。AI技术可以让制造系统具备学习和适应能力，能够根据实时数据和环境变化自动调整生产流程。比如，AI可以通过分析大量的生产数据，发现潜在的问题并提出优化建议。它还可以预测设备故障，提前进行维护，避免生产中断。更重要的是，AI可以处理复杂的决策问题，比如在多个生产任务之间进行优先级排序，或者在供应链出现问题时快速调整生产计划。这种智能化的制造系统不仅提高了生产效率，还大大增强了生产的灵活性和适应性。

富士康在深圳的"用机器人制造机器人"案例，就是一个典型的AI赋能制造的实践。富士康作为全球最大的电子代工企业之一，长期依赖密集劳动力完成消费电子产品的组装（如苹果iPhone）。随着人力成本的上升、市场竞争的加剧以及客户对生产效率和精度要求的提高，富士康从2010年前后开始大力投资自动化技术，目标是逐步用机器人取代重复性劳动，并提升制造流程的智能化水平。

深圳龙华科技园作为富士康的核心生产基地之一，成为其自动化转型的试验田。这里部署了大量自主研发的工业机器人（如"Foxbot"），用于完成手机、电脑等产品的组装、检测和包装。而更引人注目的是，富士康尝试在这些自动化产线上"用机器人生产机器人"，即通过智能设备制造下一代工业机器人，形成闭环的自动化生态。

在富士康的案例中，AI 技术的应用贯穿了整个生产过程：

首先，机器人生产线的全自动化是核心。在深圳工厂中，富士康部署了高度集成的自动化产线，由机械臂、AGV（Automated Guided Vehicle，自动导引车）、视觉检测系统等组成。这些设备协作完成机器人零部件的加工、组装、测试和包装。例如，机械臂负责焊接和拧螺丝，AGV 运输物料，AI 视觉系统检查装配精度。

其次，AI 与数据驱动优化是另一个关键点。产线通过 IoT 实时收集生产数据（如设备状态、良品率），结合 AI 算法分析瓶颈环节，动态调整生产参数。例如，若某台机器人的关节臂装配合格率下降，系统会自动追溯问题源头（如刀具磨损或程序偏差），并触发维修或校准流程。

此外，柔性生产能力也是富士康 AI 制造的一大亮点。产线设计支持快速切换机器人型号。例如，针对不同代际的"Foxbot"或客户定制需求，只需调整软件参数和部分夹具，无须大规模改造硬件。

在质量控制方面，AI 时代前的数字化制造主要依赖于人工检查和简单的自动化检测设备。这些方法虽然可以检测出一些明显的缺陷，但对于细微或复杂的问题往往无能为力。而 AI 技术可以通过图像识别、传感器数据分析等手段，实现对产品质量的实时监控和精确检测。比如，AI 可以通过分析生产线上摄像头拍摄的图像，自动识别出产品表面的瑕疵，甚至可以根据历史数据预测哪些环节容易出现质量问题，从而提前采取措施。

AI 视觉系统在富士康的质量控制流程中发挥了重要作用。通过高精度摄像头和 AI 算法，系统能够实时检测机器人零部件的装配精度和表面质量，确保每一台出厂的机器人都符合高标准的质量要求。

供应链管理也是一个重要的方面。在 AI 时代前的数字化制造中，供应链管理主要依赖于 ERP 系统，这些系统可以帮助企业跟踪库存、订单和生产计划，但它们更多是静态的，难以应对复杂多变的市场环境。而 AI 技术可以通过分析市场趋势、客户需求、供应商表现等多方面的数据，动态调整供应链策略。比如，AI 可以预测某个产品的需求变化，提前调整生产计划和库存水平，避免库存积压或短缺。它还可以根据供应商的交货时间和质量表现，自动选择最优的供应商组合，确保供应链的稳定性和效率。富士康在供应链管理中同样运用了 AI 技术。通过分析全球市场的需求变化和供应商的表现，AI 系统能够动态调整生产计划和采购策略，确保供应链的高效运转。例如，当某个地区的市场需求突然增加时，AI系统可以快速调整生产线的优先级，确保及时交付。

设备维护是另一个重要的领域。在AI时代前的数字化制造中，设备维护主要采用定期检修和故障后维修的方式。这种方式虽然可以保证设备的正常运行，但往往效率低下，成本高昂。而AI技术可以通过分析设备的运行数据，预测设备可能出现的故障，提前进行维护。这种预测性维护不仅可以减少设备停机时间，还可以延长设备的使用寿命，降低维护成本。

AI技术在设备维护方面也发挥了重要作用。通过实时监控设备的运行状态，AI系统能够预测设备的故障风险，并提前进行维护。例如，当某个机械臂的电机温度异常升高时，系统会自动发出预警，并安排维护人员进行检修，避免因设备突然停机而影响生产。

另外，员工的角色也在发生变化。随着自动化程度的提高，员工从传统的操作工转变为技术维护员和数据分析师。他们需要掌握AI系统的操作和维护技能，能够根据AI生成的数据报告优化生产流程。

总的来说，AI时代前的数字化制造和深度使用AI的未来制造之间有着显著的差别。AI技术不仅提高了生产效率和质量，还增强了生产的灵活性和适应性。富士康在深圳的"用机器人制造机器人"案例，展示了AI技术在制造业中的实际应用和巨大潜力。未来，随着AI技术的不断发展和应用，制造业将迎来更加智能化和高效化的新时代。

- 可持续性：从"AI for GREEN"到"Green AI"

2024年世界人工智能大会期间，施耐德电气发布了其AI价值主张——"AI for GREEN"，清晰勾勒了AI在商业领域的全方位价值体系，探寻了AI赋能产业创新升级路径。

"AI for GREEN"是指企业通过AI技术的应用可以实现五大价值："G"代表业务价值增长（Growth），"R"代表可靠性和韧性（Reliability），"E"代表高效和满意度（Efficiency）以及可持续发展（Environment），"N"则代表全新商业模式（New Horizon）。

未来，我们希望AI本身就是具备这些特征的Green AI，而要打造Green AI，需要技术不断的升级突破，在以下三个主要方向不断努力：

第一个方向是 AI 模型压缩，将复杂的算法变得更加简单，通过算法本身的压缩实现 AI 模型的压缩。

第二个方向是数据节约，就是让 AI 可以通过更少的数据来运算出同样靠谱的结果，这可以使得 AI 不再需要那么多数据资源。

第三个方向是 AI 的计算所消耗的大量能源将使用更加清洁的能源，例如新能源和再生能源。

未来，Green AI 可以通过更少的数据输入、更聪明的算法、更清洁的能源来输出更好地结果，会为人类带来更好的未来，而在过程中减少更多的麻烦和风险。

企业支持 Green AI 的发展不仅是履行社会责任的表现，也是提升自身竞争力和可持续发展能力的重要途径。那么，企业具体应该做些什么来支持 Green AI 的发展呢？

首先，企业可以通过选择更环保的计算基础设施来支持 Green AI。传统的计算中心通常依赖大量的服务器和冷却系统，这些设备的运行需要消耗大量的电力和水资源。为了减少这种环境影响，企业可以使用可再生能源驱动的数据中心，或者将计算任务迁移到符合国家绿色数据中心标准的云服务提供商（比如阿里云），这些提供商通常拥有更高效的能源管理和冷却技术。此外，企业还可以采用边缘计算技术，将部分计算任务分散到靠近数据源的设备上，减少数据传输和集中计算的能耗。

其次，企业可以通过优化数据管理来支持 Green AI。AI 模型的训练和运行需要大量的数据，而这些数据的存储和处理也会消耗大量的能源。为了减少这种消耗，企业可以采用数据清洗和数据压缩技术，去除冗余和无用的数据，减少存储和计算的需求。同时，企业还可以通过数据共享和开放数据集的方式，减少重复的数据收集和处理工作，从而降低整体的能源消耗。

Green AI 不仅仅是一个技术问题，更是一个文化和制度问题。企业可以通过内部培训和宣传，提高员工对 Green AI 的认识和重视程度，鼓励他们在日常工作中采用更环保的技术和方法。同时，企业还可以制定相关的政策和制度，将 Green AI 的目标纳入企业的战略规划和绩效考核中，确保 Green AI 的理念能够贯穿企业的各个层面。

另外，企业可以通过合作和创新来推动 Green AI 的发展。Green AI 的实现需要跨学科、跨行业的合作和创新。企业可以与高校、研究机构和其他企业合作，共同研发更高效的算法、更环保的计算设备和更智能的能源管理系统。同时，企业还可以参与或发起相关的行业标准和倡议，推动整个行业向更环保的方向发展。例如，企业可以加入绿色计算联盟或碳中和倡议，与其他企业和组织共同制定和实施 Green AI 的标准和最佳实践。

最后，企业可以通过透明和负责任的态度来支持 Green AI 的发展。Green AI 的实现需要全社会的共同努力，而企业的透明和负责任的态度是赢得社会信任和支持的关键。企业可以通过发布 ESG 报告，公开自己在 Green AI 方面的进展和成果，接受社会的监督和评价。同时，企业还可以通过参与公益活动和社会倡议，回馈社会，提升企业的社会形象和品牌价值。

总的来说，支持 Green AI 的发展不仅是企业履行社会责任的表现，也是提升自身竞争力和可持续发展能力的重要途径。企业可以通过优化 AI 模型的开发和运行效率、选择更环保的计算基础设施、优化数据管理、建立绿色 AI 的文化和制度、合作和创新以及透明和负责任的态度，来支持 Green AI 的发展。通过这些努力，企业不仅可以减少对环境的影响，还可以在未来的市场竞争中占据更有利的位置，实现经济效益和社会效益的双赢。

第 2 节　未来 AI 原生的公司会是什么样

● AI 赋能的内部管理与团队培养

关于智能化，本书之前所提到的都是过程。智能化的终局会诞生大批量的 AI 原生公司。乐观的预计是在 21 世纪 30 年代初期，AI 会进化到和人类差不多聪明的程度，让我们迎来 AGI 时代，那也是 AI 原生公司的时代。

我相信，2030 年后，所有的企业都会是 AI 原生公司，也就是在 AI 可以充分发挥的框架下、考虑 AI 连接的产业链生态所设计成立的营利组织。企业的运营会非常高效，管理的重心会更加聚焦在"组织"，也就是团队总体效能上。AI 原生意味着人类与 AI 有了更深层次的融合。也因为 AI 的能力更加强大和成熟，企业内部管理与团队培养都交给 AI 了。

钉钉就在为这件事情做准备，方式是为组织和个人打造智能助理。智能助理通过 LUI / 多模态+酷应用+Agent 方式，重塑原有的数字产品形态，用户可以通过拟人化的方式和智能助理交互，智能助理具备环境感知、记忆增强、推理规划和行动执行的丰富能力，可以和钉钉上丰富的场景、应用、数据无缝结合，与第三方的电商、短视频等外部平台连接。随着智能助理这样的 AI 应用场景越来越多，存量的应用会逐渐退出舞台，在这个过程中很多现在占据主要流量和入口的企业将面临重大冲击。

比尔·盖茨说："谁能赢得个人代理智能体（Personal Agent），那才是大事，因为你将永远不会再去搜索网站（不用去工作台寻找应用），永远不会再去生产力网站，你永远不会再去亚马逊。代理不仅将改变每个人与计算机互动的方式，还将颠覆软件行业，带来自从我们从键盘输入命令到点击图标以来的计算机领域最大的革命。"

同样，钉钉因为 AI 时代的到来，获得前所未有的想象力。每个人和企业都将具备个性化的智能助理，而钉钉有望成为最好的 AI 智能助理平台，以及智能应用分发和创造平台之一。应用好这样的平台后，大量创新驱动、场景驱动的小而美的组织会出现，以高 OI 化的形式解决组织熵增问题，例如"1 个人+多个智能助理""3 个人 +30 个数字人"构成的创业团队和组织。

用 AI 培养和管理起来的企业团队会更新价值传递和价值供给方式。个体或组织可以创建并持续迭代细分领域的智能助理或数字员工，在协同网络里，以全新的方式、规模化分享自身的知识、经验和技能。未来我们会看到 AI 培养的新职业，比如排产专家、蓝莓种植专家、火锅店长、工艺大师、数字助教、养宠物助理和摄影助理等。

- ## 与市场上最好的 AI Agent 合作

AI 原生公司不一定会考虑企业需要雇佣什么样的员工。在市场上会有很多优秀的 AI 智能体，企业找他们合作就好了。而对于创业者来说，创业的第一步和以前一样，那就是要想清楚为什么样的客户提供什么样的价值。但是第二步就不一样了，创业者需要梳理清楚所有的价值链环节，思考哪些环节可以用 AI 智能体来解决。第三步则是基于第二步来反推创业所需的人以及人机共生的组织模式。这样的过程将 AI 放在了第一位，和现在相反。现在，企业依然会优先考虑现有团队，再慢慢寻求在哪些环节中可以用 AI 代替人类。

基于这种思路发展的商业模式已经看到探索者。钉钉推出官方的 AI 助理后，

2024年4月18日也正式上线了AI助理市场，基于钉钉将AI的能力开放给生态伙伴的AI PaaS，所有人都可以免费发布并分享自己创建的AI助理或将其出售给其他人。未来，钉钉的App上将长出大量的用户型AI助理。

AI助理市场主要由三部分组成：钉钉官方的AI助理；由生态伙伴与开发者们构建的AI助理；个体用户创建的AI助理。在该市场上首批上线的超过200个AI助理覆盖企业服务、行业应用、效率工具、财税法务、教育学习、生活娱乐等方方面面。

客户在钉钉上搜索"AI助理市场"时，即可选择并启用各AI助理，可以通过这些AI助理进行购物、订餐，批量完成业务流程，实现组织管理、知识库管理，或与外部系统进行自动化交互等。

未来，也许每一个行业都不再需要第二名了，因为人们永远想找最好的人来做专业服务，例如最好的律师和医生。现在我们做不到这点，只是因为第一名太稀缺了。在某个领域里，最好的律师一周也许只有50个小时的工作时间，再贵也有人买，被少数人包掉；而在某个科室里，最好的权威医生的号很难挂，黄牛也因此拥有了市场。但是未来，因为AI智能体的出现，第一名的专业服务应有尽有，最聪明的律师智能体24小时在线，最权威的医生智能体的号无限多，那么为什么不找他们？

所以，AI原生公司会追求和市场上最好的AI智能体合作，这些智能体可能已经通过了图灵测试，能够被大量复制。这不是科幻小说，这一切正在快速发生。两年内，行业模型、专业模型、企业模型、个人专属模型将代替通用大模型，成为主流，它极大地缩短个体学习和成长的时间，链接不同行业、不同领域的知识时就像换一张游戏卡一样方便。工具决定下限，思维决定上限，如何更好地定义问题变得尤为重要，想象力就是生产力，组织和应用好AI智能体的AI原生公司将拥有非凡的竞争力。

- **业务营运的终局**

我相信业务营运的终局是全流程数据驱动的自动化。

以营销为例，未来营销就像一台自动贩卖机，企业要卖什么，就给AI看自己的产品，再准备好预算，交给AI，营销就会自动开启。

客户在哪里？在AI入口处。就B2B市场而言，如果有一个提供企业服务的智能体大平台，这将仍然是B端客户流量分发入口；如果企业是以去中心化、按数据特征撮合配对的方式寻找客户的，那么客户将属于"获客智能体"最强的公司，因为卖方的"获客智能体"会和买方的"搜索智能体"碰撞对话而产生交易。就 B2C 市场而言，应该会像比尔·盖茨所说的，由代理个人消费者的 AI 助手（或叫"个人智能体"）来帮主人在全网搜索和比较，找到最符合需要的东西（不论是商品、服务还是内容），还是一样的，其实胜负决定于企业"获客智能体"是否能说服"个人智能体"。在本质上，这就是一场 AI 技术大比拼。AI 还会自动串联所有的功能：市场分析、交易轨迹、内容优化等，让这一切自动发生。企业不用再烦恼，顶多需要选择一下用哪一台获客能力较强的"自动贩卖机"。

可以想见，未来，许多人会失去工作。在那之前，大量的失业会给社会带来巨大的挑战，因为一切发生得太快，波及范围非常广，我们会经历一段艰难和可怕的日子。

如果我们再继续开脑洞：当转变发生后，人类可能会分为"神人"和一般人。"神人"能够把控好 AI 这个超大武器，做好发明、控制、管理、制定政策等工作。而一般人可能每周仅需工作一天，从事的还是人与人之间的服务行业，为了让人类开心而工作。例如表演说笑话，或者陪伴人旅行。当"神人"融入人机共存机制，一般人类只为其他人类而服务时，那么内卷也会大大减少了。"神人"可能变得非常富有，权利和责任都非常大，要为人类在火星造桥铺路。一般人可能留在地球，享有 AI 原生时代丰富而易得的生存资源和专业服务，往马斯洛需求金字塔的上端攀爬。那时候，人类生活的基本需求已经饱和，但越造越多的优秀机器人仍不断地加入工作行列，于是他们不仅为人类服务，也为照顾地球生态、开发更多资源服务（比如人造能源等），如此一来，人类虽然工作量不大，但生活资源充裕、便宜，先进医疗资源非常普及，AI 技术快速解决大量问题，大家可以轻轻松松活很久，不再为钱烦恼。

- **企业最该做的事**

面对业务终局，AI 原生企业只剩下一件事要做，那就是用心做好产品。这里的"用心"不仅仅是简单的努力或专注，而是指深入挖掘并充分利用 AI 能力去洞察消费者真正需要什么。这意味着通过先进的数据分析、客户行为预测和个性化推荐等技术手段，精准捕捉客户的潜在需求，并在产品设计和服务提供上做到极致。

（1）深度洞察消费者需求。利用 AI 的强大分析能力，企业可以处理海量的数据，包括客户的历史行为、偏好、反馈等，从而更准确地理解消费者的内心需求。

例如，通过自然语言处理技术分析社交媒体上的评论，企业可以迅速发现市场趋势和客户痛点，及时调整产品策略。

（2）个性化与定制化。AI 技术使得大规模的个性化成为可能，企业可以根据每个客户的独特需求提供定制化的解决方案。比如，电商平台利用机器学习算法为客户提供个性化的商品推荐，显著提升了客户的购物体验和满意度。

（3）持续创新、优化用户体验。企业可以通过实时监控客户与产品的交互数据，不断优化产品功能和界面设计，确保每一次更新都能带来更好的体验。例如，智能客服系统能够根据客户的提问历史和反馈进行自我学习和改进，提供更加精准和友好的服务。

随着 AI 原生企业在产品开发过程中越来越注重"用心"，它们将更加关注客户的真实需求和社会的整体福祉。这种转变不仅体现在产品和服务的质量提升上，还表现在企业的社会责任感增强方面：

（1）客户关怀。企业会更加重视客户的反馈和建议，建立更加透明和高效的沟通渠道，确保每一个声音都能被听到并得到回应。例如，定期举办线上、线下的客户交流活动，收集第一手的意见和建议，形成良性互动循环。

（2）社会责任。在追求商业成功的同时，企业也会积极承担更多的社会责任，推动可持续发展和社会公平正义。比如，利用 AI 技术解决环境问题（如能源管理、废物回收），或者通过教育项目帮助弱势群体提升数字技能。

在未来的商业环境中，AI 原生企业将以其卓越的产品和服务为核心竞争力，通过用心洞察客户需求、积极履行社会责任，实现自身的可持续发展。同时，这些企业的使命、愿景和价值观将深刻影响整个社会，创造更加美好的未来。这不仅是对企业的挑战，也是针对所有从业者的机会。

• 在 AGI 时代，企业需要雇佣什么样的人

在 AGI 时代，企业经营将高度依赖深度 AI 和机器人，许多重复性、规则性强的工作会被自动化取代。然而，这并不意味着人类员工将完全被淘汰，而是他们的角色和能力需求会发生显著变化。企业将更需要那些具备高阶思维能力、创造力和情感智能的人才。具体来说，以下几类能力将成为企业招聘的重点：

（1）复杂问题解决能力。AGI 虽然强大，但在处理高度复杂、模糊或跨领域的问题时，仍然需要人类的判断和决策。例如，企业战略规划、市场趋势分析、跨部门协作等任务，需要员工具备全局视野和深度思考能力。像麦肯锡这样的咨

询公司,虽然已经开始使用 AI 辅助数据分析,但最终的战略建议仍然依赖于资深顾问的洞察力和经验。更多的场景是一般性的商业策略分析与建议将省略咨询公司的聘用流程,企业直接与 AI 合作完成,最后具体的执行决定仍然需要有经验的主管进行判断。

(2)创造力和创新能力。AI 擅长执行预设任务,但在创造全新概念、设计新产品或服务方面,人类的创造力仍然不可替代。例如,苹果公司的产品设计团队不仅依赖技术,更需要设计师的审美品味和创新直觉,才能打造出像 iPhone 这样具有颠覆性的产品。

(3)情感智能和人际沟通能力。在客户服务、团队管理、跨文化合作等领域,人类的情感智能(如同理心、沟通技巧)至关重要。例如,高端酒店的服务人员不仅需要提供标准化的服务,还需要根据客人的情绪和需求提供个性化体验,这是 AI 难以完全替代的,特别是在直接接触终端消费者的服务业。

(4)技术理解与协作能力。未来的员工需要具备一定的技术素养,能够理解 AI 和机器人的工作原理,并与它们高效协作。例如,制造业的工程师不仅需要设计产品,还需要调试和维护 AI 驱动的生产线。

总之,企业将更需要那些能够超越 AI 能力边界,在复杂环境中灵活应对并具备创造力和情感智能的人才。

因此在 AGI 时代,员工的工作价值观和态度将发生深刻变化:

首先,终身学习将成为核心价值观。由于技术更新速度加快,员工需要不断学习新知识和技能,以适应快速变化的工作环境。例如,一位市场营销专家需要学习如何利用 AI 工具分析消费者行为,并设计更精准的广告策略。

其次,协作与共享将成为重要的工作态度。未来的工作环境将更加注重团队合作和知识共享,员工需要具备开放的心态,愿意与他人合作并分享经验。例如,在谷歌这样的科技公司,员工经常通过内部论坛和项目协作平台分享想法,推动创新。

再次,使命感与社会责任将成为员工的重要驱动力。随着 AI 和自动化技术的普及,员工将更加关注自己的工作对社会和环境的影响。例如,一家新能源企业的工程师可能会以"推动绿色能源发展"为使命,而不仅仅为了完成工作任务。

最后,灵活性与适应性将成为关键的工作态度。在 AGI 时代,工作内容和环境可能会频繁变化,员工需要具备快速适应新情况的能力。例如,一位金融分析师可能需要从传统的财务分析转向开发 AI 工具进行大数据分析。写到这里,突然感觉今天的互联网大厂的优秀员工可能已经具备了 AGI 时代的工作条件了,唯一差别是未来不需要再 996 了，一周只要工作一天。

- 当 AGI 接管办公室时，人类的生活将如何"躺赢"

如果有一天，你走进办公室时发现工位上坐着的不是同事，而是一排闪着蓝光的机器人，它们正用 0.1 秒的时间写完你一周的 PPT，用 AI 语音安抚抓狂的客户，甚至用机械臂给老板泡了一杯拉花咖啡——别慌，这可能是 AGI 时代的日常。在人类与超能 AI 共舞的未来，我们的工作量、工作方式乃至生活形态，都将经历一场堪比"从马车到火箭"的魔幻转型。

（1）工作量：从"996 卷王"到"创意评委"

今天的打工人还在为 Excel 表格和会议纪要抓狂，而 AGI 时代的职场人可能只需动动嘴皮子："小 A，把去年全球市场数据跑一遍，生成 10 套营销策略，顺便预测竞争对手下周的动作。"话音刚落，AI 助理已从海量数据中提炼出洞察，甚至贴心地用全息投影展示方案。

重复性工作将彻底消失。银行柜员变成 AI 管家顾问，流水线工人转型为机器人调度师，连程序员都可能沦为"代码质检员"——毕竟 AGI 自己就能写出更高效的算法。人类的 KPI 不再是"做了多少"，而是"想到了什么"。比如广告公司员工不再熬夜改稿，而是比拼谁能提出让 AI 瞬间心动的创意关键词："这次用'元宇宙+复古蒸汽朋克'风格，目标用户是火星移民的宠物猫！"

（2）工作方式：从"工位钉子户"到"全球协作玩家"

未来的工作场景可能像科幻电影：你戴着 AR 眼镜躺在巴厘岛沙滩上，眼前悬浮着东京团队的全息会议影像，德国分部的 AI 同事正用 30 种语言同步翻译方案，而你的手指在空中划几下，就完成了对非洲工厂机器人流水线的远程调试。

AGI 将粉碎所有地理与时间的边界。医生早上用 AI 辅助诊断纽约的患者，下午指导孟买的 AI 手术机器人，晚上还能和南极科考站的 AI 讨论冰川数据——真正的"日不落"工作模式。甚至连"上班"的概念都被重构。任务可能以"闯关游戏"的形式发布，完成一个 AI 设计的策略挑战就能解锁奖金，打工变成大型真人 NPC（Non Player Character）体验。

（3）生活革命：从"活着为了工作"到"工作为了有趣"

当 AGI 承担了 80%的劳作时，人类突然多出的不只是时间，更是选择的自由。早上送孩子去"AI 私塾"学量子物理入门，中午乘自动驾驶飞艇参加巴黎的 AI 艺术展，下午在社区"技能交换市集"教大妈们训练家务机器人。这些都可能成为日常。

社会也许将涌现出匪夷所思的新职业，列举如下：

AI 伦理调解员：专门处理人类与 AGI 的"感情纠纷"，比如安抚因算力不足而闹情绪的 AI 设计师。

元宇宙建筑师：在虚拟世界中设计能让 AI 也惊叹的悬浮城市，毕竟 AGI 的创意有时过于"二进制审美"。

人类体验师：帮 AGI 理解"晒太阳发呆的幸福感"或"踩到乐高积木的痛感"，防止它们把世界改造成纯效率至上的钢铁盒子。

就连娱乐都充满科技荒诞感：年轻人不再攀比包包，而是炫耀自己训练的 AI 宠物；有人养了会写十四行诗的电子水母；有人教 AI 仓鼠学会了三门方言相声……

当然，这场变革也伴随甜蜜的烦恼：当 AGI 凌晨 3 点还精神抖擞地提交方案时，人类可能需要立法规定"AI 强制下班时间"；当机器人开始抱怨"人类开会时的效率太低"时，打工人恐怕要上"如何让 AI 觉得你有用"的职场生存课。

但无论如何，AGI 时代最迷人的预言或许是人类终于有机会集体回答那个古老的哲学问题："如果不为生存奔波，我们该怎样生活？"答案可能藏在突然爆发的全民艺术创作潮中，在跨星球咖啡馆的 AI 与人类辩论赛里，或者就在某个普通人决定用毕生精力训练 AI 重现已灭绝鸟类鸣叫的执着中。

未来的某天，当孙辈问起"爷爷以前怎么工作？"时，你可能会神秘一笑："我们当年啊，要靠自己记密码、找 Wi-Fi，和老板斗智斗勇……哪像现在，动动念头就有 AI 把生活过成诗。"然后在小家伙崇拜的眼神里，深藏功与名地抿一口机器人手冲的咖啡，尽管它拉花的技术确实比你当年强了那么一点点。

改变正在全面发生，此时此刻，你的企业在吃 AI 大瓜，还是躬身入局？

参 考 文 献

[1] 德鲁克. 管理[M]. 原书修订版. 辛弘, 译. 北京: 机械工业出版社, 2020.

[2] 德鲁克. 卓有成效的管理者[M]. 刘澜, 译. 北京: 机械工业出版社, 2023.

[3] 基辛格, 施密特, 胡滕洛赫尔. 人工智能时代与人类未来[M]. 胡利平, 风君, 译. 北京: 中信出版社, 2023.

[4] 鲁梅尔特. 好战略, 坏战略 2[M]. 郭红梅, 殷玥, 译. 北京: 中信出版社, 2023.

[5] 波特. 竞争优势[M]. 陈丽芳, 译. 北京: 中信出版社, 2014.

[6] 米歇尔. AI3.0[M]. 王飞跃, 李玉珂, 王晓, 等译. 成都: 四川科学技术出版社, 2021.

[7] 卢奇, 穆萨. 人工智能[M]. 3版. 王斌, 王书鑫, 译. 北京: 人民邮电出版社, 2023.

[8] 叶军, 秦朔, 何苗等. 超级助理: AI时代的工作方式[M]. 北京: 中信出版社, 2024.

[9] 罗宾斯, 贾奇. 组织行为学[M]. 16版. 孙健敏, 王震, 李原, 译. 北京: 中国人民大学出版社, 2016.

[10] 罗素, 诺维格. 人工智能: 现代方法[M]. 4版. 张博雅, 陈坤, 田超, 等译. 北京: 人民邮电出版社, 2022.

[11] 田杰华, 易欢欢. 通用人工智能[M]. 北京: 中译出版社, 2023.

[12] 达文波特, 米塔尔. AI行动方案: 传统企业如何决胜人工智能转型[M]. 任溶, 桂曙光, 译. 北京: 中信出版社, 2024.

[13] 尼克尔斯, 麦克修, 麦克修. 认识商业[M]. 修订10版. 陈智凯, 黄启瑞, 黄延峰, 译. 成都: 四川人民出版社, 2018.

[14] 张瑞敏. 永恒的活火[M]. 北京: 中国财政经济出版社, 2023.

[15] 王言. RPA：流程自动化引领数字劳动力革命[M]. 北京：机械工业出版社，2020.

[16] 达文波特，普鲁萨克. 营运知识：工商企业的知识管理[M]. 王者，译. 南昌：江西教育出版社，1999.

[17] 拉德利. 数据治理：如何设计、开展和保持有效的数据治理计划[M]. 刘晨，车春雷，宾军志，译. 北京：清华大学出版社，2021.

[18] 大野耐一. 丰田生产方式[M]. 谢克俭，李颖秋，译. 北京：中国铁道出版社，2016.

[19] 斯托克，霍特. 与时间赛跑：速度经济开启新商业时代[M]. 陈劲，尹西明，译. 北京：机械工业出版社，2017.

[20] 科特勒，凯勒，切尔内夫. 营销管理[M]. 16版. 陆雄文，蒋青云，赵伟韬，等译. 北京：中信出版社，2022.

[21] 安索夫. 变革国家中公司发展战略[M]. 曾利芸，安砚贞，译. 北京：中国人民大学出版社，2004.

[22] 安德鲁陈. 冷启动：如何通过网络效应实现用户病毒式增长[M]. 束宇，译. 北京：中信出版社，2024.

[23] 麦克里斯特尔，科林斯，西尔弗曼等. 赋能：打造应对不确定性的敏捷团队[M]. 林爽喆，译. 北京：中信出版社，2017.

[24] Carolyn Dewar, Scott Keller, Vikram Malhotra. CEO Excellence: The six mindsets that distinguish the best leaders from the rest[M]. New York: Scribner, 2022.

作者简介

董本洪（CHRIS TUNG）

阿里巴巴集团前首席市场官

董本洪于2016年1月加入阿里巴巴集团，担任集团首席市场官，之后于2023年5月出任阿里巴巴集团总裁，带领战略发展部，负责集团战略伙伴合作，打造数字商业创新模式，推动集团旗下各业务的高效协同。

此前，董本洪于2010年10月至2016年1月担任市场营销公司VML中国的创始人与首席执行官，于2004年10月至2010年10月服务于百事可乐（大中国区），担任市场部副总裁。他于1995至2003年，分别在宝洁、和信超媒体以及欧莱雅担任过多个高级管理职务，前后参与管理过4个世界排名100强最有价值的品牌。

董本洪在担任阿里巴巴集团首席市场官期间，负责全集团各主要业务品牌（如天猫、淘宝、阿里云等）的市场营销管理工作，并领导集团市场部中台，在媒体策划、内容营销、数据营销上提供对各业务市场部的专业支持。自就职以来，他致力于推动阿里巴巴集团的营销创新，带领团队成功创造了许多脍炙人口的品牌营销案例，例如：淘宝造物节、"理想生活上天猫"的品牌定位升级、天猫双十一全球狂欢节、新零售智慧门店等。2017年初他率队与国际奥委会签订了全球首家互联网公司Top战略合作协议，为阿里云和电商品牌全球化建设打下了基础，进而推动了未来奥运数字化的转型升级。

董本洪带领建设阿里巴巴集团的大数据营销系统，开创了Uni Marketing（全域营销）方法论。该项新方法论重塑了传统的品牌营销，成为推动中国营销行业变革的强大动力。董本洪也因此在2016年赢得Adage（广告时代杂志）"全球最具创造力人物50强"奖项，2017年赢得Business Insider网站"全球最创新CMO 50强"殊荣，2018年赢得The Drum"亚太数字行业最具影响力人物50强"奖项；

并分别在 2018，2022，2023 年荣膺福布斯"全球最具影响力首席市场官"榜单中，成为华人营销圈中唯一多次获此殊荣者。

董本洪拥有台湾大学电机工程学学士学位，以及密歇根大学安娜堡分校工业工程学硕士学位。

董本洪在领导营销数字化与商业转型升级的具体经验成果可以概略总结如下：

➢ 他是释放大数据潜力以改造品牌营销和零售运营的先驱。他创造的全域营销方法（包括著名的数字产品—"品牌数据银行"等）被业界与学界认为是企业经营上开创性的创新，开启了数据算法驱动营销管理的大趋势。

➢ 他带领阿里巴巴成为奥运会的顶级合作伙伴。他将市场型赞助重新定义为战略合作，以支持国际奥委会的数字化转型来建设双赢的战略伙伴关系。阿里云推出了有史以来第一个基于云平台的全球电视转播模式；赛事运行系统全面上云大幅优化比赛运营，以及首次运用阿里的 AI 大模型能力智能化生成精彩内容。

➢ 他在 2018 年担任了阿里妈妈的总裁，这是中国当时营收最高的在线广告平台。他率先开发了基于人工智能的个性化广告创作平台，并且大量运用联邦学习 / 隐私计算系统，以创新且合规的方式利用合作媒体（如抖音、微博、快手和百度等）的数据价值。

➢ 他是阿里巴巴"新零售"概念的关键创始成员。他将阿里巴巴拥有 1000 多名员工的"商家平台服务部"重新定位为"新零售技术研发团队"，引领了零售业全渠道融合、全域会员运营等数字化创新。

➢ 他管理集团数据中台的商业应用，丰富了近五年来各产业的数据应用场景和案例，包括推动阿里集团与全球百大集团开展数字化创新合作（A100），以及后来催生了阿里 DAAS 业务-瓴羊。